消除業障　增長福慧　報答四恩　超度孤魂

朝暮課誦白話解釋

其道固徹上徹下　其益亦冥陽靡遺

黃智海◎註解

早晚課誦白話解釋　目錄

卷上

卷下

朝暮課誦白話解釋卷上

印光法師鑒定　　皈依弟子黃智海註解

朝時課誦

這朝時課誦。是朝晨做的功課。同了下卷的暮時課誦。暮字、是夜晚的意思、課、是功課、誦、就是念、都是各處寺院裏頭的僧衆。同了法會。法會、是講佛法的會、或是在家裏頭修行的男女居士。每天朝夜一定做的功課。這做功課的規矩。是從前晉朝時候。有一位慧遠法師。就是大家稱他做遠公法師的。在江西九江地方廬山上。九江、是江西省屬下的一個府的名、設立了一個蓮社。社、就是會、所以稱蓮社的意思、是希望入會的人、將來都往生西方極樂世界、在蓮華裏頭生出來的意思、起初成立的時候。就有一百二十三位修行人。大家專門切切實實的念佛。那些人後來都往生西方的。念佛法會。就是遠公法師第一個開頭的。後來修行的人。就學了遠公法師的法子。定了功課。做的這本朝夜課。是從前的大祖師。從大乘經典裏頭。大乘經典、是說修大乘法的佛經、揀選了各種經咒。定了朝夜兩個時候做的功課。朝課重在用功修行。所以先念各種神咒。求佛菩薩的威神加被保護修行的人不受種種的魔障。魔、是魔鬼、魔鬼看見一個人靜靜的在那裏修行、他就會來攪擾阻礙人修行的、所以叫魔障、念了咒、魔就不敢來了、障、就是阻礙的意思、從下邊的楞嚴咒起一直到韋馱讚都是朝課修行的人清早起來在沒有開念的前應該先把手面洗乾淨了在佛面前點了三枝香或是燒一些檀香都可以的向佛拜三拜起來就念下邊的楞嚴咒。

大佛頂首楞嚴神咒

大佛頂首楞嚴六個字是一部佛經的名目。本來佛定的經名、總共有五個、一個是大佛頂悉怛多般怛囉無上寶印、十方如來清淨海眼、一個是救護親因度脫阿難、及此會中性比邱尼、得菩提心、入徧知海、一個是如來密因修證了義、一個是大方廣妙蓮華王、十方佛母陀羅尼咒、一個是灌頂章句、諸菩薩萬行首楞嚴、翻譯佛經的法師、用了大佛頂如來密因修證了義諸菩薩萬行首楞嚴、十九個字、定做經名、後來再減省到大佛頂首楞嚴六個字、現在就只叫做楞嚴經了、〇上邊說的四個不用的名目、因爲既然不用、所以不解釋了、這部經是因爲佛的弟子阿難。依照了佛定的規矩到施主人家去化齋走過淫女摩登伽的門前。摩登伽的詳細事情、在楞嚴經裏頭有的、被摩登伽用邪咒來迷惑了正在危險的時候佛曉得了從頂上放出光來光裏頭有佛的化身坐在有一千瓣葉的寶蓮華上說了一遍咒派文殊菩薩把這個咒去解救阿難文殊菩薩就把阿、難同了那摩登伽一齊帶到佛前阿難自己慚愧沒有道力。慚愧、就是難爲情、不好意思、哀求佛說止觀修禪的法門。止、是停止的意思、就是停止一切妄想心、這是修定的方法、觀、是觀照查察的意思、但是這個觀字、不是用眼光向外看的、是用心光向心裏頭看、向心裏頭照的、所以叫觀照、這是修慧的方法、叫止觀的法門、很深的、很多的、很煩的、所以這裏不能夠把止觀二個字、詳細解釋了、〇心光、是自己眞心裏頭本來有的光、眞實心、本來有光明的、不過衆生被迷惑遮蓋住了、所以顯不出來了、佛就說出了這一大部經來。總共經文有十卷。這篇神咒。就是救阿難的。在經文的第七卷裏頭。是阿難請佛重說一遍給大衆聽的。這個咒、佛原定的名字。是叫佛頂光明摩訶薩怛多般怛囉無上神咒。佛頂光明四個字。就是說佛頭頂上的光裏頭化出來的佛說的這一篇咒。所以用一個明字、並且這咒。是從佛的心光裏頭流出佛的智慧來說的。所以又叫心咒。摩訶薩怛多般怛囉八個字。是梵語翻譯中國文。摩訶是大。薩怛多是白。般怛囉是傘蓋。就是眞心的表相。借一個有相的東西、表顯出一種沒有形相的眞實道理來、叫做表相、心量最大。十方虛空在眞心裏頭。只好比得一片浮雲在天空裏頭。所以說是大。心本來是淸淸淨淨的。不受那一切汙穢的。所以說是白。一切的法都隱藏在心裏頭。好像傘蓋能夠遮蓋東西的。所以說是傘蓋。心是一切法的根本。再沒有能夠超過心的東西。也沒有比心的力量更加大的東西。所以說是無上。神字是說心佛的威神力不可思議。心佛、是淸淨心裏頭本來有的佛、這是大略解釋這篇咒的原來的名目。現在所取的名字。只有大佛頂首楞嚴六個字。是用簡單的經名。加上神咒二個字。就算是咒的名目。大佛頂三個字。照高明法師講起來。有許多的道理在裏頭。不獨是取頂光化佛說咒的意思。頂光化佛、就是佛頭頂上光裏頭化出來的佛、三個字裏頭每一個字都包含著佛的三種德的。三種德、就是下邊所講的法身德、般若德、解脫德、所以三種都叫做德的緣故、因爲這是一切衆生、本性裏頭、天然有的一種好的性、不過沒有修道、這三種德不能夠顯出來、都隱藏在本性裏頭、自己也不知道有這種德、所以叫三德祕藏、到修的功夫滿足了、三種性德、完全顯發出來了、就是佛的三身了、般若德、就是佛的報身、解脫德、就是佛的應身、法身德、就是佛的法身。大字有大、多、勝、三種的道理。佛的法身所有一切的境界。沒有不周徧的。所以取大的一種道理。就是法身德。佛的智慧。無量無邊。叫做一切種智。所以取多的一種道理。就是般若德。佛證得最勝的妙法。超過聲聞菩薩的境界。能夠教化度脫一切衆生。自在無礙。所以取勝的一種道理。就是解脫德。佛字是中國文覺字的解釋。覺有自覺、覺他、覺滿、三種的道理。自覺、是從文字上邊明白了道理。用觀照的方法。照見那實相。實相、觀照、文字、三種般若、叫三般若、實相般若、衆生本來都有的、是般若的實性、沒有絲毫虛妄相的、觀照般若、是用這種般若去觀照實相的實智的、文字般若、是實相般若、同了觀照般若的意義道理、都靠這文字來說明流傳的、這是般若德。覺他、是用方便眞實兩種的智慧。方便智、眞實智、在阿彌陀經白話解釋裏頭、南方世界一節底下、有詳細解釋的、教化衆生。使得他們都證得自己的心性。了脫生死。這是解脫德。覺滿、是了因緣因兩種修的功德。完全滿足。顯出自己的正因佛性。來證得圓滿的法身。這是法身德。自覺、覺他、覺行圓滿、了因、緣因、正因、在佛法大意裏頭、都講過的、這裏講的道理深一些、兩邊的解釋、可以拿來比較比較、頂是在人身上最高的地位。有最尊、最上、最第一、的三種意思。佛所以稱世尊。就因爲是在一切世界裏頭。最尊貴的緣故。所以最尊是法身德。般若波羅密多。叫做無上咒。所以最上是般若德。一切法裏頭涅槃哉是第一清淨的妙法法華經說的。知第一寂滅。這一句經、在佛法大意裏頭、已經講過的、可以查出來看看、就是這個涅槃法所以最第一是解脫德。若是把大佛頂三個字各顯一種佛德講起來。那末大字、是顯的法身德。因爲法身是沒有邊際的緣故。佛字、是顯的般若德。因爲沒有智慧。就不能夠覺悟成佛的緣故。頂字、是顯的解脫德。因爲超出一切境界。不受束縛的緣故。這是單講大佛頂三個字。還有首楞嚴三個字。也應該要講明白的。首楞嚴、是梵語。翻譯中國文。叫做一切事究竟堅固。這個事字、不是事情的事字、是同了法字一樣的、堅固、是堅定不變的意思、 這是修定的第一種要緊方法。一切事、就是一切法的現相。一切的法。都是從自己心性裏頭現出來的。所以一切法的體性。就是自己的心性。心性雖然能夠隨緣現相。但是到底沒有絲毫的變動。所以說是究竟堅固。照這個名字的意思。也是顯佛的三種德的。一切事三個字。是所有一切的事。沒有不是從因緣上生出來的。照性的一邊說。全是空的。曉得這種道理。就是般若德。照相的一邊說。一切的事。都是假名目。既然是假的。還有什麼可以取。有什麼可以捨呢。不起取捨的執著心。就是解脫德。一切事的本體。完全是中道佛性。就是法身德。究竟、是極頂的意思。佛的法身。是最尊貴。到極頂的。那是顯的法身德。究竟又是到底的意思。般若能夠照到諸法的邊底。那是顯的般若德。究竟又是圓滿的意思。功德圓滿。自然成解脫。那是顯的解脫德。堅固兩個字。是說法身是不動不變的。再要堅固也沒有了。所以堅固兩個字。可以合著法身德。金剛般若波羅密經。（就是金剛經的完全名目、簡單說、叫就金剛經、）是拿最堅固的金剛來比般若的。所以堅固又可以合著般若德。涅槃經裏頭說解脫名曰獨一無二。堅實不可破壞。所以堅固又合著解脫德。若是把那三德分顯出來講。那末一切事是法身德。因爲心性是一切法的本體的緣故。究竟是般若德。因爲一切法要用智慧觀照。方纔能夠曉得究竟的道理的緣故。堅固是解脫德。因爲離一切相。自然心不搖動的緣故。所以照這樣看起來。一切的法。實在都有這三種德的道理在裏頭的。這是什麼講究呢。因爲那三種德。本來是自己心性裏頭天然有的。並不是從外面得來的。不過要修到功德圓滿。纔能夠證著。實在講到修的一個字。實在也並沒有旁的東西可修。仍舊還是自己的心性。所以說來說去。總之只顯得一個心性。照經上說起來。所有十方如來。從修因起（修因、就是佛成佛的因、修了成佛的因、纔能夠結成佛的果、所以叫修因、也可以叫因地、等到修成了佛、就叫證果了、）一直到成佛坐道場說法度衆生。都是靠這篇心咒的力量。因爲這篇咒的力量大。效驗大。所以稱做神咒。但是要照了規矩正式的設壇持咒。（持咒、就是一心的念咒、）修這首楞嚴三昧。那是很難很難的。若是要遠離開一切魔事。（魔事、是不正的事、是邪路的事、）那就定要誠心持這咒。纔能夠有效驗。就是平常念誦。也有無量無邊功德的。照經裏頭說、誠心念這咒的人。有菩薩金剛神等保護他。所以火不能夠燒他、水不能夠淹他、所有惡鬼邪魔、同了一切毒蟲毒物、都不能夠害他。並且到了後世。可以不生在窮苦人家。還能夠得著種種出世的功德。（出世、就是跳出這個娑婆世界、）就是不會念這咒的。把咒寫好。做一個袋。放在袋裏。掛在身上。或是掛在屋裏頭潔淨的地方。這個人也可以一世裏頭不受毒物的害。（若是寫了掛在身上、那是一定衣服要潔淨的、要到汙穢不潔淨的地方去、一定要把這咒的袋、解了下來、放在潔淨的地方、手若是不潔淨、也一定要先把手洗淸淨了、纔可以再去拿、總之是要恭敬的、倘然汙穢了、罪過不小的、）有這種種的大利益。所以這篇心咒應該天天要誠心念。的欲心重的人。（這個欲心、大概是指淫欲說的、）更加應該多念。可以使得欲心漸漸的消滅。只要看那摩登伽本來是一個淫女。靠了這神咒的力量。就成了阿羅漢。（摩登伽女、一定是夙根很深的、所以靠了這楞嚴咒的力量、就能夠證到阿羅漢果、若不是夙根很深的、那裏就能夠開悟證果呢、像我們這種鈍根的人、天天念咒的時候、心思雜亂、所以就不能夠有十分的靈驗、但是看摩登伽女的事情的人、萬萬不可以想摩登伽女、是一個淫女、只要念了楞嚴咒、就會證阿羅漢果的、就算是犯淫、也不要緊的、要曉得你要有摩登伽女那樣的夙根、你要能夠感動到佛來解救、你要能夠像摩登伽女念咒的時候、那樣的心思淸淨正定、纔能夠證到阿羅漢果、不是隨便念念、就有這樣效驗的、○夙根、就是前世所種的根基、）可見得這咒的威神力實在是不可思議的。不過佛經裏頭不論什麼咒都是照了咒的梵音念的。不像經的字句可以翻譯成中國文的。咒的所以不翻譯。有五種緣故。叫五不翻。第一叫祕密。佛的說咒。像軍營裏頭的密令一樣的。不讓旁人知道的。第二叫多含。那是一種咒裏頭。包含的意義很多的。有多到六種意義的。若是翻譯起來。照那一種意義翻呢。第三叫此土無。那是有許多東西。我們這裏沒有的。像閻浮提樹。中國不生的。翻譯起來。叫他什麼名目呢。第四叫順古。那是從古時到現在。向來用慣梵音的。像阿耨多羅菩提等、各種名詞。向來不翻譯的。就不翻了。第五叫生善。那是不翻譯。可以使得念的人。生出恭敬的善心來。像智慧兩個字。覺得平淡輕薄得很。現在用原來的梵語般若兩個字。便覺得尊敬鄭重些。所以也不翻的。因爲有這五種道理。所以咒都不翻譯的。

南無楞嚴會上佛菩薩　念三遍

南無是梵語。翻譯中國文。是皈依兩個字。（皈字、同歸字一樣的意思、）皈字、就是把我的性命歸託佛。依字、是把我的性命依靠佛。念起佛的名號。或是菩薩的名號來。頭上都要加南無兩個字的。就是皈依的意思。釋迦牟尼佛在這一次的法會裏頭。說的是楞嚴經。所以就叫做楞嚴會。凡是一個法會。說法的佛是主。聽法的菩薩等。都是伴。（主、是主人、伴、是伴侶、就是同伴的人、加一個等字、就包含別種人在裏頭、不獨是菩薩的意思、）但是雖然只說得菩薩。實在連那緣覺聲聞。也一起要皈依的。因爲緣覺聲聞。也都在僧寶裏頭的。（寶字、是寶貴尊重的意思、菩薩同了緣覺聲聞、都是聖人賢人、所以稱寶、）所以也應該皈依的。這一句叫做皈依的總相三寶。佛是佛寶。

楞嚴是法寶。楞嚴兩個字、是經咒的名字、經咒是最尊貴的法、所以稱法寶、菩薩等是僧寶。因爲這三寶。都是在這一個會上現的相。不是在幾處分開現的。所以說是總相三寶。講起眞的道理來。無論他是總相三寶。別相三寶。別相、是各別的現相、因爲是說明白佛法僧三寶、或是說明白什麼佛、什麼菩薩、像下邊的南無常住十方佛三寶句、同了南無釋迦牟尼佛四句、都是別相三寶、這裏的一句、只說某某會上佛菩薩、並不說出佛法僧三寶來、也不說出什麼佛、什麼菩薩來、像阿彌陀經開頭的南無蓮池海會佛菩薩一樣的、都是總相三寶、總之都是從自己心性裏頭現出來的。實在就是自性的三寶。但是照俗諦上邊說起來。各有各的相。却是不能夠不分清楚的。念的時候。這一句南無楞嚴會上佛菩薩。要連念三聲。從這一句起。一直到下邊四個字一句的偈。都要合了掌念的。念到了咒。就可以不要合掌了。

妙湛總持不動尊。首楞嚴王世希有。

從這兩句起。一直到後面爍迦羅心無動轉。總共有十八句七個字的偈。都是阿難讚歎佛法、發大願心的文字。楞嚴經上說。在那個時候。阿難掽著了。去救他的文殊菩薩。依仗了佛說的心咒。脫了摩登伽的難。回來見了佛。哀求佛說修行用功的方法。佛就對阿難說明白一切衆生。所以在那六道裏頭。死死生生。不斷輪廻的緣故。都因爲沒有曉得自性淸淨的眞心。把那業識上起的妄想心。業識、是有業的凡夫的識、凡夫有業、所以智就變了識、聖人沒有業、所以識就轉成智、當做了眞心。妄想心裏頭現的虛幻相。反認做是實在的。所以就生出了種種的煩惱。來造業受報。一世一世的不了。這害處的根本。全在那虛妄同了眞實兩種上。辨不明白。所以佛先七處的徵心。徵字、有求的意思、徵心、是搜求這個心、究竟在什麼地方、七處徵心、就是在七處地方搜求這個心、究竟在那裏、敎阿難辨明白心的眞妄。著牢在相上、就是妄、能夠離開不著牢相、就是眞、十番的辨見。辨見、是用種種辨論、顯出見的眞性來、十番、就是十次、十番辨見、就是十次辨論這個見的眞性、上邊所說的七處徵心、同了這裏的十番辨見、詳細說起來、煩得很的、所以只要曉得了這兩件事情、就是了、若是要曉得清楚、可以請一部楞嚴經來看看、敎阿難知道性的虛實。著相的、叫做徧計執性、就是生滅性、是虛的、離相的、叫做圓成實性、就是不生滅性、是實的、再把那五陰、六入、十二處、十八界的種種法相。五陰、就是色受想行識五種、也叫做五蘊、六入、就是六根、十二處、就是六根同了六塵、十八界、就是六根、六塵同了六識、在佛法大意裏頭、有詳細解釋的、一種一種的推究道理。末後發明了地、水、火、風、空、見、識、七種的性。這七種、叫做七大、地水火風、叫做四大、在佛法大意裏頭、已經講過的、空、是虛空的體性、虛空廣大無邊、所以叫做空大、見大、是眼根的見性、說了見性、是把還有的聞性嗅性等六根的性、都包含在裏頭了、並且這六根的性、也都是周徧法界的、所以叫做大、識大、就是八識、八識也都是周徧法界十方圓滿的、所以也叫做大、佛要破凡夫所見到的幻化的相、顯出圓融的眞性、所以說出這七大來的、這不過大略說說、若是要曉得詳細、那就要看楞嚴經了、這七種性。都是周徧法界。隨緣發現的。七種性都發現了。那末如來藏心本體的實相妙用。就自然完全都顯出來了。阿難纔恍然大悟。曉得自己的眞心。本來是不生不滅的。彷彿就像是得著了法身了。心裏頭感激佛的恩德。發願報恩。所以說這幾句偈的。這是所以有這個偈的原因。不可以不先說明白的。現在再把開頭的兩句偈來解釋。妙字、是不可思議的意思。湛字、湛字、要圈平聲的、是清淨光明的意思。總持是一切都照顧到。沒有一個失落的意思。不動、是永遠不會變動的意思。尊字、是讚歎佛的尊貴。就是讚歎妙湛總持不動六個字的德。這一句、是總讚佛的三身的。妙湛兩個字、是讚佛的報身。智慧滿足。光明徧照的緣故。總持兩個字、是讚佛的應身。度一切衆生不失機緣的緣故。不動兩個字、是讚佛的法身。眞如實相。不生不滅的緣故。報身又稱尊特身。（尊特身、是尊貴特別的意思、）應身、又稱世尊。法身、又稱無上尊。（無上尊、是沒有比佛更加尊的意思、）三身都是極尊貴的。所以用一個尊字來總讚佛的三身。下一句、是讚佛所說的法。首楞嚴、是三昧的總名頭。（三昧、在佛法大意裏頭、詳細講過的、）首楞嚴三昧。也可以稱做王三昧。（王字、是一切自在的意思、也有最尊最貴的意思、）這部經所說的。就是首楞嚴三昧修因證果的方法。佛所說的這種方法。是最尊貴的。修到了證果的地步。就可以得大自在了。所以說是首楞嚴王。希有、就是少有。佛不是常常現身相到世間來的。見到佛是很不容易的。聽得到這樣無上的妙法。更加是不容易了。所以讚歎說是世間少有的。這是講阿難當時說偈的意思。現在把這篇偈。放在咒的前邊。修行的人。應該要明白阿難說偈的意思。在念的時候。心裏頭就算是自己說出來。讚歎佛同了這篇楞嚴咒的功德。那末同了念這偈的道理。格外相應了。

銷我億劫顛倒想不歷僧祇獲法身。

這兩句是阿難說自己覺悟的情形、銷字同了消字一樣的意思、就是消滅。我字是阿難說他自己。億劫是一億個刼、是極長極長的時代。顛倒想是心裏頭不明白眞道理起的種種妄想。這種妄想都是不正當的、是顛顛倒倒的見思塵沙無明三種惑。這種見惑、思惑、塵沙惑、無明惑、都是天台宗定出來的名目、實在見思惑、就是人我見、人我執、也就是煩惱障、塵沙惑、就是法我見、法我執、也就是所知障、名目雖然各各不同、意思是一樣的、像眞如性、諸法實相、如來藏、本覺等、也是名目不同、意思是一樣的、都是各宗各派題出來的名目、〇所知障、也叫智障、本性裏頭、本來有的妙智、被愚癡所迷惑、以致於一切諸法的事相、一切諸法的實性、本來可以知道的、都被這種迷惑所障礙了、所以叫所知障、都就是顛倒想。歷字、是經過的意思。僧祇是阿僧祇的簡單說法。獲字是得著的意思。照教相說起來。教相兩個字、是說教的外貌、教的形相、不是實在的道理、那個時候阿難只證得聲聞最低的一種果位。聲聞最低的果位、是須陀洹果、在阿彌陀經白話解釋裏頭、皆是大阿羅漢一節底下、有詳細解釋的、同圓教的初信位一樣的見惑雖然是斷了。思惑還沒有斷。要到圓教第七信位方纔斷盡思惑。到了第八第九第十信位破塵沙惑。進到了圓教的初住位。破了一分的無明惑。方纔證得一分的法身。阿難雖然聽得了無上妙法。心裏頭登時開悟了。但是究竟沒有超證到圓教的初住位。超、是跳過的意思、因爲阿難不過同了圓教的初信位一樣、初信位比了初住位、還隔開九個信位、忽然要到初住位、是要跳過九個信位、所以叫超證、到佛滅度的時候、在湼槃會上、阿難還只得證到聲聞的第三果位、所以在這個時候、離了初住位還遠哩、〇信位初住位、也是菩薩證的一種位子、在佛法大意裏頭、有詳細說明的、滅度、是梵語湼槃兩個字、翻譯中國文、叫滅度、不要說無明惑沒有破。就是思惑也還沒有斷。所以這句銷顛倒想的銷字並不是說把所有的顛倒想、都完全消滅。只是消去了一小部分的顛倒想罷了。（就是說斷了見惑、）億劫兩個字。應該要活看的。不可以呆定一億個劫的。要曉得這種顛倒想。是在最初的時候。有了生死就有的。無明沒有破得。就是法身沒有證得。照這樣講起來。那末現在所說的得著法身。也只是悟得。還不是證得。因爲照小乘的說法。所有一切的佛。一定要修了三大阿僧祇劫。方纔能夠證得法身。阿難不過證得聲聞最低的須陀洹果。怎麼就可以說不歷僧祇獲法身呢。這是因爲佛的弟子。大都本來是大菩薩。從權現的聲聞相。（權字、是變通的意思、方便的意思、大菩薩是已經證得法身的菩薩、是圓教初住位以上的菩薩、因爲要化導衆生、應該要現什麼相去化導、就現什麼相、所以叫從權、）所以阿難的本地。（本地、就是本來的地位、）實在也是不可思議的。並且這裏是照圓教的道理說的。圓教的人。一世裏頭。能夠修到初住位。證得一分的法身。確是不必要經過阿僧祇劫的。阿難雖然證的是小乘果位。但是既然開了圓解。（圓解、就是解得圓教的眞實道理、）就是圓教的信位菩薩。（信位菩薩、就是證到十種信位的菩薩、）所以能夠說不歷僧祇。獲法身。修行的人念這兩句的時候。應該要存心當做自己求願的。那末功德就格外大了。

願今得果成寶王。還度如是恆沙衆。將此深心奉塵刹。是則名爲報佛恩。伏請世尊

爲證明。五濁惡世誓先入。如一衆生未成佛。終不於此取泥洹。

這八句偈、是阿難對佛發的菩薩四宏誓願。（宏字、是大的意思、誓字、是立誓、俗話叫賭咒、誓願、就是立願、四宏誓願、是四種大的誓願、就是夜課裏頭的衆生無邊誓願度、煩惱無盡誓願斷、法門無量誓願學、佛道無上誓願成、夜課裏頭、有詳細解釋的、）前四句是發的願。後四句是發的誓。照梵網經裏頭說（梵網經、是一部佛經的名目、專門講戒法的、）菩薩本來有不發願不發誓兩條戒法的。所以發了願還要發誓是要使得這個願心堅固不退轉失去的緣故。現在阿難發這樣的大願可見得阿難實在是大菩薩。得果、是要求得佛果。寶王兩個字是代表一個佛字的。寶字、是最尊最貴的意思。一切世界裏頭。只有佛是第一尊貴的人。所以說是佛寶。證了圓滿的清淨法身。能夠在一切法裏頭得大自在。所以說是法王。簡單些說就叫做寶王了。現在說要求成寶王就是要求成佛。這一句、就是四宏誓願裏頭的佛道無上誓願成。還字、是回來的意思。如是的是字。是指釋迦牟尼佛所度的衆生說的。恆沙、是說恆河裏頭的沙。恆河又叫做殑伽河、是印度地方一條很大的河。有四十里路的闊。佛說法的地方。離開這條河很近的。這條河裏頭的沙。比了別條河的沙格外的細。格外的多。所以佛要用到最多的數目。都是用恆沙的沙來比的。恆沙衆、是說衆生的數目。多到像恆河裏頭的沙一樣。全句講起來。是說我成了佛。回到這惡濁世界上來度的衆生。

要像現在佛所度的一樣多。好比恆河裏頭的沙。數也數不淸。這一句就是四宏誓願裏頭的衆生無邊誓願度。講起道理來。要想成佛道。必定先要學通了佛法。要去度脫衆生。必定先要能夠自度。這是因果的道理、要學通佛法。就是四宏誓願裏頭的法門無量誓願學。要能夠自度。就是四宏誓願裏頭的煩惱無盡誓願斷。不斷煩惱、決定不能夠自度的、所以照字面上看起來。雖然是只說了四宏誓願的前後兩種願。實在是連那中間的兩種願。也一同發在裏頭了。將字、是把字的意思、此字就是這個的意思。是指上邊所發的願。是圓教菩薩的四宏誓願。也就是普賢菩薩的行願。華嚴經末後、有一卷普賢行願品、夜課裏頭大懺悔文的偈、前面的一段、就是普賢行願品上的、普賢菩薩、發十個大願心、就照了這十大願自己修、叫行、希望衆生大家照了十大願修、叫願、〇十大願、在後面有的、行字、是修行的意思、願、就是願心、發這樣懇切的願心。不是浮面的。所以說是深心。奉字是供養供奉的意思。塵刹的塵字。是微細的灰塵。刹字是一個佛土。就是一個三千大千世界。塵刹、是說佛土像灰塵一樣的多。奉塵刹、是說供養微塵數佛土的一切佛。不是只用那香、華、油、燈、幢、旛、寶蓋、等莊嚴的東西來供佛。是還要用這種深重的願心來供佛。這叫做眞法供養。如來眞法、是眞實的法、實在就是眞實的心、普賢行願品上說。一切的供養。法裏頭眞法供養最是第一。照經裏頭的說法。眞法供養。總共有七種事情。第一種、是依了佛說的各種出世法修行。第二種、是使得衆生能夠得著利益。第三種、是用種種方法、使得衆生服從自己的教化。第四種、是衆生從前造的惡業、應該受苦報的、我去代他受苦。第五種、是勤勤懇懇修自己的各種善根。第六種、是所有菩薩應該做的事業、一些也不肯放棄。第七種、是心心念念總在這個菩提心上。（菩提心、是願度盡衆生的心、是願成佛的心、）沒有一個時候離開這條心念。這七種的眞法供養、實在還只是成佛度衆生的願心。度衆生、是佛的本心。法華經上說、若是能夠用佛說的妙法、教化衆生、就算是已經報了諸佛的恩了。現在阿難發的願、就是這個道理。所以說是則名爲報佛恩。意思就是說要像這樣、纔可以算得是報答佛恩。上邊發願的四句偈、解釋完了。再講下邊發誓的四句偈。伏請是俯伏在地上請求的意思、是恭敬誠懇的意思。世尊是佛的一種名號、（佛總共有十種名號、在夜課裏頭、會講明白的、）證明的證字。差不多做一個見證的意思。就是請求佛替阿難證明白、下邊所發的三句誓。五濁惡世的濁字、是渾濁不潔淨的意思。五濁、就是阿彌陀經裏頭的劫濁、見濁、煩惱濁、衆生濁、命濁、五種。（劫字、是各種時劫、因爲有大劫、中劫、小劫、等各種時代、所以叫時劫、時劫本來沒有什麼不潔淨的事情、因爲有下邊的見濁等四種濁、纔成功這個劫濁的、所以也可以算是一種濁、見濁、是我見、邊見、戒取、見取、邪見五種、煩惱濁、是貪瞋癡慢疑五種、衆生濁、因爲衆生永遠在六道裏頭、生生死死、說不盡的苦、所以叫做濁、命濁、就是一個人在我們這個世界上、一年四季、冷暖沒有一定、時時催人老死、壽命像朝晨的露水一樣、一眨眼就可以沒有的、眞是危險得很、所以叫做濁、這五種濁、在阿彌陀經白話解釋裏頭、五濁惡世一節底下、有詳細解釋的、）娑婆世界、因爲有這樣的五種渾濁不淸淨的法、迷惑了衆生的本性。造出種種惡業來。所以叫做惡世。五濁惡世的衆生。最是不容易教化。所以像法華會上。八千個受記的聲聞。同了六千個比邱尼。對佛發誓。都說只願意到別的國土裏頭去講這經典。不願意教化娑婆世界的衆生。可見得這個世界的衆生。實在是難度。所以他們都不願意。現在阿難發的誓。不但是願意來度。並且還願意先到這個五濁惡世。先度五濁惡世的衆生。所以說五濁惡世誓先入。（入字、是進去的意思、就是到五濁惡世裏頭去、）這眞是菩薩的發誓了。後兩句的意思。是說若是還有一個衆生沒有成佛。自己終不肯就入泥洹的。（泥洹、就是涅槃、又叫做滅度、是滅盡煩惱、度脫生死的意思、取字就是得到的意思、取泥洹、就是自己享受涅槃的眞實快樂、不再出現到世界上來了、○涅槃、就是不生不滅、不受生死的苦、所以說是眞實快樂、）發這樣的誓。差不多同了地藏王菩薩的誓願一樣了。修行的人。念這八句偈。應該要至誠懇切。存心當做是自己發的大誓願。萬萬不可以忽略的。要曉得菩薩的四宏誓願。實在眞是成佛的因。

大雄大力大慈悲。希更審除微細惑。令我早登無上覺。於十方界坐道場。

這四句偈。是阿難請求佛加被的。大雄、是讚佛的無上威德。大力、是讚佛的無上智慧。照世間法說。能夠打成功天下。做成功一番大事業的。就叫做英雄。何況佛是法王。統轄一個三千大千世界。（統轄、就是總統管理的意思、每一尊佛、教化一個佛土、三千大千世界、就是一個佛土、在阿彌陀經白話解釋裏頭、從是西方過十萬億佛土一節底下、有詳細解釋的、○總統、是一齊歸他統領的意思、都歸佛教化的呢。做成功了這樣出世的大事業。還不是最大最大的英雄麼。所以說是大雄。世間人有特別的勇力。能夠勝過大衆。就叫做力士。佛的大智慧力。能夠打破五陰魔、煩惱魔、死魔、降伏自在天魔。（五陰魔、就是色、受、想、行、識、五種、因爲這五種同了煩惱、都是迷惑人的、所以都叫魔、死魔、是有業的人、到了臨死的時候、來纏擾的一種魔鬼、自在天、就是他化自在天、這一層天上的天魔、很厲害的、只有佛能夠降伏他、○降伏、是壓伏他、使他屈服的意思、）從三界火宅裏頭（法華經上說、三界無安、猶如火宅、是說三界、像火燒的房屋一樣、人住在裏頭、苦不苦呢、）救出一切衆生去。還不是絕大絕大的力士麼。所以說是大力。慈、是衆生沒有快樂。佛拿湼槃的樂來給衆生。所以稱做大慈。悲、是衆生只有種種的苦惱。佛可以拔去衆生生死的苦。所以稱做大悲。希字、是希望。就是請求佛加被的意思。更字、就是再字的解釋。審字、是辨明白的意思。除字、是去掉的意思。阿難聽了佛的一番說法。雖然把最粗的顚倒想（一切的迷惑、都是顚倒想、見惑的一種相最粗、消滅了最粗的顚倒想、就是說破了見惑、）消滅掉了。還有無數的微細顚倒想（就是說思惑、同了那塵沙惑、無明惑、）沒有去掉。不先把那迷惑的根原辨明白了。怎麼能夠去掉他呢。這種迷惑的根原。若是自己能夠辨得明白。那是早就把他去掉了。也不等到今天了。既然自己辨不明白。那是一定要請求佛的威神加被。開發自己的智慧。纔可以辨明白去得掉。所以說希更審除微細惑。意思就是說希望佛再替我辨明白那各種微細迷惑的根原。好讓我把他去掉。因爲不把那各種的迷惑完全去掉。就不能夠成佛度衆生的。這是阿難度衆生的願心。非常的急切。恨不得自己立刻就成了佛。現出無量無邊的化身。到十方世界去說法。把那所有一切的衆生。完全度脫。所以有這下邊的兩句。菩薩裏頭最高級的、一生補處的菩薩。還只能夠稱等覺菩薩。所以無上覺三個字。只有佛能夠稱的。阿難說令我早登無上覺。就是說好使得我早成佛。用一個早字。就可以見得阿難的心。急切得很了。於字、是在字的意思。於十方界、就是在十方的世界。道場、就是講道的會場。佛在道場裏頭講法。總是先安好了最高大的座位。跏趺坐了。纔開講的。所以叫做坐道場。這一句、是阿難盼望自己早些成了佛。可以在十方世界。坐在道場裏頭。說法度衆生。修行的人。念這四句偈的時候。也要當做是自己求佛加被。至誠懇切的念的。

舜若多性可銷亡。爍迦羅心無動轉。

阿難說這兩句偈。是表明白自己所發的願心。決不肯退的意思。舜若多、爍迦羅、都是梵語。翻譯中國文。舜若多、是空。爍迦羅、是堅固。照佛經裏頭說起來。不論什麼。都有一個性的。那怕虛空。也有空性的。這個空、是沒有什麼東西的。怎麼可以銷到沒有呢。亡、是沒有、這是用反說來顯明白懇切的意思。就算虛空可以銷到沒有。我這個堅固的願心。還是沒有變動退轉。何況虛空不可以銷到沒有呢。那末我的堅固願心、更加不會變動退轉的了。阿難所說的偈、到這兩句就完了。修行的人、念這兩句、也應該當做是自己對了佛、表明白願心的堅固的。

南無常住十方佛南無常住十方法南無常住十方僧

這三句、是皈依的別相三寶。常住的常字、是不變的意思、住字、是不動的意思。照不懂得眞道理的人說起來、像釋迦牟尼佛、在這個世界上、只有八十年、就滅度了。經裏頭佛自己說的、過了多少年、各種佛經、都要沒有了。獨有淨土的經、多留一百年在世界上。那末終究佛法是要失傳的了。僧人是傳佛法的、到了佛法失傳的時候、怎麼還會有僧人呢。各世界的佛、雖然壽命的長短不同、正法、像法、末法的時劫、多少也不同、總之佛總要滅度的、法總要失傳的、僧總要沒有的。怎麼可以說是常住呢。這種說法、實在就是凡夫的顚倒想。要曉得一切的佛、證得的清淨法身、是沒有開始、也沒有終了的、是永遠不動不變的。照釋迦牟尼佛說、從成佛到現在、已經經過了不可以計算的劫數了、常在這個娑婆世界上、教化衆生、也在旁處無量無邊的國土裏頭、現身說法。就是這個世界到災劫的時候、大衆都看見被那劫火燒完了、這兩句、是說到了人的壽命、減到只有十歲的時候、就有水火風各種的大劫來了、在阿彌陀經白話解釋裏頭、彼佛壽命一節底下、有詳細解釋的、佛的七寶莊嚴的淨土、並沒有一些毀壞。佛還是在那靈鷲山。（靈鷲山、是一個山的名目、在印度、就是佛常在那裏說法的地方、簡便些說、就叫靈山、）有許多的菩薩聲聞大衆圍繞了。佛聽法。壽命無量無邊阿僧祇劫。常住不滅。這是佛金口說的。怎麼可以不相信呢。從前智者大師在道場裏頭讀法華經。讀到藥王菩薩本事品的、善男子是眞精進、是名眞法供養如來、這幾句。（藥王菩薩本事品、是法華經各品裏頭的一品、一品、就差不多是一種的意思、）忽然自己入定了。（入定、就是用禪定的功、心念寂靜、沒有一些起心動念的相、可以經過很長久的時候、不動不吃東西的、）看見佛還在靈山同了無數的菩薩聲聞講法華經。這是智者大師在禪定裏頭。親眼看見的。可見得不論應身佛報身佛法身佛本來都是不生不滅的。佛既然常住。就一定是常常說法的。那末就是法常住了。法既然常住、就一定有聽法傳法的人了。那末就是僧常住了。照這樣看起來。佛在雙樹間現的涅槃相。（雙樹、是兩株娑羅樹、下一節裏頭、就會講明白的、）實在並不是佛眞的入了涅槃。不過是一班的苦惱衆生。同了佛的緣盡了。從自己的識神上。變現出這種佛入涅槃的相來的。那些有緣的衆生。還是在佛跟前聽法。所以照這種道理推想起來。所有佛經裏頭說的。某世界的佛壽命怎麼長。某世界的佛教化的地方怎麼遠。也是單就一部分衆生的機緣說的。就像極樂世界。凡是同了阿彌陀佛緣深的。就看見阿彌陀佛常住不滅。同了觀世音菩薩緣深的。就看見觀世音菩薩成佛坐道場。所以普賢行願品說。一一剎中念念有不可說

不可說佛刹極微塵數的一切諸佛、成等正覺。這幾句的意思、大略把他講一講、刹、是佛刹、就是一個佛土、就是一個三千大千世界、不可說不可說、也是佛經裏頭極大極大的數目、比了無量無邊阿僧祇劫等各種數目、還要大到一個不可以計算哩、成等正覺、就是成佛、在佛法大意裏頭、已經講過的、在個個佛刹裏頭、我們一個一個念頭不停的轉的時候、有許多許多修道的、都修成了佛、所說的許多許多的佛、是怎樣的多呢、就是把不可說不可說那樣多的佛刹、研成了極微細的灰塵那些數目的多、大家不要疑心、佛有這樣的多、我們凡夫的心量小得很、所以覺得稀奇、凡夫的心量、怎麼可以估量佛的境界呢、就是這個道理了。阿彌陀經上說、阿彌陀佛的壽命、無量無邊阿僧祇劫、恍惚是阿彌陀佛、永遠不會涅槃的、別的經上、又說阿彌陀佛涅槃了、觀世音菩薩補阿彌陀佛的位成佛、兩種說法不同、恐怕人要疑惑、實在佛是常住的、阿彌陀佛、永遠不涅槃的、還是同了阿彌陀佛緣盡的衆生、就看見阿彌陀佛涅槃、同了觀世音菩薩緣熟的衆生、就看見觀世音菩薩成佛、兩種說法、實在都是的、上邊所引的普賢行願品的說法、就見得十方世界、時時刻刻、有不能夠計算數目的佛、在那裏成佛、要等到阿彌陀佛涅槃了、觀世音菩薩纔成佛、都是衆生的緣的關係、○緣熟、是機緣到了的意思、 念這三句的人應該要想自己的心確實是周徧法界的。一句一句的用至誠心念。那就十方的三寶都皈依到了。

南無釋迦牟尼佛南無佛頂首楞嚴南無觀世音菩薩南無金剛藏菩薩

前邊三句、是普通歸依十方的三寶、這四句、是特別皈依本經的三寶、本經、就是指楞嚴經、實在皈依了十方三寶、那末本經的三寶也自然在裏頭的了。不過本經是正主所以再特別提出來皈依的。第一句皈依釋迦牟尼佛因爲是現在我們娑婆世界的教主。並且又是說這楞嚴經的。那是皈依的佛寶。第二句皈依佛頂首楞嚴。就是這部經、這篇咒的名目。因爲要配齊一樣的七字句。所以減去了開頭的一個大字。並沒有別種意思的。好在說了佛頂兩個字自然見得是大的了。可以不必再用這個大字了。這是皈依的法寶。第三第四兩句、是皈依的僧寶。只有佛可以稱佛寶、像觀音勢至文殊普賢等大菩薩、還只能夠歸在僧裏頭、稱做聖僧、所以只能夠稱僧寶、楞嚴會裏頭大菩薩多得很。怎麼單單皈依這兩位大菩薩呢。這是有兩種道理的。一種道理是因爲經裏頭佛吩咐文殊菩薩。揀選最初下手修行的方便法。文殊菩薩獨揀中了觀世音菩薩的耳根圓通法門。這一句的解釋、下邊就會說明白的、說是超過隨便那一位大菩薩的修法。並且還說這種耳根圓通的法門。不獨是合著阿難喜歡多聞的性阿難在佛的弟子裏頭、稱做多聞第一、因爲他是服侍佛的近身人、服侍佛有二十五年、佛每次說法、他都聽到的、他的性情、又最喜歡聽、所以稱他做多聞第一、實在是對那娑婆世界的衆生。也都很相宜的。那末就顯教的一方面說。顯教、是顯明的教法、就是說楞嚴經、觀世音菩薩是第一個有關係的。金剛藏菩薩是密教的部主。密教、是祕密的佛法、專門念各種咒的、部主、是密教一部的主、念咒是密教的法門。那末就密教的一方面說。就是說楞嚴咒、金剛藏菩薩是第一個有關係的。所以皈依這兩位菩薩。是取顯教密教大家圓通的意思。還有一種道理。凡是持楞嚴咒的壇裏。都把觀世音金剛藏兩位菩薩的像。供在左右兩面的。現在持楞嚴咒。皈依這兩位菩薩。是合著道場儀式的意思。儀式、就是禮節格式的意思、

這是約略講些皈依本經三寶的道理。再講各位佛菩薩的名號。同了各位佛菩薩的事情。

釋迦牟尼佛。是迦毗羅衛國的王太子。迦毗羅衛國、是現在的中印度地方、印度總共分五大部、叫東印度、南印度、西印度、北印度、中印度、父親是淨飯王。

母親是摩耶夫人。這位太子是從摩耶夫人的右邊肋裏頭生出來的。生的年代。在我們中國周昭王的二十四年四月初八日。也有說是二月初八日生的、生下來的時候。有種種吉祥的瑞相。所以佛的名字。梵語就稱做薩婆悉達。翻譯中國文。是頓吉兩個字。就是取吉祥具足的意思。具足是完全的意思、簡單說、就稱悉達太子。十九歲出家。到雪山裏頭去修道。六年苦行。每天只喫得一粒芝麻。或是只喫一粒麥。雖然修成了種種極深妙的禪定。但是還不能夠得著阿耨多羅三藐三菩提。就是無上正等正覺、在阿彌陀經白話解釋裏頭、詳細講過的、直修到三十歲的十二月初八日。那一天的五更時候。坐在菩提樹下。看見啓明星出現。啓明星、是東方的一顆星的名目、就忽然大大的開悟了。方纔成了佛。佛號就稱釋迦牟尼。也稱釋迦文佛。釋迦牟尼四個字。是梵語。翻譯中國文。釋迦是能仁兩個字。仁字、本來就是慈悲的意思、意思就是說能夠大慈大悲救度一切衆生的。牟尼是寂默兩個字。寂是無相。默是不說。金剛經上說。不可以三十二相得見如來。這句經的意思、是雖然說佛有三十二種好相、但是見佛、不是執著在色相上邊的、就是寂字的意思。又說如來無所說。就是默字的意思。這個名號。是佛在過去世。修菩薩道的時候。修滿了第二個阿僧祇劫。在燃燈佛前授記的。釋迦牟尼佛得道後。說了四十九年的法。度脫了無量無邊的衆生。到八十歲那一年的二月十五日。在印度拘尸那城。阿夷羅跋提河邊。兩株娑羅樹的中間。現出那入湼槃的相這是就釋迦牟尼佛的事迹現相講的。釋迦牟尼佛的許多道理、在阿彌陀經白話解釋裏頭、佛說阿彌陀經題目底下、還有許多解釋、說得很詳細的、 若是講釋迦牟尼佛的本地。那是在不可計算的劫數以前已經成佛的了。因爲要勸化衆生。所以特地現出這樣投胎、出家、修道、成佛、湼槃、種種的相來。給衆生看的。實在佛的自在神通。是不可思議的。念佛的人。只要一心的念。不可以妄起分別執著的心。去亂猜亂想的。觀世音菩薩。照經上邊說。無數恆河沙劫前。有一尊佛出世。名號是觀世音佛。觀世音菩薩。就在這尊佛前發的菩提心。佛教他修耳根法門。證得了聞性圓通的道理。用耳根法門、是不論有聲音、沒有聲音、常常把心收攝住了、靜靜的聽、到日子長久了、心定了、妄想漸漸的少到沒有了、業清淨了、凡夫的情也空了、眞性顯現出來了、就能夠證到圓通的眞常實性了、所以叫耳根圓通、用這樣功夫的人很多的、等到這種功夫用得深了、一聽到什麼聲音、就都可以悟得了、這就叫做證得了聞性圓通的道理、到下邊稱念觀世音菩薩聖號下、還有解釋的、 就得著三十二種隨類的應身。十四種的施無畏力。隨類的應身、就是什麼根機的衆生、應該現什麼相、纔能夠去度他、就化現什麼樣的身相去度、那怕畜生餓鬼地獄各種相、沒有一樣不現的、現在畫的塑的像、常常是女相、就因爲要到女人中間去救度人、所以就現女人相、那些不明白的人、就算觀世音菩薩是女、那裏有已經成了佛的菩薩、還是女相的道理呢、況且西方極樂世界沒有女相的、那怕本來是婦女、只要往生到西方、也就成了男相了、觀世音菩薩現相、大略講起來、說是三十二種、實在是隨機應化的、那裏只有三十二種呢、施無畏力、是能夠用神通力救脫衆生的急難、消滅衆生的煩惱惡業、增長衆生的福德智慧、叫做施無畏、三十二種應身、十四種無畏、在楞嚴經裏頭、都說得很明白的、這裏不能夠詳細講了、 能夠普度一切的衆生。因爲觀世音菩薩。從觀察世間一切聲音的相。聲音、也有相的、無論是苦聲、樂聲、悲聲、歡聲、都有相的、在阿彌陀經白話解釋裏頭、其土衆生、常以淸旦一節底下、有詳細解釋的、 都是因緣生法。不論什麼法、都是從因同了緣裏頭生出來的、佛法大意裏頭、開頭就詳細

(講過的、)虛妄不實在的。能夠悟了眞實的道理。能夠守護住了耳根。不去跟著那聲音流轉。回復他自己的聞性。所以觀世音佛也讚歎他。就授記他稱做觀世音菩薩。旁處的經裏頭也有稱觀自在菩薩的。(像心經裏頭、就稱觀自在菩薩了、)因爲能夠修圓妙的觀法。得大自在的緣故。觀世音菩薩同了我們這個世界的衆生特別的有緣。靈感的事迹也特別的多。看江西許止淨老居士做的一部觀世音菩薩本迹感應頌。有許多實在的事情。都是在各種書本裏頭搜集來的。還有菩薩許多的靈感。大家不知道的。更加不曉得有多少哩。可見得這位菩薩的威神力。眞是不可思議的。(實在觀世音菩薩、在過去無量劫前、早已成了佛的、佛號是正法明如來、因爲慈悲心太切了、一心要想救度世界上的一切苦惱衆生、所以不捨佛身、現菩薩的相、到我們世界上來的、廣大、是說觀世音菩薩的心願大、靈、是有靈驗、感、是有感應、○不捨佛身的意思、是雖然現出菩薩的相來、但是本來的佛身、並不捨棄、仍舊是佛、)現在這位菩薩。在西方極樂世界阿彌陀佛國土裏頭。若是修行的人。能夠眞心的恭敬這位菩薩。至誠的天天稱念他名號。也可以往生到極樂世界去的。金剛藏菩薩。又稱金剛藏王。統領眷屬。(佛經裏頭所說的眷屬、同了世界上所說的眷屬、是不同的、並不是專門指家眷的、凡是弟子們跟隨他的人、同了受他管理的人、都叫眷屬、)保護一切持咒的人。都不受到魔難。這位菩薩的智慧。不可思議的。所以稱做金剛藏。金剛兩個字。是比喻菩薩智慧性的堅固猛利。藏字就密教說。是守祕密藏的意思。(密教、本來是專門持咒的、守祕密藏、就是持各種咒的意思、)就顯教說。是開如來藏的意思。(如來藏、是如來藏心、就是人本來有的眞實心、開、是開發的意思、

就是把本來有的眞實心、顯出來的意思、華嚴經上的十地品。就是這位菩薩說的。眞是了不得的大菩薩

爾時世尊。從肉髻中。涌百寶光。光中涌出千葉寶蓮。有化如來。坐寶華中。頂放十道百寶光明。一一光明。皆徧示現十恆河沙金剛密跡。擎山持杵。徧虛空界。大衆仰觀。畏愛兼抱。求佛哀佑。一心聽佛。無見頂相。放光如來。宣說神咒。

這一段文字。是說釋迦牟尼佛放光現相。說這一篇神咒時候的情形。應該要把道理同了事迹分開來解釋。纔容易明白。現在先講事迹。阿難因爲佛說要求菩薩道的人。必定要清清淨淨的守那不殺生、不偸盜、不邪淫、不妄語、的四種根本重戒。方纔可以沒有魔事。又說若是宿世的惡習氣重的。不能夠登時消滅。就應該教他一心念我這篇神咒。阿難前次雖然靠了文殊菩薩用這神咒救了他。那是在暗地裏得著的益處。並沒有清清楚楚的聽到這個咒。現在佛既然說要阿難把這神咒教人念誦。那末阿難自然不能夠不請求佛再說一遍了。開頭的爾時兩個字。就是說阿難請求佛說咒的那個時候。世尊、就是稱釋迦牟尼佛。肉髻、照無上依經上說。無上依經、是一部佛經的名目、佛的頭頂上有頂骨高起。像是一個髻的形狀。頭髮盤在頭頂心上、叫做髻、現在的道士、就是盤髻的、

叫做肉髻。是佛的三十二相裏頭第三十二種相。叫做頂肉髻成相。意思就是說佛頂上、自然的成功一個肉髻、涌字、是說像泉水湧出來的樣子。百寶光是說光的明亮。像是一百種寶貝的光。這個百字、要活看的、並不是限定一百種、不過是說多的意思、下邊的千葉寶蓮的千字、也是這樣的、顏色好看得很。不是一種的像是百種的寶和合成的這樣的百寶光。是從佛頂上的肉髻裏頭湧出來的千葉寶蓮。葉字就是華瓣。千葉是說蓮華的華瓣有一千瓣的。多寶蓮、是說蓮華的淸淨好看。也像是寶貝做成的。照法華經上說。妙音菩薩要到娑婆世界來禮拜釋迦牟尼佛。先在靈山、離開佛的法座不遠的地方。化出八萬四千朵的寶蓮華來。閻浮檀金的華梗。閻浮、是一種樹的名字、樹上生的果子的汁、流到了河裏頭、就成一種最好的金子、叫閻浮檀金、白銀的華瓣。金剛的華鬚。甄叔迦寶的華臺。甄叔迦、是一種紅色的寶、華臺、就是蓮蓬、現在所說的千葉寶蓮。大約也像這種樣子。這樣的寶蓮華。就在那百寶光裏頭湧出來的。化如來的化字。是化現。不是變化。化現、是本來有的。不過是不現相的。現在忽然現了相出來了。變化、是本來沒有的。用了神通變出來的。這兩種意思。不可以不辨淸楚的。既然說是化如來。就見得不是別尊佛。也不是從旁的國土來的佛。就是佛經裏頭佛說的無爲心佛。無爲、是沒有作爲的意思、不是做了纔成功的意思、心佛就是法身佛。法身是本來這樣的。並不是修成的。所以說是無爲。一切的咒。大都是法身佛說的。這個化如來。就坐在那寶蓮華裏頭。化如來的項上再放出十道很明亮的百寶光來。每一道寶光裏頭。都周徧的現出許多護法神來。數目有十個恆河沙數的多。名目叫做金剛密跡。金剛兩個字。因爲化如來手裏頭揑的是金剛杵。金剛杵、是一種兵器、就是現在寺院裏頭、韋馱菩薩手裏的那件東西、所以稱做金剛。又叫做執金剛神。密跡兩個字。因爲護法神現這形跡出來。是保護持密咒的修行人的。所以稱做密跡。十道寶光裏頭。都現出這種相的。擎山持杵。是說金剛神有威勢的相。擎字、是擎起來的意思。持字、是揑在手裏頭。杵字、就是金剛杵。擎山持杵。是佛的神力現出金剛密跡護法神的相來。一只手擎金剛大山。一只手拿金剛寶杵。所以山稱金剛寶山、杵稱金剛寶杵的緣故、是因爲要顯出這種山、這種杵、都是很堅固、不會壞的、更加見得金剛密跡護法神的雄猛威嚴、形狀很雄猛。很威嚴。很可怕的。所以能夠鎭壓魔軍。魔軍、是魔王手下的兵、也都是魔鬼、使得他們看見了。都逃走。若是有發心信佛的人。看見了這種形狀。就可以使得他證得果位。遍虛空界四個字。是形容金剛神的多。差不多虛空裏頭都擠滿了。大衆、是指全會聽法的人。仰觀、是說仰起頭來看。因爲化如來同了那無數的金剛神。都在佛頂上放出來的光裏頭。很高很高的。要看總得要仰起頭來纔看得到的。畏字、是心裏頭懼怕的意思。愛字、是心裏頭歡喜的意思。兼抱、是說一時心裏頭懼怕同了歡喜兩種念頭。都有的意思。抱字、是形容那種念頭存在心裏頭。放不開來。好像是抱在胸口頭的樣子。因爲化如來同了金剛神。都有非常的一種威嚴、所以起了懼怕的心。想到了化如來。說出咒來。自己可以得著許多利益。將來持咒。有這無數的金剛神保護。決定可以沒有魔難。所以又起了歡喜的心。求佛哀佑。是求化如來哀憐保佑。使得將來持咒容易成功。末句一心聽三個字。是說聽咒的人。都心思專一。沒有旁的念頭。無見頂相。是說佛的頂相。一切的人都看不見的。這是佛的八十種隨形好裏頭。八十種好、是跟隨了三十二種好相來的、所以叫做隨形好、第一種好的名目。就叫做無見頂相。放光如來。是說這一尊化如來。是從佛頂上放的光裏頭現出來的。宣說神咒的宣字。是宣布宣講的意思。神咒。就是說下邊這一篇楞嚴咒。現在先把事迹說清楚了。再大略把那道理來說說。大凡佛的種種放光現相。總是表顯什麼道理的。每次放光、都是利益衆生的、放光有各處的不同、放那一處的光、就利益那一種的衆生、都有一定的、像足底下放光、是利益地獄道衆生的、膝蓋那裏放光、是利益畜生道衆生的、小腹下放光、是利益餓鬼道衆生的、肚臍裏頭放光、是利益修羅道衆生的、胸口放光、是利益人道衆生的、肩上放光、是利益天道衆生的、口裏頭放光、是利益小乘的、眉間放光、是利益大乘的、肉髻放光、是利益最上乘根機的、或是召大菩薩、或是灌十方諸佛的頂、也從肉髻裏頭放出光來的、這一回放光。是從肉髻裏頭湧出來的。肉髻、在佛頂的中間。是身上第一處最高的地方。這是表顯無上正覺證得的中道第一義諦。這兩句、同了下邊的一相無相的實相、在佛法大意裏頭、都詳細講過的、無見頂相。是說雖然有這個相。却是不能夠看見的。這是表顯一相無相的實相。百寶光裏頭湧出千葉寶蓮。是表顯的百界千如。就是表顯一切衆生的如來藏心。法界有十種。就是佛、菩薩、緣覺、聲聞、的四聖法界。同了那天、人、阿修羅、畜生、餓鬼、地獄、的六凡法界。這十種法界。完全都在現前一念的心性裏頭。每一法界的一切法。就像法華經上說的十種如是。就是如是相。如是性。如是體。如是力。如是作。如是因。如是緣。如是果。如是報。如是本末究竟等。簡單說就叫做十如。十如、就是上邊所說的十種如是、但是這十種如是、都要把他解釋起來、那是煩得很了、所以只好曉得一些名目、就是了、好在這裏、不過是要曉得什麼叫做百界千如罷了、若是要曉得明白、請看智者大師所做的一部解釋法華經的書、叫法華五義裏頭、說得很明白的、 每一法界裏頭。又各有十法界的因性。因性、是因的性子、差不多就是種子的意思、 那末十法界統說就有百法界的因性。照一法界有十種如是算起來。那末百法界就有千種如是了。所以叫做百界千如。這是一切衆生心性的妙處。頂放十道寶光。就是表顯一界各具十界的道理。就是上邊所說的每一法界、各有十法界的因性、 一一的光裏頭。都現十恆河沙的金剛神。就是表顯的一界裏頭各有十如的道理。十如是是一切法的總相。一切的法。各有恆河沙數不同的別相。所以金剛神現十恆河沙數。就是表顯這種的道理。光裏頭現出化如來坐在寶蓮華上。是表顯一切衆生心性裏頭。自然有這無爲心佛。不是修得的。雖然不是修得的。但是却要修到功夫深了。能夠依靠了智慧觀照的力量。纔能夠顯現出來的。這種道理。應該要用心子細去研究。纔會研究明白。纔曉得一切衆生的心性。

原來就是佛了。下邊就是楞嚴咒的文句。這篇咒、佛說是心咒。又說是咒心。見得是從佛的心裏頭流出來的。能夠降伏一切妄心的。所以摩登伽一聽這咒、淫心就登時消滅了。那末這咒的威神力實在是不可思議的。

第一會

南無薩怛他。蘇伽多耶。阿囉訶帝。三藐三菩陀寫。薩怛他。佛陀俱胝瑟尼釤。南無薩婆。勃陀勃地。薩跢鞞弊。南無薩多南。三藐三菩陀。俱知南娑舍囉婆迦僧迦喃。南無盧雞阿羅漢跢喃。南無蘇盧多波那喃。南無娑羯唎陀伽彌喃。南無盧雞三藐伽跢喃。三藐伽波囉底。波多那喃。南無提婆離瑟赧。南無悉陀耶。毗地耶。陀囉離瑟赧。舍波奴。揭囉訶。娑訶娑囉摩他喃。南無跋囉訶摩尼。南無因陀囉耶。南無婆伽婆帝。盧陀囉耶。烏摩般帝。娑醯夜耶。南無婆伽婆帝。那囉野拏耶。槃遮摩訶。三慕陀囉。南無悉羯唎多耶。南無婆伽婆帝。摩訶迦囉耶。地唎般剌那伽囉。毗陀囉波拏迦囉耶。阿地目帝。尸摩舍那。泥婆悉泥。摩怛唎伽拏。南無悉羯唎多耶。南無婆伽婆帝。多他伽跢俱囉耶。南無般頭摩俱囉耶。南無跋闍囉俱囉耶。南無、摩尼俱囉耶。南無伽闍俱

囉耶。南無婆伽婆帝。帝唎荼輸囉西那。波囉訶囉。拏囉闍耶。跢他伽多耶、南無婆伽
婆帝。南無阿彌多婆耶、哆他伽多耶。阿囉訶帝。三藐三菩陀耶。南無婆伽婆帝。阿芻
鞞耶。跢他伽多耶。阿囉訶帝。三藐三菩陀耶、南無婆伽婆帝。鞞沙闍耶。俱盧吠柱唎
耶。般囉婆囉闍耶。跢他伽多耶。南無婆伽婆帝。三補師毖多。薩憐捺囉剌闍耶、跢他
伽多耶。阿囉訶帝。三藐三菩陀耶。南無婆伽婆帝。舍雞野母那。曳跢他伽多耶。阿囉
訶帝。三藐三菩陀耶。南無婆伽婆帝。剌怛那雞、都囉闍耶。跢他伽多耶。阿囉訶帝。三
藐三菩陀耶。帝瓢。南無薩羯唎多。翳曇婆伽婆多。薩怛他迦都瑟尼釤。薩怛多般怛
嚧。南無阿婆囉視耽。般囉帝揚岐囉。薩囉婆部多揭囉訶。尼羯囉訶。揭迦囉訶尼。跋
囉毖地耶叱陀你。阿迦囉密唎柱。般唎怛囉耶儜揭唎、薩囉婆槃那目叉尼。薩囉婆
突瑟吒。突悉乏般那你伐囉尼。赭都囉失帝南。羯囉訶娑訶薩囉若闍。毗多崩娑那
羯唎。阿瑟吒冰舍帝南。那叉剎怛囉若闍。波囉薩陀那羯唎。阿瑟吒南。摩訶揭囉訶
若闍。毗多崩薩那羯唎。薩婆舍都嚧你婆囉若闍。呼藍突悉。乏難遮那舍尼。毖沙舍
悉怛囉。阿吉尼烏陀迦囉若闍。阿般囉視多具囉。摩訶般囉戰持、摩訶疊多。摩訶帝

闍。摩訶稅多闍婆囉。摩訶跋囉槃陀囉婆悉你。阿唎耶多囉。毗唎俱知誓婆毗闍耶。跋闍囉摩禮底。毗舍嚧多。勃騰罔迦。跋闍囉制喝那阿遮。摩囉制婆般囉質多跋闍囉擅持。毗舍囉遮。扇多舍鞞提婆補視多。蘇摩嚧波。摩訶稅多。阿唎耶多囉。摩訶婆囉阿般。囉跋闍囉商羯囉制婆。跋闍囉俱摩唎。俱藍陀唎。跋闍囉喝薩多遮。毗地耶乾遮那摩唎迦。啒蘇母婆羯囉跢那。鞞嚧遮那俱唎耶。夜囉菟瑟尼釤。毗折藍婆摩尼遮。跋闍囉迦那迦波囉婆。嚧闍那。跋闍囉頓稚遮稅多遮迦摩囉。刹奢尸波囉婆。翳帝夷帝。母陀囉羯拏。娑鞞囉懺掘梵都。印兔那麼麼寫。

第二會

烏䛃。唎瑟揭拏。般剌舍悉多。薩怛他伽都瑟尼釤。虎䛃。都嚧雍。瞻婆那。虎䛃。都嚧雍。悉耽婆那。虎䛃。都嚧雍。波囉瑟地耶。三般叉。拏羯囉。虎䛃。都嚧雍。薩婆藥叉。喝囉刹娑。揭囉訶若闍。毗騰崩薩那羯囉。虎䛃。都嚧雍。者都囉。尸底南。揭囉訶。娑訶薩囉南。毗騰崩薩那囉。虎䛃。都嚧雍。囉叉。婆伽梵。薩怛他伽都瑟尼釤。波囉點闍吉唎。摩訶娑訶薩囉。勃樹娑訶薩囉室唎沙。俱知娑訶薩泥帝隸。阿弊提視婆唎多。吒吒罌迦摩訶跋闍嚧陀囉。帝唎菩婆那。曼茶囉。烏𤙖。莎悉帝薄婆都。麼麼印兔那麼麼寫。

第三會

囉闍婆夜。主囉跋夜。阿祇尼婆夜。烏陀迦婆夜。毗沙婆夜。舍薩多囉婆夜。婆囉斫羯囉婆夜。突瑟叉婆夜。阿舍你婆夜。阿迦囉密唎柱婆夜。陀囉尼部彌劍波伽波陀婆夜。烏囉迦婆多婆夜。剌闍壇茶婆夜。那伽婆夜。毗條怛婆夜。蘇波囉拏婆夜。藥叉揭囉訶。囉叉私揭囉訶。畢唎多揭囉訶。毗舍遮揭囉訶。部多揭囉訶。鳩槃茶揭囉訶。補丹那揭囉訶。迦吒補丹那揭囉訶。悉乾度揭囉訶。阿播悉摩囉揭囉訶。烏檀摩陀揭囉訶。車夜揭囉訶。醯唎婆帝揭囉訶。社多訶唎南。揭婆訶唎南。嚧地囉訶唎南。忙娑訶唎南。謎陀訶唎南。摩闍訶唎南。闍多訶唎女。視比多訶唎南。毗多訶唎南。婆多訶唎南。阿輸遮訶唎女。質多訶唎女。帝釤薩鞞釤。薩婆揭囉訶南。毗陀耶闍嗔陀夜彌。雞囉夜彌。波唎跋囉者迦訖唎擔。毗陀夜闍嗔陀夜彌。雞囉夜彌。波唎跋囉者迦訖唎擔。毗陀夜闍嗔陀夜彌。雞囉夜彌。茶演尼訖唎擔。毗陀夜闍嗔陀夜彌。雞囉夜彌。摩訶般輸般怛夜。嚧陀囉訖唎擔。毗陀夜闍嗔陀夜彌。雞囉夜彌。那囉夜拏訖唎擔毗陀夜闍。瞋陀夜彌。雞囉夜彌。怛埵伽嚧茶西訖唎擔。毗陀夜闍。瞋陀夜彌。雞囉夜彌。摩訶迦囉摩怛唎伽拏訖唎擔。毗陀夜闍。瞋陀夜彌。雞囉夜彌。迦波唎迦訖唎擔。毗陀夜闍。瞋陀夜彌。雞囉夜彌。闍耶羯囉。摩度羯囉。薩婆囉他娑達那訖唎擔。毗陀夜闍。瞋陀夜彌。雞囉夜彌。赭咄囉婆耆你訖唎擔。毗陀夜闍。瞋陀夜彌。雞囉夜彌。毗唎羊訖唎知。難陀雞沙囉伽拏般帝。索醯夜訖唎擔。毗陀夜闍。瞋陀夜彌。雞囉夜彌。那揭那舍囉婆拏訖唎擔。毗陀夜闍。瞋陀夜彌。雞囉夜彌。阿羅漢訖唎擔。毗陀夜闍。瞋陀夜彌。雞囉夜彌。毗多囉伽訖唎擔。毗陀夜闍。瞋陀夜彌。雞囉夜彌。跋闍囉波你。具醯夜具醯夜。迦地般帝訖唎擔。毗陀夜闍。瞋陀夜彌。雞囉夜彌。囉叉罔。婆伽梵。印兔那麼麼寫。

第四會

娑伽梵。薩怛多般怛囉。南無粹都帝。阿悉多那囉剌迦。波囉婆悉普吒。毗迦薩怛多鉢帝唎。什佛囉。什佛囉。陀囉陀囉。頻陀囉頻陀囉。瞋陀瞋陀。虎𤙖。虎𤙖。泮吒泮吒泮吒泮吒泮吒。莎訶。醯醯泮。阿牟迦耶泮。阿波囉提訶多泮。婆囉波囉陀泮。阿素囉毗陀囉波迦泮。薩婆提鞞弊泮。薩婆那伽弊泮。薩婆藥叉弊泮。薩婆乾闥婆弊泮。薩婆補丹那弊泮。迦吒補丹那弊泮。薩婆突狼枳帝弊泮。薩婆突澀比犂訖瑟帝弊泮。薩婆什婆唎弊泮。薩婆阿播悉摩犂弊泮。薩婆舍囉婆拏弊泮。薩婆地帝雞弊泮。薩婆怛摩陀繼弊泮。薩婆毗陀耶囉誓遮犂弊泮。闍夜羯囉摩度羯囉。薩婆囉他娑陀雞弊泮。毗地夜遮唎弊泮。者都囉縛耆你弊泮。跋闍囉俱摩唎。毗陀夜囉誓弊泮。摩訶波囉丁羊乂耆唎弊泮。跋闍囉商羯囉夜。波囉丈耆囉闍耶泮。摩訶迦囉夜。摩訶末怛唎迦拏。南無娑羯唎多夜泮。毖瑟拏婢曳泮。勃囉訶牟尼曳泮。阿耆尼曳泮。摩訶羯唎曳泮。羯囉檀遲曳泮。蔑怛唎曳泮。勞怛唎曳泮。遮文茶曳泮。羯邏囉怛唎曳泮。迦般唎曳泮。阿地目質多。迦尸摩舍那。婆私你曳泮。演吉質。薩埵婆寫。麼麼印兔那麼麼寫。

第五會

突瑟吒質多。阿末怛唎質多。烏闍訶囉。伽婆訶囉。嚧地囉訶囉。婆娑訶囉。摩闍訶囉。闍多訶囉。視毖多訶囉。跋略夜訶囉。乾陀訶囉。布史波訶囉。頗囉訶囉。婆寫訶囉。般多質多。突瑟吒質多。嘮陀囉質多。藥叉揭囉訶。囉刹娑揭囉訶。閉隸多揭囉訶。毗舍遮揭囉訶。部多揭囉訶。鳩槃茶揭囉訶。悉乾陀羯囉訶。烏怛摩陀揭囉訶。車夜揭囉訶。阿播薩摩囉揭囉訶。宅祛革茶耆尼揭囉訶。唎佛帝揭囉訶。闍彌迦揭囉訶。舍俱尼揭囉訶。姥陀囉難地迦揭囉訶。阿難婆揭囉訶。乾度波尼揭囉訶。什伐囉堙迦醯迦、隮地藥迦。怛隸帝藥迦、者突託迦、尼提什伐囉。毖釤摩什伐囉。薄底迦。鼻底迦。室隸瑟蜜迦。娑你般帝迦。薩婆什伐囉。室嚧吉帝、末陀鞞達嚧制劍。阿綺嚧鉗、目佉嚧鉗。羯唎突嚧鉗。揭囉訶揭藍。羯拏輸藍。憚多輸藍。迄唎夜輸藍。末麼輸藍。跋唎室婆輸藍。毖栗瑟吒輸藍。烏陀囉輸藍。羯知輸藍。跋悉帝輸藍。鄔嚧輸藍、常伽輸藍、喝悉多輸藍。跋陀輸藍。娑房盎伽般囉丈伽輸藍、部多毖哆茶、茶耆尼什婆囉。陀突嚧迦。建咄嚧吉知。婆路多毗。薩般嚧訶凌伽。輸沙怛囉娑那羯囉、毗沙喻迦。阿耆尼烏陀迦、末囉鞞囉建跢囉。阿迦囉蜜唎咄怛斂部迦、地栗剌吒、毖唎瑟質迦、薩婆那俱囉。肆引伽弊。揭囉唎藥叉怛囉芻。末囉視吠帝釤娑鞞釤。悉怛多鉢怛囉。摩訶跋闍嚧瑟尼釤。摩訶般賴丈耆藍。夜波突陀舍喻闍那。辮怛隸拏。毗陀耶槃曇迦嚧彌、帝殊槃曇迦嚧彌般囉毗陀槃曇迦嚧彌、跢姪他、唵阿那隸。毗舍提。鞞囉跋闍囉陀唎。槃陀。槃陀你跋闍囉謗尼泮。虎許、都嚧甕。泮莎婆訶。

凡是講佛法的人。總把咒稱做祕密教。這有兩層的意思。一層是因爲向來翻譯經典。所有的咒。總是只翻譯聲音。不翻譯解釋的。念咒的人只能夠依照了聲音念。不能夠去研究解釋的。一層是因爲佛菩薩說的咒裏頭的意思。只有佛菩薩自己曉得。所以就是懂得了字面的解釋。也研究不出他的道理來的。所以說是祕密。專修念咒法門的。叫做密宗。就是秘密的意思。密宗的念咒。有五種念法。第一種、叫做出入息念。這種念法。是心裏頭想定了這咒的字句。跟著氣息念。氣息放出來、字的聲音也就放出來。氣息收進去、字的聲音也就收進去。一個一個的字念得清清楚楚。好像穿一串珠子一樣。前後接連。絲毫沒有間斷的。第二種、叫做瑜伽念。瑜伽、是梵語、翻譯中國文、是相應兩個字、瑜伽念、是口裏念、同了心裏想、兩邊相應的念法、這種念法、是想自己的心裏頭有一個光明的月輪。順了咒的一個字一個字。從前面向右邊。繞了這月輪轉。接連不斷的念。第三種、叫做金剛念。這種念法。是不出聲的。只在自己口裏頭默念。第四種、叫做微聲念。這種念法。是只有輕輕的一些聲音。只要自己的耳根。能夠把這咒的字句。一個一個都聽得清楚。就是了。第五種、叫做高聲念。這種念法。是要使得旁人聽見了。消滅他的惡念。發生他的善念。這五種念法。各有各的好處。可以隨修行人自己的便。照那一種念法去念。總之念咒第一要發大菩提心。不起種種的惡念雜念。一心一意的念誦。自然能夠有感應靈驗的。況且這篇楞嚴咒。是無爲心佛說的。念咒的功德。自然更加大。只要念得誠心。一定有不可思議的大利益的。就是下面各種的咒。一定也要念得至誠。也各有各的好處的。這一篇楞嚴咒分做五會。原來每會各有各種名目的。照蕅益大師的楞嚴經文句上。每一會咒念完了。念一聲弟子某某人受持。現在不用這樣的通報名字了。並且雖然分出五會來。仍舊只要一起念就是了。

大悲神咒。

這篇咒、是觀世音菩薩說的。出在藏經裏頭的千手千眼觀世音菩薩、廣大圓滿、無礙大悲心陀羅尼經上。（這是一部佛經的名目、藏經、是凡是關係佛法的書、都在裏頭的、不獨是稱做經藏的佛經、稱做律藏的戒律、稱做論藏的講論佛法的書、凡是不能夠歸到經藏、律藏、論藏、三藏裏頭去的佛學書、都收在藏經裏頭的、因爲是國家所寶藏的佛學書、所以叫做藏、因爲敬佛學的意思、所以一概都稱做經、）咒的名目。就叫廣大圓滿無礙大悲心大陀羅尼。廣大兩個字。是顯大悲心的體。心的體。包含一切法界。所以說是廣大。那是法身德。圓滿兩個字。是顯大悲心的相。心的相。徧照一切法界。所以說是圓滿。那是般若德。無礙兩個字是顯大悲心的用心的、妙用。通達一切法界。所以說是無礙。那是解脫德。陀羅尼三個字。是梵語。翻譯中國文。是總持兩個字。總字是包括所有一切的意思。持字是保守住不失脫的意思。這兩個字合併起來。就是保護一切衆生的意思。現在說大悲神咒。那是簡單的說法。照經裏頭說。無量億劫的前。觀世音菩薩在千光王靜住如來那邊。受著這一篇咒。那個時候。觀世音菩薩還只是初地菩薩。一聽了這咒。登時就進到第八地。觀世音菩薩就在佛前發誓。說我若是將來能夠利益一切衆生。使得他們都安樂的。那末叫我這個身體上。生出一千隻手。一千隻眼睛來。發了這個誓。果然就生出了千手千眼來了。這是這篇咒的來根。經上說。念這大悲神咒。能夠一天念滿七遍。可以消去百千萬億劫的生死重罪。念咒的人。將來臨終的時候。十方諸佛都來迎接他。要想生在那個佛世界裏頭。隨他的願心。都能夠往生的。就是現在一世裏頭。無論要求什麼。總沒有不成功的。所有一切的罪業。就是極重極重的。本來應該要墮落到阿鼻地獄裏頭去的。念了這大悲神咒。也就可以消滅得淸淸淨淨了。這咒的威神力。實在是不可思議的。觀世音菩薩說這篇咒。是在普陀落迦山。普陀落迦、是梵語、這山實在是在南天竺南海裏頭、不過我們中國浙江省寗波府定海縣的山、也是觀世音菩薩現身說法的地方、淸朝康熙皇帝、做的普陀碑記裏頭、有三個普陀、都是觀世音菩薩現身說法的道塲、講到善財童子到各處去參善知識、總共參了五十三處、就叫做五十三參、第二十八參、就是參觀世音菩薩、實在是在南天竺南海裏頭的普陀落迦山、並不是定海縣的普陀落迦山、但是要使得人容易生相信心、那末善財童子參觀世音菩薩、就算是定海縣的普陀落迦山、也沒有什麼不可以說、○善財童子五十三參、參各世界的大菩薩、在華嚴經入法界品裏頭、說得很詳細的、○參字、是參見參拜的意思、

這一座山。是觀世音菩薩的道場。當時釋迦牟尼佛。在觀世音菩薩宮殿裏頭。還有無數的菩薩聲聞天龍鬼神等。也都在那裏。觀世音菩薩在佛前。說了這篇。咒無量無邊的人。都得著證到果位。還有登時證到十地菩薩果位的哩。這樣的威神功德力。還了得麼。念咒的人。應該要感激菩薩的恩德。懇懇切切念的。

南無喝囉怛那。哆囉夜耶。南無阿唎耶。婆盧羯帝。爍鉢囉耶。菩提薩埵婆耶。摩訶薩埵婆耶。摩訶迦盧尼迦耶。唵、薩皤囉罰曳。數怛那怛寫。南無悉吉㗚埵。伊蒙阿唎耶。婆盧吉帝。室佛囉楞馱婆。南無那囉謹墀。醯唎摩訶。皤哆沙咩。薩婆阿。他豆輸朋。阿逝孕。薩婆薩哆。那摩婆薩多。那摩婆伽。摩罰特豆。怛姪他。唵。阿婆盧醯。盧迦帝。迦羅帝。夷醯。唎。摩訶菩提薩埵。薩婆薩婆。摩囉摩囉。摩醯摩醯。唎馱孕。俱盧俱盧羯蒙。度盧度盧。罰闍耶帝。摩訶罰闍耶帝。陀囉陀囉。地唎尼。室佛囉耶。遮囉遮囉。麼麼罰摩囉穆帝隸。伊醯伊醯。室那室那。阿囉嘇。佛囉舍利。罰娑罰嘇。佛囉舍耶。呼盧呼盧摩囉。呼盧呼盧醯利。娑囉娑囉。悉唎悉唎。蘇嚧蘇嚧。菩提夜。菩提夜。菩馱夜。菩馱夜。彌

啇利。夜那囉謹墀。地利瑟尼那。婆夜摩那。娑婆訶。悉陀夜。娑婆訶。摩訶悉陀夜。娑婆訶。悉陀喻藝室皤囉耶。娑婆訶。那囉謹墀。娑婆訶。摩囉那囉。娑婆訶。悉囉僧阿穆佉耶。娑婆訶。娑婆摩訶阿悉陀夜。娑婆訶。者吉囉阿悉陀夜。娑婆訶。波陀摩羯悉陀夜。娑婆訶。那囉謹墀皤伽囉耶。娑婆訶。摩婆利勝羯囉夜。娑婆訶。南無喝囉怛那哆囉夜耶。南無阿利耶。婆嚧吉帝。爍皤囉夜。娑婆訶。唵。悉殿都。漫多囉。跋陀耶。娑婆訶。

一切的咒本來都是不能夠曉得他的意思的。獨有這篇大悲咒的意思。却是能夠曉得的。因爲當時觀世音菩薩說了這咒。大梵天王請菩薩說明白這咒的形狀相貌。菩薩說就是大慈悲心。平等心。無爲心。無爲、就是順心性自然的道理、不造各種業的意思、不染著心。不染著、是對了一切的境界、不起分別執著心的意思、空觀心。空觀、是看到一切的法、都是虛妄不實在的、恭敬心。恭敬、不獨是對一切的佛菩薩、就是對一切苦惱的衆生、也應該恭敬的、因爲都是未來諸佛的緣故、○未來諸佛、是說衆生本來都有佛性的、將來終有一天要成佛的、所以衆生都叫做未來佛、卑下心。卑下、就是對一切人、自己謙虛的意思、無雜亂心。無雜亂、就是定同了慧兩種、都是均平一樣的、不起妄想的意思、無見取心。無見取、不獨是不起外道的邪見、就是對了佛法、也不存有所得著的心、○所說的佛法、本來沒有什麼可以得著、不過能夠明白本來有的眞實平等的道理罷了、這種意思、在佛法大意裏頭、已經詳細講過的、無上菩提心。就是願成佛道、那末這大悲咒的意思。不是就可以曉得了麼。念咒的人能夠也存這樣的十種心。那末就同了這篇咒的意思相應了。自然有一定不可思議的效驗了。照經上邊的說法。若是念咒念得不誠心。或是起了不善的心。或是有了一些疑惑的心。那就難得見效驗了。這也不可以不曉得的。還有一層大悲神咒。能夠治各種病的。怎樣的病。怎樣的用咒去治。大悲心陀羅尼經上。（大悲心陀羅尼經、就是千手千眼、觀世音菩薩、廣大圓滿、無礙大悲心陀羅尼經的簡省名目、）都說得很明白的。現在往往有人生了病。拿一杯清水。點了三枝香。拜了觀世音菩薩。就對了水。發極誠懇的心。念大悲咒。最少七遍。越多越好。這個水。就叫大悲水。吃了下去。病就會好的。菩薩這樣的哀憐眾生。怎麼能夠不報答菩薩的恩呢。念這個咒。第一遍的時候。從頭一句起。一直到摩罰特豆怛姪他。都要合了掌念的。

如意寶輪王陀羅尼。

這篇咒。也是觀世音菩薩說的。在如意輪陀羅尼經上有的。（如意輪陀羅尼經、是一部佛經的名目、經上稱觀自在菩薩、就是觀世音菩薩、）

如意寶、是一種寶珠的名目。梵語叫做摩尼。這種寶珠。能夠生出種種東西來的。要什麼就生出什麼來。稱大家心裏頭的意思的。所以叫做如意寶珠。是一切寶貝裏頭最寶貴的一種珠。這是借來表顯心性的靈妙。能夠生出一切法來的意思。輪字、是譬喻車輪。能夠轉動。佛說法度眾生。所以叫做轉法輪。的意思就是把佛的智慧。佛心裏頭的種種妙法。都轉到眾生的心裏頭去。能夠使得眾生。都可以明白佛法的道理。把煩惱轉變成菩提。一個一個人。你轉到我我轉到他。一直轉開去。永遠不斷。所以說是轉法輪。王字、是表示這個咒的尊貴。就是說的心王。陀羅尼、是說咒的作用。從這如意寶輪王陀羅尼起。一直到下邊善女天咒。大家都叫做十小咒。因爲這些咒。都是很短的。所以叫做小咒。並不是效驗有什麼大小的分別。千萬不可以弄錯的。這十種咒。也都是很靈驗的。很有功效的。同楞嚴咒大悲咒。差不多的。所以也有人稱做十大小咒的。

南無佛陀耶。南無達摩耶。南無僧伽耶。南無觀自在菩薩摩訶薩。具大悲心者。怛姪他。唵。斫羯囉伐底。震多末尼。摩訶鉢蹬。嚕嚕嚕嚕。底瑟吒。篅囉阿羯利。沙夜吽。發莎訶。唵。鉢蹋摩。震多末尼。篅攞吽。唵。跋喇陀。鉢亶謎吽。

這篇咒的原名。叫做大蓮華峯金剛秘密如意輪咒。這個名字。恰正合著心性的三種德。蓮華這一種東西。雖然出在泥水裏頭。卻是沾不著一些些泥的汚穢的。比那衆生的心性。雖然起了種種的惡濁煩惱。究竟清淨的體性。沒有絲毫變動。蓮華生的時候。裏頭已經結好了一個蓮蓬。等到蓮華一瓣一瓣的落完。那個蓮蓬就完全的顯出來了。華瓣是譬喻妄想心。蓮蓬是譬喻法身。法身就在那妄想心裏邊。因爲被那妄想心遮住了。所以法身不能夠顯現。只要沒有了妄想。那法身自然就顯出來了。譬如蓮華的華瓣落完了。蓮蓬就現出來了。所以用蓮華來表顯心性的道理。最是貼切。大字是說心性沒有限量的意思。峯字是山峯。是取心性不動的意思。這是表顯的法身德。般若的性。最是堅固的。所以拿金剛來比。不著一切的相。所以說是祕密。這是表顯的般若德。如意輪三個字。是圓轉如意。沒有阻礙的意思。這是表顯的解脫德。經裏頭說念這咒的人。自然能夠得著種種大利益。像是一棵如意樹上生出如意寶珠來。一切衆生有什麼請求。都能夠滿足他的願的。可見得這咒的威神功德。不可思議。經上還說。一心念這咒的人。到臨終的時候。能夠看見阿彌陀佛同了觀世音菩薩。就往生到極樂世界去了。

消災吉祥神咒。

這篇咒。是佛在淨居天上說的。（淨居天、有五天、稱做五淨居天、就是無煩天、無熱天、善見天、善現天、色究竟天、）出在消災吉祥經上。（消災吉祥經、是一部佛經的名目、）照經裏頭說。這咒是從前娑羅王如來說的。咒的名字叫做熾盛光大威德陀羅尼。現在就用了經的名字。不用原來的咒名了。照原來的咒名解釋起來。也是顯心性的道理的。大乘起信論上。講眞如心的體相。說是本來滿足一切功德。有大智慧光明的道理。徧照法界的道理清涼不變自在的道理常樂我淨的道理。就這幾種道理說起來大智慧光明。不就是說的光麼徧照法界。不就是說光的熾盛麼。熾盛、是說那種光、明亮得了不得、清涼不變自在。惑業苦三種、本來都是虛妄不實在的、心性呢、本來沒有這種虛僞的、沒有煩惑的熱惱、所以說是清涼、沒有業報的改變、所以說是不變、沒有苦報的縛著、所以說是自在、沒有大威力。怎麼能夠自在呢。不就是說的大威麼。常樂我淨是佛的四種真實功德。永遠不生不滅、叫常、不受一切的苦、叫樂、得大自在、叫我、斷盡一切煩惱心、叫淨、不就是說的大德麼。本來衆生的心性叫做如來藏又叫做如來法身。所以說衆生的煩惱心裏頭有如來結跏趺坐。這就是說衆生的心性就是如來法身。既然衆生心裏頭天然的各有一尊心佛。那末靠這心佛的光明威德有什麼災難消不去。有什麼大吉祥求不來呢。

曩謨三滿哆母馱喃。阿鉢囉底賀多舍娑曩喃。怛姪他。唵。佉佉。佉呬佉呬。吽吽。入嚩囉入嚩囉。鉢囉入嚩囉鉢囉入嚩囉。底瑟姹底瑟姹。瑟致哩瑟致哩。娑發吒娑發吒。扇底迦。室哩曳。娑嚩訶。

照經上邊說。若是國土裏頭有惡星宿現出來。恐怕要有各種的災難。只要設立了道場。依照儀式。定了一個時期。念這咒一百零八遍。就可以把災難消滅的。本來種種災難都是自己的惡業感召來的。惡業是從煩惱心裏頭造出來的。曉得了病的根本。只要把這一種煩惱心的病根除去了。那就所有一切的災難。完全都可以消滅了。災難既然消了。去吉祥就自然來了。這總是要自己從起心動念上。時時刻刻的留意。纔算是眞實的念這消災吉祥神咒哩。

功德寶山神咒

這篇咒、出在那裏。沒有查著。大藏經裏頭。有一部叫做圓因往生集。（是一部講往生的書名、）這部書裏頭。有一種咒。叫做功德山陀羅尼。同了這篇咒的名目相像的。大約就是這咒。雖然翻譯的字音有些不同。或是兩個人翻譯的緣故。但是咒的字句。是一樣的。就像那往生咒、寶王三昧念佛直指。裏頭所引的。（寶王三昧念佛直指、是一本講佛法的書名、）同了我們現在大家念的。就有許多的不同。實在只是一種。功德兩個字。照六祖惠能大師說。功德是在法身裏頭的。不是在修福上邊的。見自己的本性。叫做功。存一切平等的心。叫做德。念念沒有住著。（住著、是著牢在道上邊的意思、）常常見到自己本性的眞實妙用。叫做功德。裏頭的存心。對了旁人。總是謙虛恭敬。是功。外邊所做的事情。都合著道理。是德。自己的本性。能夠立出一切法來。是功。心體究竟不動。是德。念念不離自己的本性。是功。應一切的用處。不起分別。是德。若是要想得著功德法身。只要依照這樣的道理做去。是眞功德。這是六祖講的修功德的方法。華嚴經上說。若得無量功德身。其身顯耀。如金山。這兩句偈的意思是說若是能夠得著了無量功德莊嚴的法身。那末報身的相貌自然也就光明照耀。好比是一座金山了。金山不就是寶山麼。這篇咒叫做功德寶山。可見得也是顯心性的道理的。

南無佛馱耶。南無達摩耶。南無僧伽耶。唵。悉帝護嚕嚕悉都嚕只利波吉利婆悉達哩。布嚕哩。娑縛訶。

圓因往生集裏頭說。若是有人念這咒一遍。像是禮拜了大佛名經四萬五千四百遍。大佛名經、是一部佛經的名目、又像是讀了大藏經六十萬五千四百遍。就是所造的罪業。超過十個世界微塵數的數目。這是說拿十個世界來、研做微細的灰塵那麼多、超過、就是勝過、本來應該要墮落到阿鼻地獄裏頭去的。因為誠心念了這咒。臨終就決定往生西方。能夠看見阿彌陀佛。得著上品上生。這咒有這樣的大利益。所以叫做功德寶山神咒。華嚴經上說。譬如大寶山。饒益諸羣生。饒益、就是利益、羣生、就是衆生、如來功德山。饒益亦如是。這咒的名字。就是取這個意思。

佛母準提神咒。

這咒出在準提陀羅陀尼經上的。準提陀羅陀尼經、是一部佛經的名目、經裏頭講到念這咒的方法。要細細的用心。把咒裏頭的字。按著自己身上的各處部位。一個一個的觀想清楚。顯出光相來。那是密宗的念咒法子不學密宗的人可以不必學的。準提是一尊菩薩的名號。準提兩個字是梵語。翻譯中國文是施爲兩個字。施是布施。布施就是拿東西來給人的意思。布施有三種。一種是財施。是用錢財寶物來布施的。財、有內財外財的分別、所有金銀、財寶、衣服、飲食、田地、房屋、妻妾、兒女、奴婢牲畜、凡是依報的東西、都叫做外財、身體上一切的東西、都是正報、像頭目、皮骨牙髮、唇舌、手足、腦髓、佛菩薩也都願意拿來布施的、這都叫做內財、一種是法施。是用佛法來布施的。這是宣講佛法去勸化人、使得人人都能夠了脫生死、免得在輪迴裏頭轉、或是拜佛誦經、替衆生回向、像夜課裏頭的蒙山施食儀、也是法施的一種、這都叫做法施、一種是無畏施。或是用威勢權力。或是用和氣熱心來做布施功德的。畏字、是懼怕的意思、無畏施、是用種種方法、免掉旁人有懼怕的心、或是有憂慮的心、若是碰到有人要做善事、力量不夠、做不成功、就拿財物來幫助他、或是拿心思的力量、身體的力量、來幫助他、碰到有人遭到了災難、想法去解救他、碰到有人受著了寃枉、被人欺壓了、或是用好話去調解、或是用勢力去判斷、這都叫做無畏施、爲是行爲。就是做事情的意思。菩薩所做的。總是功德。功德有兩種。一種是有爲功德。就是世間法的功德。一種是無爲功德。就是出世間法的功德。現在講這施爲兩個字。不是說財施。只說那法施。同了無畏施。不說有爲功德。只說那無爲功德。這準提咒稱做佛母。是顯菩薩的智慧不可思議。照六度說。第一是布施、梵語叫做檀那波羅密、上邊已經詳細講過了、第二是持戒、梵語叫做尸羅波羅密、就是守佛的戒律、不做不合佛法的種種事情、第三是忍辱、梵語叫做羼提波羅密、就是忍耐一切苦痛、肯受旁人的欺壓、第四是精進、梵語叫做毗梨耶波羅密、就是發很的修佛法、發很的做各種善事、第五是禪定、梵語叫做禪那波羅密、就是把這個心、安住在佛法上、不放他散亂、起旁的妄念、第六是智慧、梵語叫做般若波羅密、就是能夠分別邪正、破除種種的迷惑、

度是度脫。度過來的意思。布施可以度慳貪。慳、是氣量小、捨不得把自己的東西給旁人、貪、是要旁人的東西、持戒可以度毀犯。

毀、是破壞的意思、犯、是犯種種的過失罪孽、忍辱可以度瞋恚。瞋、是發出火來、恚、是恨在心裏頭、精進可以度懈怠。懈怠、就是懶惰、禪定可以度散亂。智慧可以度愚癡。所以叫做六度智度就是般若波羅密。若是照十度說那末第十種就是智度也叫做智波羅密。十度、是六度外、加出方便度、願度、力度、智度、四種來、願度、力度、是從禪波羅密裏頭開出來的、方便度、智度、是從般若波羅密裏頭開出來的、○在唯識論裏頭、方便度、叫做方便善巧波羅密、是用方便法、善巧話、來勸人修行的意思、善巧、就是說得好聽、巧妙得很、使得人聽了容易動心聽從的意思、願度、叫做願波羅密、意思是願求菩提道、同了願使得他人得利益、得安樂的意思、力度、叫做力波羅密、是修習佛法的力量、同了揀擇的力量、智度、叫做智波羅密、是有受用法樂的智、同了使得他人功德成熟的智、開、就是化出來、加出來的意思、在佛法裏頭、都叫做開、○唯識論、是一部專門講識的書名、眞實智慧。有能夠顯出法身來的力量。有能夠成菩薩的功能。像是母親能夠生出兒子的身體來一樣。所以說是母。維摩詰經上說智慧菩薩母。就是這個意思。菩提資糧論上說。菩提資糧論、是一部講佛法的書名、既爲菩薩母。亦爲諸佛母。般若波羅密是覺初資糧。覺初兩個字、是初開頭起智慧的心、來覺照一切、這個覺照的心、就是菩薩的母、也是諸佛的母、意思就是成菩薩、成佛、都是從用智慧心來覺照一切上修成的、所以稱做母、這個覺照的心、就是智慧修到圓滿成功的時候、就叫波羅密、也就是到了究竟的地位了、○覺照、是用覺悟的心、來觀照一切、意思是說般若波羅密。不獨是菩薩的母。並且也是諸佛的母。因爲一定要有智慧觀照的因緣。方纔能夠顯出本覺性來。本覺、就是衆生本來有的眞性、因爲本來有的眞性、是很覺悟的、一些沒有迷惑的、所以稱做本覺、所以般若稱做佛母。楞嚴經上文殊菩薩稱讚觀世音菩薩的耳根圓通法門。說是佛母眞三昧。就是讚菩薩的不思議金剛智慧。華嚴經上說文殊菩薩常爲無量億那由他諸佛之母。就因爲文殊菩薩有大智慧的緣故。這咒稱做佛母準提神咒。可見得咒的靈驗了。

稽首皈依蘇悉帝。頭面頂禮七俱胝。我今稱讚大準提。惟願慈悲垂加護。

這四句偈。是龍樹菩薩做的。是皈依三寶請求加被的意思。本來念各種經。總先應該念四句開經偈的。（照規矩、念經的前、先應該念四句偈、那四句偈、叫開經偈、就是無上甚深微妙法、百千萬劫難遭遇、我今見聞得受持、願解如來眞實義、這四句偈的意思、在阿彌陀經白話解釋末後、修行方法裏頭、有詳細解釋的、）現在把這四句偈。加在咒的前面。就可以叫做開咒偈了。稽首、就是叩頭。皈依蘇悉帝。是皈依的法寶。蘇悉帝、是梵語。翻譯中國文。是善圓成三個字。意思是說好好的圓滿一切的願心。成功一切的事情。這是讚歎這咒的威神力的。頭面頂禮、就是行的頭面接足禮。這種禮拜樣式。是頭叩在地上。兩手分開在頭的左右。手背著地。手心朝上。意思是接佛的兩足。來安在自己頭邊的。所以叫做頭面接足禮。那是一種最極尊敬的拜法。若是不把兩手翻轉向上。那末只叫做五體投地。（五體、是兩臂、兩膝、同了頭、合成五數、）不能夠說是頭面頂禮的。梵語俱胝兩個字。就是中國文的百億。頂禮七俱胝、是說頂禮七百億尊的佛。這句是皈依的佛寶。第三句、是皈依的僧寶。菩薩稱聖僧。準提雖然說是佛母。終究還是菩薩。所以稱讚準提。就是表明白皈依僧寶。末一句、是總向三寶請願。求所皈依的佛寶、法寶、僧寶。一齊都慈悲。我用大威神力。來加被我、保護我的意思。三寶在上邊。自己在下邊。所以用一個垂字。垂、是掛下來的意思、是說上邊的光照下來的意思。這偈裏頭的稽首。同了頭面頂禮。是清淨的身業。稱讚。是清淨的口業。皈依同了發願。是清淨的意業。這叫做三業供養。用這樣的清淨心來念咒。自然一定能夠有大效驗了。

南無颯哆喃。三藐三菩陀。俱胝喃。怛姪他。唵。折戾主戾。準提。娑婆訶。

這咒是過去的七百億尊佛都說過的。釋迦牟尼佛在祇園會上。祇園、就是阿彌陀經裏頭、所說的祇樹給孤獨園、祇園會上、就是在祇園裏頭的法會上、○祇樹給孤獨園、在阿彌陀經白話解釋裏頭、詳細講過的、哀憐末法時候的衆生。從釋迦牟尼佛成佛的時候算起、叫做正法的時代、總共是一千年、過了這一千年、叫像法的時代、總共也是一千年、又過了這一千年、叫末法的時代、總共是一萬年、現在是在末法的時代、已經過了九百七十多年了、惡業重。福德薄。容易墮落到惡道裏頭去。所以也說這個咒。照經上邊說。念這咒滿九十萬遍。能夠消滅五逆十惡等重罪。五逆、是弒父、弒母、弒阿羅漢、破和合僧、出佛身血、弒、就是殺、小輩殺長輩、下人殺上人、叫弒、和合僧、就是比丘、因爲比丘都是和合在一塊兒的、想法子去拆散他們、使得他們不能夠和合在一塊兒修行、叫破、佛不出世的時代、若是把佛像弄壞了、這個罪業、就同了出佛身上的血、一樣重的、十惡、就是十惡業、在佛法大意裏頭、詳細講過的、念這咒的人。只要誠心念。就能夠增加福壽。消去一切的災難病痛。念滿四十九日。菩薩就派兩個神來。常常跟著他。暗地裏保護他。那個念咒的人。或是求增長智慧。或是求免脫災難。或是求得著神通。或是求修成佛道。都能夠叫他滿願的。念滿了一百萬遍。那末就能夠到十方淨土去。供養一切的佛。聽受無上的妙法。證得佛果了。這是佛金口說的。

聖無量壽決定光明王陀羅尼。

這咒的名目出在大乘聖無量壽決定光明王如來陀羅尼經上。（這是一部佛經的名目、）但是藏經本子上。同了這咒的字句很有些不同。大約也是有兩種翻譯本子的。照這個名字的意思是借咒的威神力顯出自己本性裏頭的彌陀來。本來一切衆生的心性。同了十方三世一切佛絲毫沒有兩樣的。所以說心佛及衆生。是三無差別。（三字、就是指心佛、同了衆生、無差別、就是說沒有相差分別的、）佛從古時到現在常住不變。不是無量壽麼。佛具足智慧。徧照法界。不是決定光明麼。衆生的心性既然本來就是佛。也自然是無量壽決定光明的了。雖然說一切衆生本來都是佛。並不是修了纔成佛的。但是不借修的因緣。這尊自心佛。（自心佛、就是自己心裏頭的佛、因爲自己的本性、原是同了佛一樣的、所以就叫做自己心裏頭的佛、）到底是顯不出來的。這咒有能夠顯出自心佛來的力量。所以取這個名字。開頭的一個聖字。末後的一個王字。都是表顯這咒的威神力的。

唵。捺摩巴葛瓦帝。阿巴囉密沓。阿優哩阿納。蘇必你實執沓。喋左囉宰也。怛塔咼達也。阿囉訶帝。三藥三不達也。怛你也塔。唵。薩哩。巴桑斯葛哩。叭哩述沓。達囉馬帝。咼哿捺桑馬兀哿帝。莎巴瓦。比述帝。馬喝 捺也。叭哩瓦哩莎喝。

經裏頭說。佛因爲哀憐未來世的一切短命的衆生。要使得他們增加壽命。得著大利益。所以說出這一篇咒來。佛向大智慧妙吉祥菩薩說。（大智慧妙吉祥菩薩、就是大智文殊師利菩薩、）閻浮提的人本來應該壽命一百歲。的因爲他們多造了惡業所以壽命就短促了。若是能夠看見了這種咒或是寫或是供或是誠心的念那末仍舊可以增加壽命。滿足一百歲並且將來能夠早成佛。說到將來早成佛。可見得這咒實在是有能夠顯出自性彌陀的力量了。

藥師灌頂眞言。

這篇咒出在藥師琉璃光如來本願功德經上。（這是一部佛經的名目、簡單說、就叫藥師經、）藥師琉璃光佛。當初修菩薩道的時候。（修菩薩道、就是在沒有成佛以前、修行的時候、所修的種種救度衆生的功行、因爲菩薩是發大願心、專門救度衆生的、所以修救度衆生的功行、叫做修菩薩道、）發十二個大願心。（十二個大願心、在藥師經裏頭有的、）這願心裏頭多半是救衆生病苦的事情所以成佛的名號就稱做藥師。十二大願裏頭的第二願說。將來成了佛。身體要像琉璃一樣的光明。所以稱做琉璃光。是現在東方淨琉璃世界的。佛國土清淨。同了極樂世界相像的。大家現在念的消災延壽藥師佛。就是藥師琉璃光如來。灌頂兩個字。本來是輪王把王位傳給太子的時候。（輪王、是威力能夠經管四大部洲的大國王）

的名稱、單管南贍部洲的、叫做鐵輪王、連東勝神洲也管的、叫做銅輪王、再管到西牛貨洲的、叫做銀輪王、統管一個四天下的、叫做金輪王、就是連北俱盧洲也管到的、先要把金瓶裝了香水灌在太子的頭頂上叫做灌頂受職。受職、就是受了做國王的職了、纔可以做國王。菩薩修到了十地功行滿足。十方諸佛各各放眉間的白毫相光。這光叫做益一切智。益字、是增加的意思、都放到這十地菩薩的頭頂心裏頭去。叫做菩薩受佛職。那就可以叫做灌頂法王了。現在因爲這咒是從藥師佛頂光裏頭說的。所以用這灌頂兩個字。意思也是取增加念咒的人一切智慧的。若是能夠誠心念這咒。佛光自然也會灌到這個人的頂門裏頭來的。眞言、就是咒。意思是用眞實智慧說的眞實話。所以叫做眞言。

南謨薄伽伐帝。鞞殺社。窶嚕薜琉璃。鉢喇婆。喝囉闍也。怛他揭多也。阿囉喝帝。三藐三勃陀耶。怛姪他。唵。鞞殺逝。鞞殺逝。鞞殺社。三沒揭帝莎訶。

經裏頭說。藥師如來入了三昧。這個三昧的名字叫做除滅一切衆生苦惱。三昧有種種不同的名目、像般若三昧、念佛三昧等、在佛法大意裏頭、都講過的、藥師佛入的三昧、就叫除一切衆生苦惱三昧、藥師如來入定後。從肉髻裏頭放出大光明來。光裏頭就說這一篇咒。咒說完了。佛再放光。所有一切衆生種種的苦處。就一時都消滅完了。若是有人犯各種病。只要用一杯潔淨水。一心對了這杯水。念這個咒一百零八遍。就把這水喝下去。各種的病。都能夠好的。長念這咒。不但是可以不生病。並且可以延長壽命。臨終往生到淨琉璃世界去的。

觀音靈感眞言。

這咒的來根。却是沒有查得出來。觀世音菩薩大悲心最切。無論有怎麼樣多的衆生受著苦處。只要大家都念觀世音菩薩名號。觀世音菩薩、能夠立刻使得他們都脫離苦難。所以稱做大慈大悲、救苦救難、廣大靈感、觀世音菩薩。（靈感、就是有靈驗有感應的意思、）又稱做普門大士。（普字、是周偏的意思、就是普偏法界、隨衆生的機、說種種法門、使得衆生明白佛法、修成佛道、因爲菩薩這樣的普度衆生、所以稱普門大士、）因爲菩薩能夠現各界的身相。普度一切衆生的緣故。我從前家裏頭請的教書的老夫子顧顯微居士講的一件事情。也是很奇怪的。顧居士是蘇州人。他的外伯祖沈濟之先生。是蘇州有名的大善士。這位沈老先生。是讀孔夫子書的人也很相信佛法的。他一生最相信的。就是觀世音菩薩。每天總要念菩薩的名號幾千聲。還禮念觀世音菩薩普門品、大悲咒、白衣咒。清咸豐時候。蘇州城裏發生了大戰事。沈老先生在城裏。頭沒有來得及逃出來。有幾個兵到他家裏頭。把他捉住了。拔出刀來。就要殺他。那個時候。他的心裏頭。沒有別的念頭。只是一心的默念觀世音菩薩。那裏曉得刀到他頭頸裏。像是砍在石頭上一樣。把刀倒反彈囘轉來了。那個兵。喝了一聲妖。把他拖到天井裏頭去。再是一刀。那裏曉得還是這個樣子。那個兵不相信。再拖他到街上去殺。仍舊沒有殺死。那個兵也覺得很是奇怪就放他逃走了。他逃到了鄉下去。他的家眷。是先避在鄉下的。他尋到了家眷。就一同住在鄉下。等到克復了蘇州城。安安穩穩的囘去。又活了二十多年。纔死的。他受著了三刀。頭頸裏頭。只起了三條白綫。絲毫沒有覺得痛苦。直到他後來臨終的時候。那三條白綫。仍舊是清清楚楚的。這不是觀世音菩薩的靈感麼。

唵。嘛呢叭彌吽。麻曷倪牙納積、都特巴達。積特些納。微達哩葛。薩而斡而塔。卜哩悉塔葛納補囉囉納納卜哩丢忒班納嗦麻嚧吉說囉耶莎訶

開頭的六個字。叫做六字大明王。是觀世音菩薩的心咒。一切如來。尚且都不曉得觀世音菩薩這六字咒的境界。所以更加見得這咒的靈妙了。現在放這六個字在頭上。自然有特別的靈感的。所以稱做觀音靈感眞言。

七佛滅罪眞言

這個咒出在大方等陀羅尼經上。（大方等陀羅尼經、是一部佛經的名目、）文殊菩薩因爲可憐末法時候的比邱、比

邱尼。犯了四重五逆的罪。四重、就是殺生、偷盜、邪淫、妄語、這四種、叫做根本重罪、又叫做性罪、因為是傷害本性的、無論在家出家的人、都應該要守這種戒的、若是犯了、一定要墮落到三惡道去的、沒有懺悔的方法。所以請佛開示。佛就說這一個咒。這咒並不是釋迦牟尼佛開頭說的。過去的七佛。都說過的。所以稱做七佛滅罪眞言。七佛、是毗婆尸佛。尸棄佛。毗舍浮佛。這三尊佛、是過去的莊嚴劫、一千尊佛裏頭、末後的三尊佛、拘留孫佛。拘那含牟尼佛。迦葉佛。同了釋迦牟尼佛。這四尊佛、是現在賢劫的一千尊佛裏頭、最前的四尊佛、為什麼佛經裏頭。總是說七佛呢。這有兩層道理。一層是佛法常用七數的。就像念咒的數目。或是一個七遍。或是兩個七遍。或是三個四個七遍。最多是七個七遍。七七四十九遍後。再要加多。那是要一百零八遍了。這是佛法的普通記數法。一層是因為釋迦牟尼佛從前修菩薩道。在毗婆尸佛出世的時候。恰巧是三阿僧祇劫修滿了。開頭種那相好。相好、就是佛的三十二相、八十隨形好、一切菩薩、修滿了三大阿僧祇劫、就要修各種的相好了、修了一百種福、就成一種相好、這是要在佛前修的、要種得相好滿足了、纔可以成佛、所以從毗婆尸佛算起。連釋迦牟尼佛。一起算在裏頭。恰正是七尊佛。合著佛法的數目。所以說是七佛。念這咒。能夠消滅四重五逆的重罪。增長無量的福德。

離婆離婆帝。求訶求訶帝。陀羅尼帝。尼訶囉帝。毗黎你帝。摩訶伽帝。眞陵乾帝。莎婆訶。

一個人造了四重五逆的重罪。不獨是後世一定要受極大的苦報。就是今世裏頭。也能夠使得他種種的不如意。這叫做罪障。不把罪障消滅去。那是很可怕的。滅罪的方法。本來只有自已誠心修懺悔法。修懺悔的法。有三種。一種叫做作法懺。是要請了大德的律師。揀了相宜的地方。立了戒壇。（戒壇、是修戒法的壇場、〇壇場、就是道場、）依照規矩作法。自己把所造的罪業。直說明白。一絲一毫也不可以隱瞞。這個時候。眼睛看定了戒壇。耳朵聽準了羯磨。（羯磨、是梵語、翻譯中國文、就是作法兩個字、也有譯做辦事的、意思就是辦授戒懺悔等許多事業的師父、）沒有旁的心念。自然就有一種無作戒體。（無作戒體、是說用不著什麼作為、心體上自然有清淨戒的德相的、）從心裏頭表顯出來了。以後就永遠守定了戒。不再去犯。那就從前所造的罪。都可以消滅了。一種叫做取相懺。若是在一千里路裏頭。沒有大德的律師。那末要自己在佛菩薩像前。發露所造的罪過。日夜各六個時辰。常常讀梵網經菩薩心地戒品。（菩薩心地戒品、是梵網經裏頭的一種、）禮拜懺悔。用心觀想。不論三年五年。必定要看見了光。看見了華。或是看見了種種祥瑞的相。方纔算是罪業消滅。一種叫做觀無生懺。先要曉得了造罪的原因。是從一念心上起的。觀察這一念的心。不在裏邊的六根裏頭。也不在外邊的六塵裏頭。也不在中間的六識裏頭。到底沒有起的地方。分明就是無生法了。這樣的觀想。罪也自然會消滅的。前頭兩種懺法。叫做事懺。是重在事相一邊的。後面的一種。叫做理懺。是推究理性一邊的。事懺雖然也能夠消滅四重的罪。却是不能夠消滅五逆罪的。五逆重罪。只有理懺能夠消滅。並且一定要實在明白了眞理。方纔能夠修這種懺法。那是很不容易的。現在幸虧七佛慈悲。說出了這種咒來。誠心念這咒。那怕前世今世所造的四重五逆的罪。都可以完全消滅了。佛的恩德。應該怎麼樣的報答呢。但是千萬不可以靠著有了這種滅罪的咒。就放心的去造惡業。若是有了這種心。那是叫做欺心欺佛。不要說罪業不能夠消滅。一定還要加重的受苦報哩。要曉得佛法同了世間法。道理總是一樣的。譬如有人犯了世間法的罪。捉到了官裏去。官哀憐他苦惱。饒了他的罪。放他出去了。那要就此安分守己。纔可以不追究他。倘使放出去了後。仍舊不曉得改過。想犯了罪。官會放掉不辦的。儘管放大了膽犯罪。那一定要連從前所犯的罪。一起加重辦的。佛心雖然是一味的慈悲。那些護法的鬼神。怎麼肯饒他欺佛的罪呢。所以修行的人。只能夠靠了這咒的威神力。消滅從前的罪業。以後還是要自己刻刻留心。不再造出罪業來。那是最最要緊的。

往生淨土神咒。

這咒出在拔一切業障根本得生淨土陀羅尼經上。（這是一部佛經的名目、）這個經名。就是咒的原名字。現在稱做往生淨土神咒。是簡單說法。再說得簡便些。就叫往生咒。一切衆生所以生死不斷的緣故。都是從造業上來的。業力能夠障礙自己本性裏頭的解脫德。（解脫德有了障礙、就不解脫了、不能夠自由自在了、）所以叫做業障。有了各種業的因緣。自然就要受各種業的果報。不曉得果報是業力變現出來的。完全是虛妄的。執著了當做是實在的。那就把自己本性裏頭的法身德。障礙住了。所以叫做報障。推究起根本來。報障是從業障生出來的。所以業障就是報障的根本。業障是從一念煩惱心上起的。因爲起了煩惱心。就把本性裏頭的般若德障住了。不能夠明白眞空的道理。就妄造出種種的業來。所以煩惱這一種障。實在是生生死死的根本。這個咒的名字。叫做拔一切業障根本。業障的根本。就是煩惱障。拔一切業障的根本。就是消滅一切的煩惱心。煩惱心不起了。心裏頭自然就清清淨淨了。業障也自然沒有了。維摩經上說。隨其心淨則佛土淨。可見得淨土一定是要從淨心裏頭顯出來的。既然自己心裏頭顯出了淨土來了。還有不能夠生到淨土去的道理麼。所以說是得生淨土。淨土就在自己的心裏頭。生淨土就是生在自己的心裏頭。本來沒有來去相的。那末怎麼說是往生呢。這是因爲經上說。極樂世界隔開我們這個娑婆世界。中間有十萬億個佛土。本來是娑婆世界裏頭的人。現在生到了極樂世界裏頭去了。照理性說。雖然是沒有去的相。但是照事相說。却也可以說得是往生的。天衣禪師講這往生的道理。說是生則決定生。去則實不去。意思是說講到生呢。却是決定是生的。講到去呢。那是實在沒有去。因為娑婆世界。同了那極樂世界。一樣的都在自己心裏頭。有什麼叫做去呢。徹悟禪師再替他加上兩句。說是生則決定生。生而無生。去則實不去。不去而去。怎麼叫做生而無生呢。意思是說雖然現出往生的相來。却還是沒有一些往生的相可以得。為什麼呢。因為往生事相的本體。就是無生法。實在法身是常住的。並沒有生滅相的。所以說生而無生。怎麼叫做不去而去呢。意思是說雖然就生在自己的心裏頭。本來沒有來去相可以說的。但是娑婆同了極樂。終究是分開的兩個世界。理性上講。雖然是沒有什麼叫做去。但是照事相上講。却分明是從這邊到那邊去的。所以說不去而去。本來天衣禪師所說的兩句。雖然是理性同了事相兩面都顧到的。但是上句講生字。單說的事相。下句講去字。單說的理性。若是兩句分開了看。單看了上句。像生相是一定有的。那末同了心性不變的道理。就覺得不合了。因為心性是永遠不會改變的、那末怎麼會生呢、所以說覺得不合、單看了下句。又像去相是一定沒有的。那末同了心性隨緣的道理。也覺得不對了。心性雖然不變、但是可以隨了各種緣轉變的、那末到淨土去、也沒有什麼不可以說、若是說一定不去的、那末就不叫隨緣了、所以說覺得不對、執著生相是一定有的。叫做常見。認做生滅是一種一定不變法、所以叫常見、執著去相是一定沒有的。叫做斷見。斷見、就是斷滅的見解、因爲執著不去的人、一定把隨緣的生相、也認做沒有了、所以說是斷見、常見同了斷見。都是邪見。學佛法的人。最忌的有各種邪見。但是照執著有生的同了執著不去的、兩種人比較起來。雖然都不合正當的道理。還是執著有生的好些。因爲執著有生的。一定還能夠相信淨土法門。肯用功去修。到底還可以得著往生的利益。不過沒有悟到實在的道理。在品位上低一些罷了。那執著不去的。就要不相信這淨土法門。不肯發心念佛求生了。所以若是執著去則實不去的理性。還不如執著生則決定生的事相。但是終究是事。同了理圓通融合的好。所以徹悟禪師加這兩句。使得人看了。可以明白往生的眞實道理。不會解釋錯了。落到邪見裏頭去。那是很有關係的。再要曉得一層道理。這咒叫做拔一切業障根本得生淨土。可見得業障、實在是障礙往生淨土的。要先拔去了業障的根本。纔可以得生淨土。那末雖然說是有阿彌陀佛的大願力。可以依靠了佛的大願力。帶了業往生西方。終究還是自己少造業的來得穩當些。從前明朝時候。有一個人。叫做袁中郞。他往生西方後。託夢給他弟弟袁中道。說生西方的人。大概研究佛法。同了守戒律兩種。都有功夫的。生的品位最高。差一點的。是守戒律清淨的人。往生也最穩當的。若是只不過研究佛法。

不很守戒律的。那末到了臨終的時候。往往被那業力牽到鬼神道裏頭去了。殺生這一層。更加應該要戒。沒有殺生貪喫的人。能夠生到極樂世界去的。照他這樣的說法。可見得要求生西方。實在不能夠不懺除業障的。這咒能夠拔去一切業障的根本。修淨土法門的人。應該要誠心多念的。這裏解釋的咒名、同了阿彌陀經白話解釋裏頭、不同的緣故、因爲阿彌陀經白話解釋、不過單講字面、這裏是把理性也大略講講、所以有些不同、

南無阿彌多婆夜。哆他伽多夜。哆地夜他。阿彌利都婆毗。阿彌利哆悉耽婆毗。阿彌利哆。毗迦蘭帝。阿彌唎哆。毗迦蘭多。伽彌膩。伽伽那。枳多迦利。娑婆訶。

不思議神力傳裏頭說。不思議神力傳、是一部講佛法的書名、念這咒的法子。要身體上清淨。漱了口。燒了香。對佛像跪了。合了掌。日間六個時辰。夜間六個時辰。各念二十一遍。就能夠消滅五逆十惡謗法等重罪。並且念這個咒的人。阿彌陀佛常常住在他的頭頂上。日夜的保護他。使得一切的怨家。都不能夠來害他。今世裏頭常常享安逸的福。到了臨終。自然就往生到極樂世界去。念這咒滿三十萬遍。就可以當面看見阿彌陀佛。從前蕅益大師。曾經起過念這往生咒的佛七的。佛七、就是設立了道場、做佛事七天、若是念阿彌陀佛的、就叫做佛七、念觀世音菩薩的、就叫做觀音七、念往生咒的、也可以叫往生七、普通的叫法、只叫佛七、也可以的、

善女天咒。

這咒出在金光明經上。金光明經、是一部佛經的名目、金光明經有兩種翻譯的本子。一種稱金光明感應王經。是先翻譯的。一種稱金光明最勝王經是後翻譯的。現在法師講的金光明經都是講感應王經的因爲有智者大師的玄義文句的緣故解釋經的名目、叫做玄義、玄字、是深奥的意思、經的名目、雖然字數不多、但是包含著很多很深的意義在裏頭的、所以叫玄義、解釋經文的話、叫做文句、這咒叫善女天咒。因爲是善女天說的。就把說咒的人當做咒的名字的。這位善女天在感應王經裏頭稱做功德天。最勝王經裏頭稱做大吉祥天女。因爲他到的地方。自然會有各種的寶貝生出來。供給人家用的。所以得著這功德天、同了大吉祥、兩種的名號。照經上說北方毗沙門天王。毗沙門、是四天王天的北方天王的名字、翻譯中國文、是多聞兩個字、就是聽得多的意思、有一座城的名字叫阿尼曼陀這城頭裏有一個花園。叫做功德華光花園裏頭最好的一處地方。叫做經幢園是極妙的七寶莊嚴的。這位善女天常常住在這個花園裏頭的華光、是表顯女相的。這個花園叫功德華光。恰正配功德天去住的。經是法寶。幢是莊嚴品。功德天住在經幢園裏頭見得他是誠心擁護這金光明經的。還有一層是表顯修行的人。把這金光明經來莊嚴自己的心性。就可以從八識田裏頭開出功德華來。結成菩提果的意思。

南無佛陀。南無達摩。南無僧伽。南無室利摩訶提鼻耶。怛你也他。波利富樓那。遮利三曼陀。達舍尼摩訶毗訶羅伽帝。三曼陀毗尼伽帝摩訶迦利野波。禰波囉波禰。薩利嚩。栗他。三曼陀修鉢梨帝。富隸那。阿利那達摩帝。摩訶毗鼓畢帝。摩訶彌勒帝婁簸僧祇帝醯帝。蓰僧祇醯帝。三曼陀阿他阿㝹婆羅尼

功德天說這一篇咒。是因爲恐怕修金光明法門的人。缺少了錢財。不免要打算弄錢的方法。就要分他修行的心了。所以教他念這咒。可以使得他不要愁錢財不夠用。怎麼叫做修金光明法門呢。就是念佛、懺悔、發願、囘向、的各種道理。金光明三個字。是表顯心性的。金字、是取常住不變的意思。那是表顯的心體。光字、是取智慧具足的意思。那是表顯的心相。明、是取偏照法界的意思。那是表顯心的大用。照三德說起來。金是法身德。光是般若德。明、是解脫德。這三種德。完全在自己的心性裏頭。因爲被那煩惱障、業障、報障、三種障。障礙住了。所以三德不顯。一定要靠念佛、懺悔、發願、囘向、的功德力。把這三種障礙去了。纔可以顯出這三德來。這咒的用意。是幫助修行的人。能夠早修成金光明三昧。（修成金光明三昧、就是成功金光明的修法、就是靠了念佛懺悔、發願囘向的功德力、破除三障、顯出三德來）明心見性的。並不是教人念了咒。求發財的。若是不講修行。專門求發財。那就不但是一定不能夠感動功德天。倒反要加重貪癡的惡業了。那裏還會有好的效驗呢。

般若波羅蜜多心經。

這八個字。是一卷經的名目。波羅蜜多、也有省去一個多字。只稱波羅蜜的。佛經裏頭、說生死是此岸。此岸、就是這邊的岸、了脫生死叫做到彼岸。彼岸、就是那邊的岸、這六個字意思。是說用了大的智慧度過這邊有生死的岸。指娑婆世界、到那邊沒有生死的岸。指極樂世界、心經是完全講的心性的道理。說明白一切的法都是一念的心裏頭變現出來的。像是空裏頭現出來的華。眼不清楚的人、向空裏頭看起來、或是多看了些時候、就會有一種像是華一樣的東西、現出來的、叫做空華、這種華本來是虛空的。沒有體質的。所以雖然看見像是有華的相。實在是沒有的。既然本來沒有什麼華。還有什麼可以取呢。既然沒有什麼可以取。還有什麼可以得到呢。心性所現的一切法。都像這種空華的樣子。凡夫沒有智慧。把那同了空華一樣的法。當做眞實的事情。就起了貪取的心。算這個是能取法的我。那個是我所取的法。因爲有了這種我見。起了能取所取的心。能取、就是上邊所說的能取法的我、所取、就是上邊所說的我所取的法、虛妄的造出種種業來。受那一世一世生死不了的苦。不曉得一切的法。實在就是自己的心。用自己的心。去取那自己的心。你想還是有所得的呢。還是無所得的呢。有所得、就是有什麼法可以得到的意思、無所得、就是沒有什麼法可以得到的意思、這無所得三個字、就是經裏頭以無所得故一句的道理、凡夫認做了有所得。所以時時處處。接二連三的起妄想心。冤枉受那一切的苦。諸佛菩薩曉得是無所得的。絲毫不起妄想的心。所以能夠證著自己的心性。得著涅槃菩提的妙果。（妙果的果字、是說菩薩證到涅槃的果、佛證到菩提的果、這種果、是了不得的、是最高的果、所以稱做妙果、）這種妙果。雖然說是得著。實在也並不是從外面得來。還就是自己心性裏頭本來有的。所以說到底還是無所得。但是雖然是無所得。究竟心性的妙用。（妙用的用字、是用處的意思、心性的用處、當然是很神妙的、所以稱做妙用、）完全是得著的了。衆生同了佛的分別。就在這有所得、無所得的兩種見解上分的。這本心經。就是說明白一切的法。都是空相。無所得的。教人不要妄起取著的心。那是離苦得樂的秘訣。所以稱做般若波羅蜜多心經。經文的解釋。另外有用白話來解釋得很詳細的本子的。現在不過把經文的大意約略講講。那末就是不看白話解釋的本子。也可以曉得一些了。若是要明白經文的意思。只要請一本心經白話解釋看了。就曉得了。

觀自在菩薩。行深般若波羅蜜多時。照見五蘊皆空。度一切苦厄。舍利子。色不異空。空不異色。色卽是空。空卽是色。受想行識。亦復如是。舍利子。是諸法空相。不生不滅。不垢不淨。不增不減。是故空中無色。無受想行識。無眼耳鼻舌身意。無色聲香味觸法。無眼界。乃至無意識界。無無明。亦無無明盡。乃至無老死。亦無老死盡。無苦集滅道。無智亦無得。以無所得故。菩提薩埵。依般若波羅蜜多故。心無罣礙。無罣礙故。無有恐怖。遠離顚倒夢想。究竟涅槃。三世諸佛。依般若波羅蜜多故。得阿耨多羅三藐三菩提。故知般若波羅蜜多。是大神咒。是大明咒。是無上咒。是無等等咒。能除一切苦。眞實不虛。故說般若波羅蜜多咒。卽說咒曰。揭諦揭諦。波羅揭諦。波羅僧揭諦。菩提薩婆訶。

摩訶般若波羅蜜多。念三遍

這八個字。是一切講般若經的總題目。般若經、是專門講般若的各種佛經、像心經金剛經等都是的、摩訶、是梵語。翻譯中國文。就是一個大字。般若波羅蜜多。前邊已經解釋過了。六祖惠能大師。教人淨了心。淨了心就是不起妄念的意思、念這一句。說世界上的人。本來自己都有智慧的。這種智慧。就叫佛性。自己的本性就是佛。離了自己的本性。沒有別的佛。照心性的道理說、本來是自他不二的、就是念佛的人、看見阿彌陀佛、也是自己的心性裏頭現出來的、並不是從外面來的、所以說自性彌陀、○自己同了他人、總是一個心性、沒有兩個心性的、所以說是不二、自己的心性裏頭。能夠包含一切的法。就是虛空也包在心裏頭的。那末心量的大。心、就是心思、量、就是限量、心量、實在就是俗話的度量、還了得麼。所以說是摩訶。般若是沒有形相的。就是自己的智慧心。心著在境界上了。就有生滅。像是水裏頭起了波浪。那就是在這邊生死的岸了。

心能夠離開了境界。就沒有生滅。像是水能夠常常流通了。那就是到了那邊涅槃的岸了所以稱做波羅蜜多。大師又說四句偈道。摩訶般若波羅蜜。最尊最上最第一。無住無往亦無來。住、是現在、往、是過去、來、是未來、三世諸佛從中出。這個偈的意思。是說摩訶般若波羅蜜多的一種法門。最是尊貴。最是上等。最是第一。沒有比這種法門。更加高妙的了。這種般若的心性。沒有那過去未來現在的三種界限的。所有三世一切的佛。都是從這個法門裏頭修出來的。照這個偈看起來。就見得這種法門的高妙了。在從前五代的梁朝時候。五代、就是梁唐晉漢周五個朝代、因為這五個朝代的皇帝、都做了沒有好多年、所以做歷史的人、就不稱他梁朝、唐朝、晉朝、漢朝、周朝、就籠統的叫五代了、但是在別的時候、還有一個朝代、也稱梁朝、應該要分別清楚的、現在所說的梁朝、就是五代的梁朝、有一個布袋和尚。是彌勒佛的化身。現在寺院裏頭山門口塑的彌勒佛像。實在就是那布袋和尚的相貌。因為他常常拿著一個布袋的。所以稱他布袋和尚。他同了四明的蔣宗霸很要好的。四明、就是浙江省的甯波府、蔣宗霸、是四明地方的一個修行人、教蔣宗霸念摩訶般若波羅蜜多。做每天的功課。因為他天天這樣的念。所以大家都把蔣宗霸。叫做蔣摩訶。布袋和尚在岳林寺化去了後。岳林寺、在甯波府屬的奉化縣、過了十年。浙江人到四川去。又看見這布袋和尚。布袋和尚就託這個浙江人。回到四明去。對蔣摩訶說。教他自己保重。等將來再同他見面。那個人回來。告訴了蔣。蔣說。我已經曉得的了。就備了齋。約他的親戚朋友都來相會。他洗好了澡。跏趺坐了。也就化去了。這不是念摩訶般若波羅蜜多的大好處麼。從前帝釋同了阿修羅打仗。（帝釋、是忉利天上的天王、就是大家都稱他做玉皇大帝的、）帝釋打敗了。去告訴梵天王。梵天王就教帝釋念這八個字。忽然刀兵從虛空裏頭落下來。像雨點一樣的多。阿修羅的身體手脚。都打傷了。就逃走了。可見得這八個字的功效。眞是大得很哩。能夠常常念這一句。一定能夠有大智慧得著的。念的時候。這一句要連念三遍的。並且從這一句起。一直到下邊普賢菩薩十大願。都要合了掌念的。

上來現前清淨衆。諷誦楞嚴祕密咒。

這兩句偈。是說明白所修的功德。上來兩個字。表明白說偈的意思。是說上邊念種種咒的人。所修的種種功德。現前清淨衆。是說現在一同在佛前做功德的許多人。合掌恭敬。是身業清淨。念誦經咒。是口業清淨。一心做功課。沒有旁的雜念。是意業清淨。身口意三業都是清淨的。所以說是清淨衆。不看書本念。叫做諷。出聲的念。叫做誦。楞嚴祕密咒五個字。是把上邊所念的各種經咒。都包括在頭裏的了。楞嚴咒。是朝課開頭第一種咒。最是重要的。所以特別的標出名目來。還有的大悲咒。同了十小咒。一齊都稱做祕密咒。心經雖然是一種經。並不是咒。但是經裏頭也有咒的。並且經文裏頭。也說他是大神咒、大明咒、無上咒、無等等咒。所以也可以說是祕密咒的。先把這功德說明白了。把這種種功德。做下邊回向求願的根本。

回向三寶衆龍天守護伽藍諸聖衆三途八難俱離苦四恩三有盡霑恩

這四句、是回向的偈。三寶、是一切衆生的慧命。慧命、是智慧的命、修行全靠智慧、所以修行人把智慧當做性命的、所以先要回向的。衆龍天、就是有威德的許多龍神、同了許多天上的人。都是守護伽藍的護法神。伽藍、是梵語。翻譯中國文。叫做衆僧園。意思是說許多僧人。在這個地方學佛法。修佛道。像園裏頭種花果一樣。實在就是寺院。守護伽藍的護法神。大多數是菩薩化現的。不是凡夫。是聖人。所以說是諸聖衆。因爲他們是守護三寶的。所以回向了三寶。連下來就回向護法神。下兩句、是回向法界的。意思三途、就是地獄、餓鬼、畜生、三種惡道。地獄裏頭。到處是火。所以也叫火途。餓鬼看恆河的水。完全是血。所以也叫血途。畜生不免被人家刀割的。所以也叫刀途。八難的難字。就是災難的難字。還有阻礙的意思在裏頭。第一、第二、第三、三種難。就是地獄、餓鬼、畜生、三種惡道。第四種難。是盲聾瘖瘂難。盲、是瞎眼、聾、是耳朶聽不見聲音的、瘖瘂、是啞吧、第五種難。是世智辨聰難。世智、是世界上凡夫的小聰明、辨聰、是用凡夫的小聰明來辨論是非、這都不是正當的智慧、所以只可以叫聰明、不可以稱智慧、因爲這種人自己仗了聰明、就不肯虛心修行了、或者還要毀謗佛法、所以也是一種難、第六種難。是佛前佛後難、生在佛出世的前、或是生在佛出世的後、都就見不到佛、聽不到佛法了、第七種難是北俱盧洲難。在須彌山的四周圍、有四個洲、東邊的叫東勝神洲、南邊的叫南贍部洲、就是我們現在所住的地方、西邊的叫西牛賀洲、北邊的叫北俱盧洲、因為北俱盧洲的人、福分是很大的、但是不曉得修佛法的、所以佛不到那個洲去現身說法的、那裏的人、就聽不到佛法了、就是韋馱菩薩護法、也因為那裏沒有佛法、可以保護、所以只護東勝神洲、南贍部洲、西牛賀洲三洲的、北俱盧洲既然不能夠聽到佛法、就不能夠了脫生死、所以也說是難、第八種難是無想天難。無想天、是外道生的地方、外道修一種定的功夫、是把意識停住了、不起念頭、叫做無想定、得了這種定、能夠生到無想天上去、無想天的人、永遠不會了生死的、所以也說是難、這種三途八難的衆生本來都離不了苦的。現在把功德回向他們。使得他們一齊都脫離生死的苦。俱字、是一齊的意思。這一句、是回向拔苦的意思。四恩、是一個人所受到的四種恩德。第一是父。第二是母。第三是佛。第四是師父。前邊兩種是受的生身的恩。那是世間的大恩人。後邊兩種是受的法身的恩。那是出世間的大恩人。三有、就是欲界、色界、無色界的三界。因為三界裏頭的衆生都是有業因果報的。所以叫做三有。照道理說起來。一切衆生。都是自己過去世的父母。因為我們從有這個生命到現在、不曉得經過了多多少少的世代了、做一世衆生、就有一世的父母、那末做過我們父母的衆生、也不曉得有多多少少了、不獨是不能夠計算多少、並且也不能夠分清楚、究竟那一個是做過我們父母的、所以只好說一切衆生、都是自己過去世的父母、○因為過去的時代、太長久了、做過我們父母的、也太多了、或是我們自己在過去世做過畜生的、或是我們過去的父母裏頭、有墮落到畜生道裏頭去的、所以不能夠說做過我們父母的人、只好說做過我們父母的衆生、都受過他們的恩。受過了恩。一定應該要報答的。霑字、是受著的意思。盡霑恩三個字。是說把功德回向那四恩三有的人。使得他們都受著那無上法寶的恩德。這一句、是回向報恩的意思。

國界安甯兵革銷。風調雨順民安樂。大衆熏修。希勝進。十地頓超無難事。三門清淨絕非虞。檀信皈依增福慧。

這六句、是求願的偈。國界、就是說自己的國裏頭的土地。國土有界限的。所以叫做國界。安甯兩個字。是太平安靜的意思。兵革銷、是銷去那刀兵的災。這第一句偈。是求願國土太平的。風調、是說風來得調和。雨順、是說雨來得順當。能夠風調雨順。自然田稻的收成好了。田稻的收成好。自然百姓都能夠安心快樂的過日子了。這第二句偈。是求願年歲豐登的。（豐登、就是收成好的意思、）大凡修行的人、總要靠著外緣的。（外緣、是外邊的緣、就是外邊人的幫助、）若是國土不太平。地方不安靖。或是年歲不好。常住裏頭缺少了齋糧。（這個常住兩個字、是指寺院說的、因爲寺院是一切僧衆常住的道場、所以就稱做常住、）就恐怕不能夠安心修道了。這兩件事情。實在是很要緊的。所以先要求願的。熏修。是說修行的功夫。譬如拿香來熏衣服。天天的熏。自然那衣服上的香氣。越熏越濃。永遠不會退去了。修行的人。用緣因了因的兩種修德。熏煉自己的正因佛性。也是這樣的道理。希勝進三個字。是希望大衆的進步極快。勝過平常的意思。十地、是菩薩最高的位子。頓超兩個字。頓、是登時。超、是超過。就是說立刻就到十地菩薩的地位。無難事是說沒有魔難的事情。三門、是三種解脫門。一種是空解脫門。曉得一切的法。都是從自己一念的心裏頭虛妄現出來的。像是做一個夢。自己的身體同了外面的一切境界。完全都是空的。那就得到解脫了。一種是無相解脫門。看所有一切的法。完全都是自己的心。心沒有形相的。所現的各種幻相。（幻相、是虛妄變現出來的那種相、並不是實在的、）像是空裏頭的華。這種虛妄的相、本來並不曾有。到底還是無相。明白了這種道理。那就得到解脫了。一種是無願解脫門。（也有稱無作三昧、無起三昧的、）有願、就有取著的心了。要曉得所有一切的相。完全是自己的心變現出來的。怎麼可以用自己的心去取著自己心裏頭變現出來的相呢。金剛經上佛說。我說法度衆生。譬如用筏來度人過河一樣。等到過了河。這個筏就應該捨棄了。不可以再執著了。一切的相好比是筏。衆生已經明白了佛法。就應該把一切的相都捨棄了。明白了這種道理。就自然沒有什麼心願放不下了。那就得到解脫了。這三種的觀想、都能夠破我執法執的。所以叫做解脫門。三門清淨、就是成功解脫的意思。絕非虞、三個字。（虞字、有防備同了恐怕兩種的意思、非虞、是說防備不到、有意外的恐懼、）是說斷絕那種料不到的禍患。這第三第四第五三句偈、是求願修行順利的。檀信兩個字、是指外邊的施主說的。檀字、是檀那的簡便說法。梵語檀那。翻譯中國文、就是布施。信字、是說相信佛法的人。能夠相信佛法。修布施功德的。叫做檀信。實在就是施主。能夠做寺院裏頭的施主的人。一定是信佛的佛弟子。也一定是皈依三寶的。布施錢財。是種福德的因。皈依三寶。是種智慧的因。這末一句偈。是說願意那些施主。都增加福德。增加智慧。不捨棄這種的因果。這都是求願利益施主的。連前邊總共十二句偈。都是宋朝的眞歇清了禪師做的。

阿彌陀佛身金色。相好光明無等倫。白毫宛轉五須彌。紺目澄清四大海。

這是讚阿彌陀佛的偈。總共八句。出在淨土修證儀裏頭。（淨土修證儀、是一部佛書的題目、）是宋朝時候的擇瑛法師做的。這四句、是讚阿彌陀佛的報身佛的。阿彌陀、是梵語。翻譯中國文。稱做無量壽。也稱做無量光。（無量壽、是說阿彌陀佛的壽、長得很、不可以數目計算的、無量光、是說阿彌陀佛全身的光、很亮很大、也不可以數目來計算的、這兩句、在阿彌陀經白話解釋裏頭、彼佛光明無量兩節底下、有詳細解釋的、）是極樂世界的教主。（凡是一個大千世界、就有一尊佛、在那裏教化所有的一切衆生、這一尊佛、就稱教主、因爲極樂世界、是阿彌陀佛教化的、所以阿彌陀佛、就稱極樂世界的教主、）我們這個娑婆世界。在華藏世界裏頭第十三層的中間。（華藏世界、總共有二十層、最下的一層、周圍有一個佛土的微塵數的世界、每上一層、周圍就再加多一個佛土的微塵數的世界、第十三層周圍、有十三個佛土的微塵數的世界、〇一個佛土的微塵數的世界、就是把一個佛土、研成像微細的灰塵那麼多的世界、這華藏世界、到下邊同登華藏玄門一句的解釋裏頭、還會詳細講的、）極樂世界。也在第十三層。同了我們娑婆世界是平的。在娑婆世界的西面。隔開十萬億個佛世界。這華藏世界裏頭。所有無量無邊的世界。都是我們自己的心現出來的。完全都在自己的心裏頭。所以只要一心念佛。有了善根福德的因緣。善根、是說念佛發大願心、福德、是說做種種善事、這一句、在阿彌陀經白話解釋裏頭、不可以少善根福德因緣一句底下、有詳細解釋的、就可以往生到極樂世界去了。照觀無量壽佛經上說。阿彌陀佛的身體有六十萬億那由他恆河沙由旬的高。那由他、就是一萬億、恆河沙、也是一個極大極大的數目、由旬、有二十里、四十里、六十里的三種說法、不過照四十里說的多、全身都是金色的。這種金色。比了夜摩天上的閻浮檀金要勝過百千萬億倍。佛的身上。有八萬四千種的大人相。佛是一切衆生裏頭最尊最大的人、所以佛的相、稱做大人相、一種一種的相裏頭。各有八萬四千種的隨形好。這種的好、都是跟隨了形相上有的、所以稱做隨形好、一種一種的好裏頭。又各有八萬四千種的光明。這種光明。能夠周徧照到十方世界的念佛衆生。一個都不捨去的。照這樣說起來。那末我們念佛。一定也有佛光來照我們的。不過我們凡夫的肉眼。自己看不見罷了。所以只要念佛的心不退。求願往生的心發得懇切。到了臨終的時候。一定阿彌陀佛放光來接引的。不必心裏頭膽小的。照上邊所說的相好光明。除了阿彌陀佛。沒有像這樣好的。所以說是無等倫。倫字、就是同樣的意思、白毫紺目。是三十二相裏頭的兩種相。法華經上。妙莊嚴王讚歎雲雷音宿王華智佛。中間有四句。其目修廣。修、就是長、廣、就是闊、而紺青色。紺字、是深青的顏色裏頭、些微帶一些的紅色、眉間毫相。白毫、生在兩條眉毛的中間的、白如珂月。珂、是白色的玉、是比白毫的顏色、月、是比白毫的光明、就是讚的白毫紺目的兩種相。這種相、一切的佛都有的。現在先講阿彌陀佛的白毫相。白毫、是一根白色的毫毛。這根毫毛是空的。八角式的。像是一根玻璃管。裏外都有光明的。宛轉兩個字。是圈轉來的意思。照觀無量壽佛經上說。白毫向右邊一順的旋轉來。圈在眉心裏頭。周圍像有五座須彌山的大。照算須彌山的橫裏豎裏。都有三百三十六萬里。五座的須彌山。那末要有一千六百八十萬里的大了。再講阿彌陀佛的紺目相。澄清的澄字、是一些些沒有渣滓的意思。清、是清淨。照觀無量壽佛經上說。佛的眼睛。像四個大海的水。青色的眼珠。同了白色的眼肉。分得清清楚楚的。照算一個海。有八萬四千由旬。四個海。那末要有三十三萬六千由旬的大了。大家不要疑惑、阿彌陀佛的身體白毫眼睛、那裏會有這樣的大、我把螞蟻來比我們人、就可以曉得佛的身體、可以有這樣的大了、佛的身體有六十萬億那由他恆河沙由旬的高、那是比了我們凡夫、確是不曉得要高大多少倍了、但是我們人的身體、比了螞蟻、也不曉得要高大多少倍、況且螞蟻還不算是最小的衆生哩、若是用顯微鏡照起來、那是空裏頭、還有比了螞蟻、不曉得要小多少倍的微生物、倘使對這些微生物說、有這麽大的人、他們也要疑惑不是真的了、所以自己的心量小、只可以深信佛經上說的、都是真的、都要相信的、不可以有一些些疑惑的、佛的身體、既然有那樣的大、那末白毫同了眼珠、也自然有這樣的大了、〇微生物、是一種最小最小有生命的小衆生、依照紺目兩個字的意思看起來。像是單說佛的眼珠的。但是照經文的意思說。應該要連眼肉一起算的。不能夠單指眼珠說的。這四句偈。完全是依照觀無量壽佛經上說的。若是要修觀想白毫的觀法。那末只能夠觀丈六或是八尺的佛身。在觀無量壽佛經第十三觀、叫做雜想觀裏頭有的、照觀佛三昧經上說的。釋迦牟尼佛的白毫相。長一丈五尺。圈轉來周圍五寸。這樣的作觀。纔可以修得成功。現在塑的佛像。額上嵌一顆珠子。或是一小塊白玉。就是表明白這白毫所生的地位的。

光中化佛無數億。化菩薩衆亦無邊。

這兩句偈。是讚阿彌陀佛的化身佛的。照觀無量壽佛經上說。阿彌陀佛頭上的圓光。像百億個三千大千世界的大圓光。裏頭有百萬億、那由他、恆河沙的化身佛。一尊一尊的化身佛旁邊。都有化身的菩薩做侍者的。立在兩旁邊伺候的人、叫做侍者、這種化身的菩薩。也是很多很多沒有數目可以算得出來的。這兩句偈。就是照觀無量壽佛經的說法。無數億三個字。是說把億的數目計算起來。要有無數的億。無數兩個字。也是在十大數目裏頭的。在佛經裏頭、有十個大數目、都是很大很大的、算不清楚的、像那由他、無量、無邊、無數、阿僧祇、不可說、都是的、要曉得明白、華嚴經上阿僧祇品裏頭有的、可以去查看的、大得了不得。不是凡夫用的算法。可以算得出來的。那末實在可以說是沒有數目的了。這樣許多的化身佛化身菩薩。做的什麼事呢。不是專門接引念佛衆生的麼。所以我們靠了阿彌陀佛的大慈大悲、大願大力。只要自己認眞念佛一心求生到極樂世界去。一定能夠滿這個願心的。有人問道。佛有三種身。爲什麼這個偈只讚報身佛。同了化身佛。不讚法身佛呢。我道。佛的眞法身。好像是虛空一個樣子。沒有形相的。

怎樣的讚法呢。報身化身兩種佛身。都是依了法身纔有的。沒有法身。那裏會有報身化身呢。所以讚了報身化身。也就是讚了法身了。況且說佛法度衆生。都是報身佛同了化身佛的事情。我們求願往生。聽法證果。也是同了報身佛化身佛有關係。所以只讚報身佛同了化身佛。就是這個緣故。

四十八願度衆生。九品咸令登彼岸。

這兩句偈。是讚佛接引往生的。照無量壽經上說。阿彌陀佛。在從前做法藏比邱的時候。阿彌陀佛、本來也是印度的一位國王、後來出家做比邱的、這法藏兩個字、就是阿彌陀佛做比邱時候的法名、在阿彌陀經白話解釋裏頭、佛說阿彌陀經一句底下、有講到的、可以看看、發大菩提心。爲了要度脫十方一切衆生的緣故。專門修淨土的一種妙法。在世自在王佛的面前。發了稱自己本性的四十八個大願心。四十八個大願心、在無量壽經裏頭、說得很明白的、願願都是度衆生的。大概都是說極樂國裏頭種種莊嚴。非常的清淨。沒有三惡道。同了女人相的。凡有生到極樂國土裏頭的人。壽命都是無窮無盡的。衣食都是自然有的。要什麼就有什麼。不要費心費力的。一生到那裏去。就能夠得著各種的神通。永遠不會退轉來的。一世可以直到一生補處的地位的。一生補處、是說就在這一世上、可以補到佛的位子、因爲一個大千世界、就有一尊佛做教主、要這一尊佛、同這個大千世界衆生的緣滿了、示現了涅槃的相、那末應該輪到補缺的菩薩、補這一尊佛的位子、在阿彌陀經白話解釋裏頭、其中多有一生補處一句底下、詳細講過的、像這樣說不盡的好處。都是爲了要救度一切苦惱的衆生。所以發這樣的大願心。第十八願說十方衆生。眞心的相信歡喜。要生到阿彌陀佛的國裏頭去的。就是最少有了十念的功夫。十念、是不管念多少聲的佛、只是儘一口氣念、念滿十口氣、叫做十念法、只除了造五逆重罪的、同了謗法的人。沒有不能夠往生的。阿彌陀佛在修因的時候。發這樣的大願。現在證了佛果。自然所有的願心。都圓滿了。阿彌陀經上。釋迦牟尼佛再三的勸說。應當發願生彼國土。倘使我們再不曉得一心念阿彌陀佛。求生到極樂世界去。那就不獨是對不住阿彌陀佛、發願度我們的大恩。並且也對不住本師釋迦牟尼佛、說這淨土法門的大恩了。本師、是因爲釋迦牟尼佛、在我們這個世界上做教主、教化我們的、所以稱做本師、意思就是我們自己的師父、對不住兩尊佛的大恩。你想罪過不罪過呢。因爲阿彌陀佛發的四十八願。原是度衆生的。所以說四十八願度衆生。這個偈的這一句。是依照無量壽經的。還有的那七句。都是依照觀無量壽佛經的。九品是上品上生。上品中生。上品下生。中品上生。中品中生。中品下生。下品上生。下品中生。下品下生。凡是生到西方極樂世界去的。都是從蓮華裏頭生出來的。往生的人。念佛的功夫最深。度生的願心最大的。纔可以上品上生。念佛的功夫漸漸差下去。品位就漸漸的低下去。華開的時候。也漸漸的長下去了。上品上生的。一到西方極樂世界。立刻蓮華就開。立刻可以見到佛。就可以得著無生法忍。無生法忍、在佛法大意裏頭、詳細講過的、上品中生的。經過一夜。蓮華就開。也就可以見佛。但是要修了一小劫。小劫、是人的壽命、從八萬四千歲起、每過一百年、減少一歲、減到十歲、又從十歲起、每過一百年、加多一歲、仍舊加到八萬四千歲、像這樣的減一次、加一次、叫做一個小劫、就是一千六百八十萬年、二十個小劫、成功一個中劫、四個中劫、成功一個大劫、就是十三萬四千四百萬年了、在阿彌陀經白話解釋裏頭、彼佛壽命一節底下、講得很詳細的、纔可以得無生法忍。上品下生的。經過一日一夜。蓮華纔開。七日裏頭。可以見佛。要修三小劫。纔可以證到初地。中品上生的。也是一到西方。蓮華就開的。雖然見到了佛。聽到了佛法。但是只能夠先證小乘的果。所以比不上上品下生的人。中品中生的。到第七日。蓮華纔開。就可以聽到佛法。修了半劫。這個半劫、在觀無量壽佛經上、雖然沒有說明白是小劫、但是看下邊中品下生的人、成阿羅漢、是一小劫、那末這中品中生的人、成阿羅漢、一定是半小劫了、不會是半中劫、更加不會是半大劫了、方纔證得阿羅漢果。中品下生的。要經過七日。方纔見到觀世音、大勢至兩大菩薩。能夠聽到佛法。修一小劫。纔修成阿羅漢。下品上生的。必須經過四十九日。蓮華方纔開放。見到觀世音、大勢至兩大菩薩。說佛法給他聽。要修十小劫。纔證到初地。下品中生的。就要經過六劫。這個六劫、也沒有說明白大小、但是照上邊下品上生的、只要經過四十九日、蓮華就可以開放、下邊下品下生的、要滿十二大劫、蓮華纔會開放、兩邊比較起來、照酌中的算、或者是中劫罷、想來應該不是大劫的、蓮華纔能夠開放。觀世音、大勢至兩大菩薩。說佛法給他聽。但是雖然發心。仍舊不能夠就證得果位。下品下生的。直要滿十二大劫。蓮華纔能夠開放。觀世音、大勢至兩大菩薩。說佛法給他聽。也是只能夠就發心不能夠就證果的。這不過說些大略的情形、並且都是講的果、若是講到因、那就應該說明白怎麼樣的修法、可以生上品、怎麼樣的修法、可以生中品、因爲說起來太煩了、所以不說了、好在觀無量壽佛經上、說得很詳細的、要曉得詳細情形、可以請觀無量壽佛經來看、就明白了、經上說九品、也不過是說大概、實在那裏只有九品、恐怕品數說也說不盡哩、雖然往生的品位有九品的不同。但是一生到了極樂世界去。那怕是下品下生。也是一世就可以修到等覺菩薩的。所以說九品咸令登彼岸。咸字、是完全的意思。就是說九品往生的人都完全叫他們登到涅槃的那邊岸上去。這是生到極樂世界去的特別好處。纔有這樣的大便宜。若是還不曉得發願求往生。那是不獨是對不住兩尊佛的大恩。自己也實在對不住自己本來有的佛性了。

南無西方極樂世界大慈大悲阿彌陀佛。

念了這一聲。就接下去念南無阿彌陀佛六個字的佛號。十方世界的佛同名同號的很多。現在我們修這淨土法門。專門爲了求生西方。所以開頭的一聲佛號上。邊加這西方極樂世界、大慈大悲十個字。很有意思的。先標明白歸命的地方。是西方極樂世界。見得不是念旁處世界的阿彌陀佛。照作觀的法門。先觀依報。後觀正報。現在修持名的法門。在念佛前先念這一聲。把西方極樂世界六個字。加在佛號的前邊。也就是先依報後正報的意思。西方極樂世界、是受報的境界、所以

叫依報、阿彌陀佛、是受報的人、所以叫正報、

觀無量壽佛經上說。觀佛身。故亦見佛心。佛心者、大慈悲是。現在中間加上大慈大悲四個字。意思是見得一句佛號。就是佛的三身、佛身是佛心的表相。表相、是表顯出來的相貌、佛心只是一種的大慈悲心。所以佛號前邊加上這大慈大悲四個字。就是顯明白佛心的還含著一種求佛接引的意思在裏頭。照我的意思。大慈大悲四個字的下面。應該再要加大願大力、接引導師、八個字。那末我念佛的主意、更加顯明白了。因爲大慈大悲。還只是普通的佛心。再加上大願大力。接引導師。那末四十八願九品度生的特別大慈悲。度生、就是度衆生、都可以顯出來了。並且我們求願往生的意思。也滿足的表顯明白了。

南無阿彌陀佛

這一句佛號。是我們脫離苦海。永遠受樂的一個絕妙的法門。這個法門。又是容易。又是穩當。六個字的佛號。那一個人不會念。只要能夠眞正的相信。發求生西方的願心。至誠的念這句佛號。天天不間斷。到臨終的時候。一定阿彌陀佛來接引往生的。一生到極樂世界去。就永遠脫去那生死的苦了。這就叫做橫出三界。永明壽禪師說。這個法門。一萬個人修。一萬個人去的。不是很容易的麼。修別種法門的。像那些參禪持咒。確是也都能夠了脫生死的。但是不容

易修成功。並且修得有一些不合法。還要著魔。有種種的危險。差不多是像走的狹窄險路。獨有這念佛求生西方的法門。是一條平正的大路。沒有種種魔難的。並且又是成佛的捷徑。（捷、是快的意思、徑、是小路、意思是抄小路近路走、到起來很快的、）一世就可以修到同了觀世音菩薩。大勢至菩薩。一樣的地位。這是靠的阿彌陀佛的願力。所以能夠有這樣的便宜。譬如像要過大海去。修別種法門的。像是坐的划子小船。修淨土法門的。像是坐的大火輪船。不是很穩很快的麼。現在這個世界上。種種的苦處。眞是說也說不盡。想來大家總也覺得受怕的了。現在總還算是靠前世的修福。生在人道裏頭。已經是這樣的苦。若是再一個不小心。造了些惡業。或是前世的果報熟了。（熟、就是到了受報應的時候了、）落到了三惡道裏頭去。那是更加沒有法想了。現在既然曉得了這個脫苦的絕妙法門。應該要一心一意的念佛求生西方。把這句南無阿彌陀佛。當做自己的性命。不獨是在朝夜課裏頭念。一有了空閒的時候。就應該專心念這一句佛號。越念得誠心。越念得數目多。越好。這是自己將來的眞實受用。萬萬不可以不著力的。念佛的時候。應該先繞圈子念。但是要順了繞的。就是從東走到南。從南走到西。從西走到北。這種走法。叫隨順。有大功德的。若是從東走到北。從北走到西。從西走到南。那就叫做逆行。（行、就是走的意思、）有罪過的。倘然走得時候長

了。可以坐了念。或是跪了念。自己定的遍數念完了。仍舊跪了念下邊的各種佛菩薩名號

南無消災延壽藥師佛念三聲

藥師佛、是東方琉璃世界的佛。怎樣忽然加在西方三聖裏頭念呢。這是有一個緣故的。在清朝順治皇帝時候。有一位玉琳大禪師精通佛法。常常念藥師佛。簡單稱起來、就稱藥師佛三個字、實在藥師本願經上、佛號是藥師瑠璃光如來、並不稱消災延壽藥師佛的、消災延壽、是佛的十二個大願心裏頭的一個、只要念藥師瑠璃光如來、自然會同了消災延壽的願心相應的、爲什麼要把藥師瑠璃光如來、改稱消災延壽藥師佛呢、順治皇帝皈依這位玉琳大禪師的。玉琳大禪師題順治皇帝的法名。叫行癡。行字是玉琳大禪師題他弟子法名的字派。凡是法師收錄弟子、題的名字、上邊一個字、往往排定幾個字、收一個弟子、就在排定的字底下、加一個字、像智照、智海、聖量、聖意等、都是的、所以共同一位師父的弟子、他們的名字、就像親弟兄一樣、都有一個字相同的、要用到這個相同的字太多了、就再換一個字、這種字、就叫字派、癡字是因爲順治皇帝在最初皈依的時候。要用壞字眼來題法名。玉琳大禪師請順治皇帝不必用壞字眼。順治皇帝一定不肯。玉琳大禪師就寫了十多個壞字眼。請順治皇帝自己揀選。順治皇帝就揀定一個癡字。因爲玉琳大禪師常常念藥師佛。所以玉琳大禪師一派的寺院。在做朝課的時候。也都念藥師佛。實在講起來。佛本來沒有自己同了旁人的分別。所以念藥師佛。可以求生東方。也可以求生西方的。並且既然皈依了三寶。凡有十方一切諸佛。都應該要念的。但是講修行的方法。那是應該專

修不應該雜修的。（雜修、是這樣修修、那樣修修、夾夾雜雜的意思、）像我們修淨土法門求生西方的。應該專門念阿彌陀佛。專門禮拜阿彌陀佛。不把心分到別處去。叫做專修。念了別尊佛號。就算是雜修了。因爲心不專一。所以說他是雜。善導和尚說專修的百卽百生千卽千生。（這兩句的意思、就是一百個人修、就一百個人往生、一千個人修、就一千個人往生、）雜修的就百中難得有一二個往生了。可見得雜修實在是很不相宜的。況且現在念阿彌陀佛的名號。正是一心求生西方的時候。怎麼可以夾雜別尊佛號在裏頭呢。要曉得念佛的主意。究竟是爲的什麼。不是爲的要求生西方了脫生死麼。既然要求生西方了脫生死。那末應該要把這污穢的身體。看得很討厭。希望能夠早一天丟開這個臭皮囊。脫離這個惡濁世界。生到極樂世界去。在那蓮華裏頭。現出清淨光明的身相來。纔是快活。纔是福氣。纔是眞正的消災。眞正的延壽。怎麼還要貪戀這污穢的身體。要求消災延壽呢。楊次公說的。愛不斷不出娑婆。念不一不生極樂。（這個一字、就是一心歸一的意思、）在這污穢的身體上。求消災求延壽。這種的心。不就是愛不能夠斷麼。念了西方接引佛後。忽然又念兩句東方佛號。不就是念不能夠一麼。這樣的念法。怎麼能夠逃出娑婆世界。生到極樂世界去呢。照我的意思。眞是修淨土法門的人。就是碰著有喜慶的事情。同道的人來慶賀他。替他念普佛。也應該專門念阿彌陀佛。幫助他修成淨因。修往生西方極樂世界、叫修淨土、也可以叫修淨業、淨因、就是修這種淨業的因、纔是道理。若是我們的善知識。善知識、是有正當知識的人、就是肯勸人念佛修行的人、越是受苦越是能夠提起厭離娑婆求生極樂的心來。所以不必替他求消災的。老是八苦裏頭的一種苦。祝他延壽。不是教他多受老苦麼。有什麼好處呢。況且一切諸佛共同的一個法身。功德威神力也都是同等的。專門念阿彌陀佛、實在就是十方三世一切諸佛都念到的了。觀無量壽佛經上說。見了阿彌陀佛、就是見了十方一切諸佛。修觀同了持名法門、雖然是兩種道理。總是一樣的。所以念了阿彌陀佛、實在可以不必再念別尊佛號的了。就是說要消災延壽。那末念了阿彌陀佛。也就可以消去生死的災難。得著無量無邊阿僧祇劫的長壽的。那裏有眼前的災。不能夠消眼前的壽。不能夠延的道理呢。講眞實的道理。一切的法。都是自己的心造出來的。只要自己的心裏頭。不去造十種惡業。能夠修十種善業。那末災也不必求消。自然的諸事吉祥了。壽也不必求延。自然的無病長年了。何況再能夠念佛修行呢、我說這許多話。並不是教人不要念藥師佛。不過說是在這一節專修淨土的功課裏頭。夾雜念這幾句。實在是不相宜的。要念藥師佛、應該另外提出來做一種功課。念或是念一兩串念珠、或是念幾百聲、幾千聲。念完了。把功德回向一切衆生。願意他們一切的災難。都完全消去。

能夠延長壽命發起修道的心來。一同生到極樂世界去。那末合了淨土的修法了。有人道、你說單念阿彌陀佛。叫做專念。念了別尊佛。就算是雜念。照這本朝課所定的功課只念三句藥師佛。你已經嫌他雜念。倘然再另外提出來多念了。不是更加雜念了麼。我道、你還沒有明白我所說的專念雜念的道理。專念、是說心思的專一。雜念、是說心思的夾雜。大凡一個人做事情。總有一種意思的。譬如我們念阿彌陀佛。那意思就是求生西方極樂世界。因爲阿彌陀佛。是極樂世界的教主。所以求生極樂世界。一定要專念阿彌陀佛的。念別尊佛。恐怕總是另外有別種意思的。有了別種意思。那就是心思不專一了。就叫做雜念了。像原定的功課是念西方三聖名號。中間加出念三聲藥師佛來。意思不是求消災延壽的麼。消災延壽。也沒有什麼不可以求。譬如有了災難。就不免要障礙他的修道。那末要爲了修道方便的緣故。消災是應該求的。或是恐怕修淨業的功夫還淺。還不能夠決定生西方。先就死了。所以要求多活幾年。那末爲了要淨因純熟的緣故。延壽也應該求的。照這樣的意思念藥師佛。仍舊還是求生西方的一個主意。沒有變動。那末雖然不是往生的正行。却也是往生的助行。正行、是修行人所做的正主的功夫、助行、是做的幫助的功夫、還不能夠說他是雜念。但是念這三聲藥師佛的人。恐怕不一定都是這種念頭。只曉得愛惜自己的色身罷了。愛惜這個色身那是生西的大障礙。這種雜念萬萬不可以有的。好容易念了許多聲的阿彌陀佛。可以成功一種淨因了。忽然去提起他愛惜色身的心來把這無漏功德。變做了有漏功德。（無漏、是沒有漏掉的意思、是說出世法的功德、有漏、是說的世間法功德、）所以我說實在是不相宜的。講到我說的另外提出來念把功德回向一切衆生。替他們懺悔罪業。發願求生淨土。那是同了阿彌陀佛的本願相應的。也就是修的普賢行願。（普賢行願、是普賢菩薩所發的願心、普賢菩薩的願心是把所修的功德、都回向衆生的、我們現在也把修的功德、回向衆生、是同了普賢菩薩的行願一樣了、所以說就是修的普賢行願、）這叫做發菩提心。實在是淨業的正因。這樣的念藥師佛同了念阿彌陀佛。可以算得是一樣的功德。不可以說是雜念了。還有一層照我的意思。念藥師佛。應該要照本願經上。（本願經、就是藥師本願經、簡略說來、就叫本願經、）念藥師琉璃光佛的因。為消災延壽。是佛的本願。只要念了佛號。自然就會同了佛的願心相應的。不必要把佛號改做消災延壽藥師佛的。

南無觀世音菩薩。念三聲

楞嚴經上說。觀世音菩薩。在無數恆河沙劫的前。供養觀世音佛。發了菩提心。佛教菩薩修耳根圓通法門。（觀世音菩薩、本來是從耳根上用功得道的、所以稱觀世音、這個觀字、不是看的解釋、是觀察的意思、圓通、是說從耳根用功、雖然說用耳根用功、但是並不用耳去聽外邊的聲音、是用耳反過來向裏頭聽、因爲一個人、不論聽到什麼聲音、大家只曉得是用這個有形狀的耳朵去聽的、實在不是的、若是有形狀的耳朵能夠聽、那末一個人死了、這個有形狀的耳朵、還仍舊在的、爲什麼就聽不見了呢、可見得這能夠聽聲音的、實在並不是有形狀的耳朵、是另外有一種叫做聞性、就是能夠聽的一種本來有的性、要曉得一個人的能夠看到東西、聞到香臭、嚐到苦辣、覺到冷暖、知道苦樂、都不是靠這肉體上的眼鼻舌身意的、實在都是靠這種見性、嗅性、嚐性、覺性、知性的、不獨是聽靠聞性、不靠這有形狀的耳朵、還要曉得一個人、所以心不清淨、妄想很多、就因爲這耳根被六塵擾亂的緣故、若是能夠反回來、向自己的心裏頭觀察、那就覺得本性很清淨、沒有一些可以擾亂他的、並且反回來、一心一念觀察自己的心、那就外邊的聲音、也自然聽不到了、心就不至被外邊的境界擾亂了、照這樣的用功方法、日子長久了、那就外邊的塵障、就都消盡了、裏頭的智慧、就都圓滿了、就可以證到佛的三德四智等一切的妙法了、這就是觀世音菩薩、自己修行的方法、這種道理、同了心經上所說成佛的方法、完全在這個心的道理、很有關係的、所以我在這裏補說的、這裏不過說從耳根修行的一種法門、還有五根、也是一樣修法的、若是要曉得詳細的說法、可以請一部智者大師所做的楞嚴經玄義來看看、楞嚴玄義、是專門解釋楞嚴經的道理的、楞嚴經裏頭、就有講觀世音菩薩修耳根圓通方法的、〇一心一念觀察自己的心、那就外邊的聲音、也自然聽不到了、這一句話、大家不要不相信、我們常常有的、正在一心一念想一件事情的時候、旁人的說話、就聽不到了、這很可以試試看的、塵障就是六塵的障礙、要曉得詳細的道理、可以看心經白話解釋、講得很明白的、

就從這個法門上。證得自己的心性。成功三十二種應身。十四種無畏功德。三十二種應身、同了十四種無畏功德、在楞嚴經裏頭、說得很明白的、這裏不能夠詳細講了、所有十方世界苦惱的衆生。只要一稱菩薩的名號。菩薩就會追尋這個聲音。來救度他的苦。有這樣的大慈力。所以觀世音佛。就在大會裏頭。授記稱觀世音菩薩。地藏菩薩本願經上。地藏本願經、就是地藏經、釋迦牟尼佛說觀世音菩薩同了我們娑婆世界有大因緣。所有六道的衆生。能夠聽到了觀世音菩薩的名號。或是見著了觀世音菩薩的形像愛慕觀世音菩薩的。讚歎觀世音菩薩的。這種衆生。決定永遠不會退失道心的。法華經上。說持觀

世音菩薩名號。同了持六十二億恆河沙菩薩的名號、一樣的福德。蓮池大師編的往生集裏頭。供養觀世音菩薩像。念觀世音菩薩名號的人。往生極樂世界的也很多很多的。

南無大勢至菩薩。 念三聲

觀無量壽佛經上說。只要看見了這尊菩薩身上的一毛孔的光。同了看見了十方無量諸佛的淨妙光明一樣。所以稱無邊光。就是光大到沒有邊際的意思、用大智慧的心光。周徧照到十方一切世界。能夠使得苦惱衆生。脫離三惡道的苦。得著佛的種種無上的大力。所以稱大勢至。就是勢力很大的意思、別種經裏頭也有稱得大勢的。各寺院裏頭塑的西方三聖像。中間是阿彌陀佛。上首的一尊菩薩。頭上戴的天冠裏頭有一尊立的佛像的。那是觀世音菩薩。下首的一尊菩薩。天冠頂上露出一個寶瓶的。就是這位大勢至菩薩。楞嚴經上。大勢至菩薩自己說。在恆河沙劫的前。有一尊佛。名號是超日月光。教我念佛三昧。我就用念佛的心。得到了無生法忍。現在在這個娑婆世界上。接引念佛的衆生。生到極樂世界去。可見得這尊菩薩。最是提倡念佛法門的。受記經裏頭說。受記經、是一部說佛經的名目、將來阿彌陀佛涅槃了後。觀世音菩薩成佛。名號是普光功德山王佛。這普光功德山王佛涅槃了後。就是大勢至菩薩成佛了。名號是善住功德寶王佛。有人問道、怎麼阿彌陀佛還有滅度的時候呢。我回答他道。那是一班同佛緣盡的衆生。自己識心上現的這種滅度的相。並不是佛眞的滅度了。只要看這受記經上邊說的。阿彌陀佛涅槃後。或有衆生不見佛者。有諸菩薩得念佛三昧。常見阿彌陀佛。既然說阿彌陀佛是涅槃了。又說得念佛三昧的菩薩。仍舊常常看見阿彌陀佛。可見得佛涅槃的相。只是那些緣盡了不能夠見佛的人。自己的識心上妄現出來的。並不是眞的涅槃。就像金光明經上。性相菩薩疑心釋迦牟尼佛的壽。怎麼只有八十年。當時東方的阿閦鞞佛。南方的寶相佛。西方的無量壽佛。北方的微妙聲佛。一齊現相。向性相菩薩說道。一切的海水。可以曉得他是幾滴。一切的須彌山。可以曉得他的斤兩。一切的大地。可以曉得他微塵的數目。大地、就是所有的地、這一句、是說把所有的地、都研成極碎、像微細的灰塵那樣小、也還可以算得出數目的、虛空的分界。還可以盡他的邊際。獨有釋迦牟尼佛的壽。沒有數量可以計算得出的。那末可見得雙樹涅槃的相。也是我們福薄的衆生。自己識心上妄現的了。所以智者大師入了定。就看見釋迦牟尼佛還在靈山說法。這件事、是在法華經本事品上的、要曉得清楚、可以查法華經來看看、照這樣看起來。所有一切的佛。實在都是常住不滅的。還有什麼疑惑呢。

南無清淨大海衆菩薩 念三聲

這一句、是把所有極樂世界的人。除了三聖。還有一切的菩薩、聲聞等。都包括在裏頭了。凡是極樂世界的人。都是從蓮華裏頭生出來的。都有一種光明的身相。不像這個世界上的人。血肉汚穢的。所以說是清淨。還有一層。極樂世界。都是諸上善人。諸上善人、是許多上等的善人、沒有惡濁的心念的。所以說是清淨。大海衆三個字。是比喻菩薩的多。像那大海的水。算不出他的滴數來的。照阿彌陀經上說。阿彌陀佛有無量無邊的聲聞弟子。都是阿羅漢。不是用算法能夠算得出他的數目來的。只可以說是無量無邊阿僧祇。那麼的多。菩薩大衆也是這樣多的。並且不但是菩薩大衆。是連那聲聞大衆也一起在裏頭的。因爲極樂世界的聲聞。不過是暫時證的小果。終究是要迴心向大的。迴心向大、就是把本來的小乘心、回轉來歸向到大乘上去、佛法大意裏頭、詳細講過的、所以也就是菩薩。念這一句。是表明白願意同了諸上善人。聚會在一處的意思。

一者禮敬諸佛。

念這一句的前先。要加弟子某某發願六個字。某某、就是用自己的名字、有法名的、用法名更加好、沒有法名、就用平常用的名號、那末就是念的人發的願了。更加切實了。功德也就更加大了。從這一句起。直到後邊的十者普皆迴向。總共十句。叫做十大願王。出在華嚴經末後的普賢行願品上。是普賢菩薩教華藏世界的許多菩薩。（華藏世界、在下邊同登華藏玄門一句底下、會詳細解釋明白的、）同了善財童子。發這十種大願心。廻向求願往生極樂世界的。現在把這十句定在朝課裏頭念也就是發願求生淨土的意思。這十句發願的話都是照普賢行願品上原來的文字的。一者、就是說第一種大願心。禮字就是上邊講過的接足頂禮。敬字是一心恭敬。拜佛全在恭敬。能夠誠心恭敬那末妄想自然可以息滅。妄想息滅纔能夠同了佛心相應。若是不恭敬不誠心。身體雖然在拜佛心裏頭儘管起種種妄想那功德就很少了。若是起了惡念。那就不但是沒有功德倒反有褻瀆佛菩薩的罪孽哩。諸佛兩個字是把所有十方三世一切的佛都包括完全的。照事相上說。那末單講十方同了三世已經是無窮無盡的了。（窮盡兩個字、都是完結到底的意思、無窮盡、就是多到沒有完結的意思、）況且十方的世界每一個世界就有無窮無盡的微塵。每一微塵裏頭還有無窮無盡的世界。一微塵裏頭無窮無盡的世界。還各有無窮無盡的微塵。那些微塵裏頭又各有無窮無盡的世界。（微塵、是最小的東西、那裏知道這樣小小的東西裏頭、還有無窮無盡的世界、這種道理、不是我們凡夫所能夠想得到的、只要相信佛菩薩說的話、一定不會錯的就是了、將來自己修到了這個地位、就會明白了、）像這樣的一重一重。（譬如一間房裏頭、四面都掛了鏡子、就現出一重一重無窮無盡的相來了、心光裏頭現的世界相、也像這個樣子的、所以佛經上往往把心來比喻鏡子的、這面鏡子的光、照那面鏡子、那面鏡子的光、照這面鏡子、在面面鏡子裏頭、都看見供了一尊佛、一個人在禮拜、）永遠沒有窮盡的這些世界。照三世說那末每一個世界裏頭就有無窮無盡的佛了。（因為三世的時候、沒有窮盡、所以三世的佛、也沒有窮盡的、三世的時候、所以說沒有窮盡的緣故、因爲過去的前還有過去、可以一直推上去、將來的後、還有將來、也可以一直推下去的、這許多的佛怎麼能夠都禮拜恭敬到呢。若是懂得了唯心的道理。那末所有這許多的佛總之都是自己的心現的相。既然自己的心能夠現出這許多佛的身相來。那末自己的心。一定也能夠現出許多自己的身相來了。並且能夠在每一尊佛前。都現出自己的一個身相來。那末有無窮無盡佛的身相。就有無窮無盡自己的身相。每一個自己的身相。就禮拜恭敬一尊佛。有無窮無盡自己的身相。就禮拜恭敬無窮無盡的佛。那末現在自己禮拜恭敬一尊佛像。就是把十方三世所有的一切諸佛都完全禮拜恭敬到了。若是講到理性。那就無窮無盡的佛。實在就是一尊佛。無窮無盡自己的化身。實在也就是一個身。能夠照上邊所說的那樣想念。那樣的禮拜恭敬。纔合那普賢菩薩的行願。這個禮拜恭敬諸佛的大願心。要是虛空界盡了。衆生界盡了。衆生的業盡了。衆生的煩惱盡了。我這個願心。纔可以算盡。但是虛空等四種的法。四種法、就是指上邊所說的虛空界、衆生界、衆生的業、衆生的煩惱四種、都是永遠沒有盡的。那末我的願心。也永遠沒有盡的了。這種願心。一念一念的接連不斷。叫做普賢行願。像唐朝的僧衍。每天拜佛一千拜。那末也可以算是修普賢行願的了。上邊所說的十方三世、不獨是第一個願、應該要禮敬十方三世一切的佛、就是下邊九個願、也都要把十方三世一切佛、一齊包括在裏頭的、譬如稱讚供養、也應該十方三世一切佛、一齊稱讚供養到的、懺悔、也應該把三世的業、一齊懺悔到的、現在把這種道理、在第一個大願裏頭、說明白了、下邊的各種願、就可以省說了、並不是下邊各種願、可以不包括十方三世的、

二者稱讚如來。

這一句、是第二個大願心、稱是稱揚、讚是讚歎、如來兩個字、是佛的一種德號、（在夜課裏頭、會詳細解釋的、）單就這一句看起來、像是只稱讚眼面前的佛、但是照經文上邊講、也是總包括十方三世一切佛的。華嚴經上、法慧菩薩頌初發心菩薩的功德、（頌字、是稱讚的意思、初發心菩薩、是剛剛發大願心的修行人、發大願心的修行人、可以稱做初發心菩薩的、實在就是圓教的初住菩薩、）說道、過去未來現在佛、一切緣覺及聲聞、分別解說不能盡、發心菩薩諸功德。這四句偈的意思、是說三世諸佛、同了三世的一切緣覺聲聞、分別解說初發心菩薩的種種功德、沒有方法能夠解說完了的。初發心菩薩的功德、尚且稱讚不盡、何況是佛的功德呢。所以金光明經上說、假使用一千個微妙的舌根、在一千個大劫裏頭、讚歎一尊佛的功德、還說不到極少的一小部分。何況是要稱讚諸佛的功德呢。譬如從地面上起、一直到最高的天、都積滿的水。那還可以用方法推究出水的滴數來。但是沒有方法可以曉得佛的一種功德。照這樣說起來、那末佛的功德、怎麼能夠稱讚得盡呢。一尊佛的功德、已經是稱讚不盡、何況稱讚十方三世無量無邊的佛呢。就是說每一尊佛前、現出了自己無量無邊的化身來。每一個化

身。都有超過辯才天女的微妙舌根。天雖然只有二十八天、但是天還有種種的名目、講到天上人的名目、更加多得了不得了、那裏都能夠曉得呢、這裏所說的辯才天、也是一種天的名目、在金光明最勝王經裏頭、有一品、叫大辯才天女品、辯才天女、是辯才天上的女人、口才最好的、現在是拿來比喻的意思、就是說那怕你口才比了辯才天女還要好、也稱讚不盡佛的功德、金光明最勝王經、是一部佛經的名目、用了種種微妙的聲音說那種種微妙的偈頌稱讚佛的不可思議的功德那怕稱讚了無量無邊的劫數。究竟還是稱讚不盡的。所以這個願心。永遠沒有窮盡的。

三者廣修供養

這一句是第三個大願心。供、是供奉供獻。就是用種種香的、好看的、好聽的、光明的、少有的東西、衣服、食品、用品、拿來供佛菩薩、養、是孝養。孝養、就是孝順服事的意思、佛是一切眾生的大導師。導師、是指導眾生的師父、所以應該要供奉的。又是一切眾生的大慈悲父。所以應該要孝養的。廣修兩個字。廣、是多的意思、修、是整理修飾預備的意思、就是說能供養的東西無量無邊的多。所供養的佛也是無量無邊的多。所以說廣修供養。供養有兩種。一種是財供養。像那種種的華。種種的鬘。鬘是帽子、印度的風俗、用種種的華來、做成了帽子、戴了算好看的、也算恭敬的、所以供養佛的東西裏頭、這種華鬘、也算是一種要緊的東西種種的音樂。種種的傘蓋。蓋、也就是傘、種種的幢旛。幢同了旛差不多的、也是做引導用的、不過旛是扁的、幢是圓的、或是六角的、八角的、豎起來很高的、種種的衣服。種種的香。種種的燈。用這種種東西來供養佛。叫做財供養。一種是法供養。依照佛所說的正法修行。正法修行、是依了正當的法門修行、利益一切的眾生。教化一切的眾生。代一切的眾生受苦。精進的修種種善根。不捨去菩薩應該做的事業。不離開大菩提的心。這種都叫做法供養。兩種功德比較起來、那是財供養的功德。遠不及法供養的功德。像曇鸞和尚、得著了菩提流支送給他的十六觀經。就把那先前得著的道家的仙經燒了。一心的專修淨業。善導和尚看見了西河綽禪師的九品道場。說這眞是成佛的捷徑。捷字、是快的意思、捷徑、是走這一條路、可以到得快的意思、就此一心念佛。絕口不談世俗的事情。這是依法修行的榜樣。永明壽禪師、相傳說他是阿彌陀佛的化身。是禪宗的大祖師。也是淨土宗的大祖師。常常做施食放生等種種的功德。把這種功德來莊嚴淨土。蓮池大師對那戒殺放生的兩件事情。非常的看重。做了一篇大文章。叫蓮池大師戒殺放生文、懇懇切切的勸化世人。這是利益衆生的榜樣。法照大師受了文殊菩薩的囑付。盡力提倡念佛。在湖東寺開了五會念佛道場。湖東寺、在湖南衡州府、五會、是每天有五次修持的時候、就是俗語叫做五堂功課、感應得西方三聖。都現出相來。又在并州開了五會念佛道場。并州、就是山西省城、後來叫太原府、感應到代宗皇帝的宮裏頭。代宗皇帝、是唐朝的一個皇帝、都聽見念佛的聲音。後來奉了代宗皇帝的命令。敎宮裏頭的人念佛。也照他的五會念佛方法。所以大家都稱他是五會法師。少康法師在新定地方行化。新定、就是浙江省嚴州府遂安縣、法師在離城數十里的烏龍山上、造了一座三層高的臺、設立念佛道場、行化、是走到各處去化齋、用一種方便法。引誘那一班小兒念佛。念了一聲佛。就給他一個錢。到了一年後新定地方的人、不論老的、小的、看見了法師、總是念阿彌陀佛、滿路上只聽見念佛的聲音了。這是敎化衆生的榜樣。有常大師羨慕廬山蓮社的方法、在南昭慶寺（就是現在杭州的昭慶寺、）刺血寫華嚴經淨行品。（淨行品、是華嚴經各品裏頭的一品、）代一切衆生懺悔罪業、結了一個淨行社、做念佛道場。當時的宰相王文正公旦、（旦、是王宰相的名字、文正、是他的謚法、公、是皇帝封他的爵位、○謚法、是做過大官的人、有大功勞的人死後、皇帝挑選兩個好的字、賜給他叫做謚法、大家就把這謚法當名字、那樣的稱他了、）也來入社、自己稱淨行弟子。僧衆入社的、有一千多人。自從王文正公入了社、那些做官的人、不論官大的、官小的、也都來入社。總共也有一百二十多人。省庵大師、在杭州梵天寺、每年到佛涅槃的那一天、總是聚了在家出家的人、念佛供養的。他做了一篇勸發菩提心的文、懇切得了不得。禮拜育王的舍利塔。（育王、是一座有名的寺院、在浙江省的寧波府、）前後五次燒香燃指。（燃指、是把一隻手指、在佛前燒去、意思是把這隻手指來供養佛、這種事情、確是很至誠的、但是要眞是能夠把這個色身看空了的、纔可以做、不是好隨便做的、）代一切衆生修法供養、人多說他是永明大師再來的。（再來、是已經修到證得無生法忍的人、再回到我們世界上來度衆生、）這是代衆生受苦的榜樣。慈雲懺主修般舟三昧、（般舟、是梵語、翻譯中國文、是佛立兩個字、意思是修了這種定功、就可以看見佛立在他面前了、修的時候、不坐也不睡、一天到夜、一夜到天亮、不是走、就是立、終不能夠坐的、要九十天算一期、專門念阿彌陀佛、）九十天的辛苦、直嘔出血來、兩足的皮、走得破開來了、他立心情願死的、仍舊精進的修、忽然像是做夢看見觀世音菩薩、把手指點著他的口、引出了幾條蟲來、菩薩的指頭上、流出甘露來、灌到他的口裏頭就覺得身體爽快。病也沒有了。這是精進修善根的榜樣。道綽禪師禪宗教宗都精通的。一心的歸向淨土。一生一世。同人家講經說法。總是勸人念佛的。一個老主意講那無量壽經十六觀經。同了阿彌陀經。大約講了有二百遍。每天自己七萬佛號的常課。還是一定做的。法智大師精通天台宗的止觀法門。（止觀法門、是天台宗定出來的一種修行法門、）也是歸心淨土的。做的觀經妙宗鈔。（觀經妙宗鈔、是一部解釋十六觀經的書、）說的觀心觀佛的道理。很明白切實的。每年的二月十五那一天。開一個念佛施戒會。修那布施放生種種的功德。入會的人。常常超過一萬多的。這是不捨菩薩業的榜樣。智者大師是天台宗的開宗祖師。（開宗、是開創一種宗派的意思、因爲天台宗是智者大師創立出來的、所以稱他開宗祖師、）做的淨土十疑論。（淨土十疑論、是一部講淨土的書、）破去人家對了念佛往生的各種疑心。堅固人家的信心。功德不可思議。他一生坐的地方。從沒有背對西方的。志通法師因爲看見了智者大師的淨土儀式。（儀、就是禮節、式、就是樣式、淨土儀式、是說修淨土法門的各種禮節樣式、）心裏頭十分的歡喜。就此也是不對了西面唾。不背了西面坐。專心的念佛求生西方了。這是不離菩提心的榜樣。（上邊所說的種種榜樣、除了精進修善根一種外、都可以算是六度裏頭的法布施、）上邊所說的諸位大師。都是修法供養的。沒有一個不是往生西方的。若是能夠學他們的修法。那是眞正的能夠供養佛了。實在一句南無阿彌陀佛。種種的法供養。都在裏頭了。一心念佛。不是依法修行麼。功德囘向法界。不是利益衆生麼。自己精進念佛。給人家看做榜樣。不是敎化衆生麼。念念替一切衆生懺除罪業。不是代衆生受苦麼。天天拜佛念佛。不是勤修善根麼。念這一句佛號。六度萬行。完全具足。（在佛法大意裏頭、這種具足的道理、大略已經說明白過了、）不是不捨菩薩業麼。念佛求生西方。完全爲的是成佛度衆生。不是不離菩提心麼。所以這個念佛法門。實在眞是法供養哩。但是法供養果然是要緊的。就是那種財供養。實在也是少不得的。照經上邊說。所有各種供養佛的東西。都要像須彌山大海水一樣的多。不明白道理的人。一定要疑惑那裏能夠有這樣的多。一定沒有這囘事的。實在要用那種像須彌山大海水的供養東西。供養一切諸佛。只要能夠生到了極樂世界去。就都可以辦成了。因爲阿彌陀佛四十八個大願裏頭。第二十三願。說國土裏頭的菩薩。吃一頓飯的時候。能夠周徧到無數無量億、那由他佛國裏頭去、供養佛的。第二十四願。說國土裏頭的菩薩。在十方諸佛那裏。修供養功德。一切供養的東西。要什麼就有什麼。沒有不稱心如意的。所以只要能夠往生到極樂世界去。就可以眞的照了普賢行願的供養法。供養十方三世一切的佛了。要曉得一切的法相。都是自己的心變現出來的。要大就大。要多就多。沒有一定的。因爲那種大的相。多的相。都是全部分的心量造的。並不是造大的相加多些心量。造小的相。減少些心量的。一樣都是完全的心量。所以實在是大小不二的。信心銘上說。信心銘、是一部佛書的名目、極小同大。忘絕境界。極大同小。不見邊表。意思是說極小的東西。同了極大的東西是一樣的。不可以執著境界相的。極大的東西。同了極小的東西。也是一樣的。都是看不見邊際的。看不見邊際、就是看不到窮盡的地方、就是講這大小不二的道理。既然是大小不二的。那末就是可大可小的了。只要看隋朝的道喩法師。他造的阿彌陀佛像。只有三寸長的樣子。後來他在念佛的定心裏頭。看見阿彌陀佛向他說道。你造我的像。爲什麼這樣的小呢。他回答道。心大就大。心小就小。說完了這句話。就看見那尊佛像的身相。徧滿了虛空了。可見得相的大小。實在是隨心轉變的。從前學射箭的人。先要鍊眼光。把一個蝨子。放在面前。眼睛看定了。他看的功夫長久了。這個蝨子的相。就覺得漸漸的放大了。一直要看到那個蝨子。像車輪一樣的大。這是從功夫上來的。並不是眼花。鍊成了這種眼光。那末他看小的東西。都變做大的了。所以能夠隔開了一百步遠的路。射穿楊柳的葉子。這不是大小沒有一定的證據麼。這容易試得很、你可以拿一粒芝蔴、放在桌上、儘管向他看定了、看得時候長久了、也會覺得漸漸的放大的、不獨是小的東西。可以變做大的。並且可以從一件東西裏頭。變出無數的各種東西來的。這是唯心的妙理。妙理、就是很好很巧妙的道理、現在我們凡夫。雖然沒有眞實能夠轉變東西的大神通。但是也應該照了這種眞實的道理來作觀的。怎樣的作觀法呢。譬如我們做功課。總是先在佛前燒香的。存心想那一線的香煙。騰到了虛空裏頭去。結成了無數的幢旛寶蓋種種莊嚴的東西。徧滿在虛空裏頭。一種一種的東西。都好像有一座大山那麼多的樣子。想定了這種樣子。就把這各種的東西分散到十方世界去供養微塵數的佛。再想這各種東西。到了佛前。還現出種種的變化來。寶幢裏頭生出無數青色的蓮華來。寶旛裏頭生出無數紅色的蓮華來。寶蓋裏頭生出無數黃色的。或是白色的蓮華來。各種的蓮華臺上還生出種種的東西。或是寶瓶裏頭。都是甘露。或是寶鉢裏頭。都是食品。或是寶盆裏頭各種的金銀七寶。或是寶盤裏頭。各種的天冠衣服。或是寶燈點得很亮。或是寶爐燒的好香。每一尊佛前都有自己的化身。也是很高大的。把那變現的各種東西。一齊供養佛。要照這樣的想法。那就是十六觀經上說的、是心作佛、是心是佛的道理了。用心來想佛現出相來。尚且說就是眞佛。那末用心來想現出各種東西來。自然也就是眞的東西了。若是分身供養十方世界諸佛的相。想不成功。那末就單單用心來想各種東西供養面前的佛。也是好的。金光明經上說的。若供養我。則是供養過去、未來、現在諸佛。因爲一切的佛。實在總是一個法身。所以懂得這種道理的人。供養一尊佛。就同了供養十方三世一切諸佛一樣。沒有分別的。若是能夠觀想成功。從自己作觀的心裏頭。清清楚楚的現出那各種東西的相來。那末就是實在有了那各種的東西了。像這樣的財供養。也可以算是法供養的。這種觀想的心。要一念一念的沒有間斷。纔可以算是合了普賢行願了。

四者懺悔業障。

這一句、是第四個大願心。懺字、是求消滅從前已經造的罪業。悔字、是立願後來不再造罪業。罪業的造成。都是從貪瞋癡的煩惱心上來的。因爲意根裏頭。發動了貪瞋癡的惡心。那末口裏頭就造出妄言、綺語、兩舌、惡口、的種種惡業。身上邊就造出殺生、偸盜、邪淫、的種種惡業來了。意是造業的因。身口兩種。是造業的緣。因緣和合了。各種的業。就都造成了。造了惡業。一定要受種種苦報的。那是障礙解脫的道理的。所以說是業障。一個人從有了這個身體。後經過了無量無邊、不可說不可說的劫數。還是在輪迴裏頭。不能夠了脫生死。就因爲有業障的緣故。一世裏頭。就不曉得要造多少的惡業。那末過去的無量無邊世裏頭。所造的惡業。還可以算得清麼。所以經上邊說。若是這種惡業。有體質相貌的。那末盡十方的虛空裏頭。也要放不下去了。再不曉得趕緊認眞懺悔。怎麼能夠了脫生死呢。懺悔的方法。最好的一種。是作法懺。還有兩種。一種是取相懺。一種是無生懺。（三種懺法、在前邊七佛滅罪眞言底下、都講過的、）現在這普賢行願。是講實事的。所以經上說懺悔的道理。要用心想自己的化身。周徧在那十方微塵世界的一切佛菩薩面前。用清淨的三業。來恭敬供養。（三業、就是身業、口業、意業、三業都是善的、不是惡的、所以叫清淨三業、）說明白自己所造的種種罪業。誠心懺悔。立願從今日起。永遠守定清淨的戒法。修一切的功德。不要說重大的惡業。就是那微細的惡業。也永遠不再造了。這種懺悔的願心。也是要一念一念的接續不斷。永遠沒有窮盡的。實在懺悔的方法。最好是一心念南無阿彌陀佛。照十六觀經上說。志心念佛一聲。（志心、是一心誠心的意思、）就能夠消滅八十億劫的生死重罪。那末天天的念。時時刻刻的念。那怕罪業多。總也可以念到都消滅盡的。所以念佛、實在是懺悔業障的第一個好方法。

五者隨喜功德。

這一句、是第五個大願心。隨字、有兩種意思。一種是隨順。就是依照佛所做的種種事情。完全都要學做的意思。一種是跟隨。就是旁人修種種功德。我都跟隨了他。生歡喜心。讚歎他的功德。就叫做隨喜功德。功德有有漏無漏兩種的分別。漏有三種。一種叫欲漏。是有貪欲心的一種叫有漏。是有執著相的。一種叫無明漏。是沒有明白眞正的道理的。有了這三種。就像是一件東西穿漏了的樣子。做的功德。像漏掉了的。沒有大用處的。所以叫漏。凡夫修的種種功德。都是有漏功德。三乘聖人修的功德。叫亦漏亦無漏。（這一句、是說也是有漏、也是無漏、因爲聲聞緣覺、雖然破了見思惑、但塵沙無明、還沒有破、不能夠說是完全無漏、菩薩雖然破了塵沙惑、但是無明還沒有破盡、也不能夠說是完全無漏、所以只能夠說是亦漏亦無漏、）獨有佛的功德。纔是完全無漏功德。現在所說的隨喜。是不管他有漏無漏的功德。都要隨喜的。並且不獨是隨喜一世界裏頭四聖六凡的種種功德。也不獨是隨喜現在一世的四聖六凡的種種功德。直要把所有十方三世的、一切四聖六凡的功德。都發心隨喜的。發這樣的大願心。一念一念的永遠不斷。所以稱做普賢行願。就事相上看起來。要照這樣的隨喜法。像是很不容易。實在所有十方三世的一切境界。都收在那現前一念的心裏頭。所以發一念隨喜世間出世間一切功德的心。就是把所有十方三世的一切聖人凡夫的功德。完全都隨喜了。這種隨喜的心。念念不斷。實在是功德不可思議的。法華經上。有一品叫隨喜功德品。單講隨喜聽法的一種。尙且有無量無邊的功德。何況是所有一切的功德。都發心隨喜呢。隨喜旁人的功德。差不多就像是自己修的功德一樣。那就十六觀經上說的三種福。（三種福、在佛法大意裏頭都說明白過的、）大寶積經上說的十種心。（十種心、第一、對一切衆生、生大慈心、沒有傷害衆生的心、第二、對一切衆生、生大悲心、沒有逼迫惱怒衆生的心、第三、對了佛的正法、肯捨了性命去保護、第四、對一切的法、發種種的忍耐心、把這個心安住在正道理上、沒有執著的心、第五、不貪旁人來供養我、恭敬尊重我、專門羨慕佛的道理、第六、求佛的一切種智、不論在什麼時候、沒有退失的心、第七、一切衆生、都尊重恭敬、沒有看輕的心、第八、不管世俗上的種種議論、一心要修這七菩提分、第九、種一切的善根、自己只有這個淸淨心、沒有一些旁的雜亂念頭、第十、對十方三世一切佛、儘管起念佛的心、但是不著在佛的相上、不著在佛的相上就是沒有執著的心、這就叫做離相念佛、上邊所說的十種心、只要能夠成功一種、就一定可以往生極樂世界了、〇一切種智、在佛法大意裏頭、詳細講過的、七菩提分、一、是擇法、就是辨別各種法的邪正、二、是精進、就是盡力的修行用功、三、是喜、就是喜歡得到了眞正的道理、四、是除、就是斷除種種的煩惱、五、是捨、就是捨去一切虛妄的事情、六、是定、就是用定的功夫、七、是念、就是常常把這個念頭、放在定同了慧的上邊、使得定慧均平、沒有一些些的偏、這七菩提分的詳細解釋、在阿彌陀經白話解釋裏頭、彼國常有種種奇妙雜色之鳥一節底下、

有的、都可以收在這一念的隨喜心裏頭了。照這樣的發心、那有不往生到極樂世界去的道理呢。

六者請轉法輪

這一句、是第六個大願心。輪、是車輪。車是能夠裝載人的。載、也是裝的意思、車輪轉動了。能夠載了人。從這邊送到那邊去的。比那諸佛的說法。能夠教人離苦得樂。了脫生死。證著涅槃。也像那車輪轉動了。裝載衆生離開這邊不安樂有生死的世界。送到那邊又安樂又了脫生死的世界去一樣。所以叫做轉法輪。佛的說法。照規矩總是先要人請求了。纔說的。像法華經上大通智勝佛、得了佛道。十方的許多梵天王。都說了讚佛的偈。就請佛說法。又有十六位王子。王子、是國王的

太子、也請大通智勝佛說法。大通智勝佛、受了他們的請。說了幾回法。度脫了無量無邊的衆生。這樣不可思議的功德。都是請轉法輪的人。發起成功的。所以請轉法輪的功德。實在是很大很大的。十六位王子、就因爲請了大通智勝佛轉法輪的功德。後來就都成了佛了。釋迦牟尼佛、同了阿彌陀佛。就是十六位王子裏頭的兩位。（釋迦牟尼佛、同了阿彌陀佛、沒有成佛的前、都做過國王的太子的、）現在我們能夠爲了救度一切衆生的緣故。發這種請一切諸佛轉妙法輪的大願心、那末將來也自然一定可以成佛的了。照道理說起來。十方世界。無量無邊各個世界上的微塵。更加是無量無邊的。每一點微塵裏頭。還各包含著無量無邊的世界。一重一重的包含。都是無量無邊的三世的時劫。無窮無盡各個時劫裏頭的刹那。更加是無窮無盡了。每一個刹那裏頭。還各收攝那無窮無盡的時劫。一重一重的收攝。還是無窮無盡的。（這種道理很深的、不容易明白的、總之佛的道理、不論什麼、沒有一定的相的、時劫不可以說他一定是長、刹那不可以說他一定是短、說呆了、就著了相了、看的人只要認定佛說的道理、不會錯的、等到自己功夫深了、就會明白的、）這樣的十方三世的相都在自己現前一念的心裏頭。所以每一念起自己的心裏頭。總有不可說不可說的佛。得道證果的。這樣的許多許多的佛成道。我都應該要做一個請轉法輪的人。那末功德就大得了不得了。能夠發這樣的大願心。念念不斷。曉得自己的心。同了一切諸佛的心。融通無礙的。（自己的心、就是諸佛的心、諸佛的心、就是自己的心、所以說融通無礙、自己是諸佛心裏的衆生。諸佛是自己心裏頭的佛。雖然是心不能夠見到心。但是心心相通的自己誠心代一切衆生請求十方三世諸佛的大慈悲心裏頭。一定都能夠受我的請。永遠的常轉法輪的

七者請佛住世。

這一句是第七個大願心。請佛住世。是請求佛身常住在世界上。敎化衆生。不要現入涅槃的相佛有三種身。一種是法身。沒有形相的。是一切法平等的眞如實性。那是無始無終。無始、是沒有起頭、無終、是沒有完結、沒有什麼住世不住世的。一種是報身。是三大阿僧祇劫。修了無量無邊的福德智慧莊嚴成功的那種清淨光明的身相。那是常住不滅的。報身有兩種分別。一種叫自受用報身。是佛證得了法樂、自己得到種種受用的身、○法樂、是修了種種法、功德圓滿了、得到的樂、不是世界上貪欲的樂、住的是常寂光土。常寂光土、同了下邊的實報莊嚴土、小註裏頭的方便有餘土、凡聖同居土、在佛法大意裏頭、都有解釋的、一種叫他受用報身。是佛要化度衆生、使得衆生得到受用、所以應現這種的身相、但是這種報身、是對那初地菩薩現的、住的是實報莊嚴土。不是住在我們凡夫住的世界上的。凡夫住的世界上、也有聖人來現身說法、化度衆生的、所以叫做凡聖同居土、二乘同了沒有證著法身的菩薩住的、叫做方便有餘土、連上邊所說的常寂光土、實報莊嚴土、總共是四種土、每一個世界、都有這四種土的相的、實在四土只是一土、不過是各就自已的心性、看見那現出來的相不同罷了、一種是應身。那是專門爲了化度衆生。在世界上隨緣現的相。現在所說的請佛住世。是指應身佛說的。應

身也叫做化身。譬如像釋迦牟尼佛。那就是應身佛的名號。法身佛、稱做毗盧遮那。報身佛、稱做盧舍那。釋迦牟尼佛、毗盧遮那、盧舍那等、各種解釋、在阿彌陀經白話解釋裏頭、佛說阿彌陀經底下、都講淸楚過的、要曉得明白、可以查看的、每一尊佛的應化身。都是很多很多的。講起釋迦牟尼佛來。大都總說是千百億化身。那是依照梵網經上說的。實在還不止千百億哩。照法華經上的分身諸佛說起來。分身諸佛、都是佛的應化身、實在是無量無邊的。應身佛的壽長短不一定的。同了化度的衆生結的緣長。壽就長些。結的緣短。壽就短些。照眞道理講、佛的三身、實在只是一身、所以應身佛、也是常住不滅的、只要看了法華經的如來壽量品、同了金光明經的壽量品、就曉得了、所說的壽長壽短、佛是不生不滅、無量壽的、那裏有什麼長短呢、這是同了衆生的緣沒有盡、佛不現涅槃的相、就說是壽長了、同了衆生的緣盡了、佛就現涅槃的相、就說是壽短了、這必須要明白的、不可以弄錯的、但是這種說法、還是淺近的、實在的道理、下邊就會講淸楚的、化度衆生的緣分盡了。佛就現那入涅槃的相。不住在這世界上了。實在這句話。也還不是眞確的。佛看一切衆生是平等的。佛的慈悲心。叫做無緣大慈。同體大悲。無緣大慈、是說佛的大慈心、雖然同了衆生沒有緣、也發大慈心來一齊救度的、同體大悲、是說佛的法身、同了衆生的法身、是共同的、不是各別的、自己同了他人、沒有分別的、所以看出他人的苦來、就是自己的苦、既然是同體的。那末佛就是衆生。衆生也就是佛。那裏還會有同了佛沒有緣的衆生呢。就是說果眞有同了佛沒有緣的衆生。那末佛度衆生。本來是用的一種無緣大慈。沒有緣的尙且要度。還論什麼緣長緣短呢。華嚴經上安住長者說。十方一切世界的三世諸佛。他都看見的。沒有一尊佛不看見的。但是沒有一尊佛入涅槃的法華經上說。爲度衆生故。方便現涅槃。而實不滅度。常住此說法。我常住於此。以諸神通力。令顚倒衆生。雖近而不見。這幾句偈的意思。是說佛因爲一班衆生若是看見佛常住在世界上了。就要覺得佛是很平常的。常在世界上的。沒有什麼希奇的。那就要不尊敬佛了。不肯生出至誠恭敬的心來親佛信佛了。所以方便的現出這種涅槃相來。好敎他們曉得佛是不容易見到的。那末自然心裏頭就恭敬佛。能夠受敎化了。實在佛並沒有入涅槃。仍舊還是在靈鷲山說法。不過是用的神通。使得那些妄想顚倒的衆生。就是近在那裏。也都看不見佛罷了。照這樣說起來。那末我們的敎主釋迦牟尼佛。實在是沒有入涅槃。但是我們却是看不到佛的相好了。聽不到佛的說法了。這是我們福德薄的大苦處。應該要曉得慚愧。眞心懺悔自己的業障的。照經上的說法。只要我們能夠至誠的一心求見佛。佛還許現相到這世界上來給我們看見的。佛現相在這世界上了。那末種種的災難苦惱。都可以消滅了。所以這種請佛住世的願心。一定不可以不發的。從前傅大士同了他的弟子。常常修種種的難行苦行。難行、是不容易修的修行方法、苦行、是各種很苦的修行方法、供養三寶。請佛住世的。這是我們的好榜樣。應該要照樣學的。講到佛不住在世界上了。衆生的種種苦處。我們已經親身受著的了。十方一切微塵的世界上的衆生。也同我們一樣歎苦的。佛在世界上、不獨是可以親口勸化衆生、並且可以現出種種因果報應的事情來、使得衆生不敢做惡事情、惡人可以漸漸的少、善人可以漸漸的多了、現在佛不出世、大家就看不到因果報應的事情、所以就放大了膽、常常做種種的惡事、所以說是衆生的苦處、不曉得有多少哩。我們也應該代大衆至誠哀求十方一切微塵的世界裏頭的佛。慈悲一切苦惱的衆生。常住在世界上。方便教化。度脫衆生生死的苦。不要現那種入涅槃的相。不獨是應該求請一切諸佛、不要入涅槃。並且也應該求請所有一切的善知識。都不要入涅槃。爲的是好使得一切衆生。脫離種種苦處。得著種種樂處的緣故。這種大願。也是要常常存在心裏頭的。

八者常隨佛學。

這一句、是第八個大願。心菩薩的四宏誓願。四宏誓願的宏字、是大的意思、誓字、是立誓、就是立願、四宏誓願、在夜課裏頭、有詳細解釋的、都在這一句裏頭包括盡的了。發心學佛。就是願意要成佛道。佛從起初發心起。一直到成佛。修種種的難行苦行。直有三大阿僧祇劫的長久。也不過是學法門、斷煩惱、兩件事情罷了。修到功行圓滿。成了佛。在十方微塵世界裏頭。坐一切的道場。轉一切的法輪。到那個時候。纔是專門做度衆生的事情了。所以發學佛的心。就是發菩薩的四宏誓願。也就是發普賢菩薩的十大願王。照經上說。若是想要成如來的一切功德。應該要修這十種廣大的行願的。可見得一切的佛。都是修了這十種大願。纔能夠成佛的。那末學佛、不就是學修這十大願王麼。這裏的隨字。是跟隨了佛。學修一切的功德。不離開佛的意思。講因果的道理。種了什麼因。就結什麼果。所以要想成佛。一定要依照佛所做的事情去做的。那叫做種佛因。結佛果。照釋迦牟尼佛所修的苦行。講起來。那是布施的身體性命。眞是不可說不可說的多了。爲了要救度我們這班苦惱衆生。情願自己吃苦。求種種的妙法。剝了身上的皮。當做紙用。削了骨頭。當做筆用。刺了血出來。當做墨用。寫那各種的經典。總算起來。積得要像須彌山那麼的多哩。自己的身體性命。尙且肯爲了法。都拿來布施。那種榮華富貴、金銀財寶。更加肯拿來布施。不必說得了。所以佛的恩德。實在是永遠報不盡的。要想報答佛恩。只有照了佛所做的事情去做。但是這種捨身命的苦行。一定要證得了無生法忍。纔可以學得來。這種無生法忍。不是容易證得的。像在這個世界上修行。惡緣多。善緣少。（惡緣、是惡的因緣、善緣、是善的因緣、就是所碰到的人、或是碰到的事情、都是惡的多、善的少、所以叫惡緣多、善緣少、）佛又是難得碰著的。修修容易要退轉來的。不曉得要修到什麼時候。纔能夠證著這種無生法忍。所以淨土十疑論上說。初發心的凡夫。必須要常常不離開佛。大乘起信論上說。衆生初學這種法門。心裏頭膽怯。（膽怯、就是膽小、）恐怕住在這個娑婆世界上。不能夠常常供養佛。難得成功。這個信心。應該曉得佛有勝妙的方便法。只要專心念西方極樂世界阿彌陀佛。把所修的善根。發願回向。求生到那個世界裏頭去。就能夠往生的。生到了極樂世界去。常常看見佛的。所以再也不會退轉來的、照無量壽經上的說法。生到極樂世界去的人。都能夠一世修到等覺菩薩的。這就是常常跟隨佛的好處。所以要想學佛。一定要修淨土法門。求生西方的。有人道、經上邊說十方三世一切佛。世界裏頭微塵數的佛。有這麼多的佛。都應該要跟隨了學的。怎麼單跟阿彌陀佛學呢。我道、無量壽經上。阿彌陀佛的四十八願裏頭。第二十三願說。國土裏頭的菩薩。承了佛的威神力。供養諸佛。若是一餐飯的時候。不能夠周偏到無數無量億、那由他、諸佛世界去的。我就不願成佛。現在阿彌陀佛成了佛了。這個願心。一定滿足的。所以一生到極樂世界去。就可以常常跟隨了十方三世的一切諸佛學了。那就不獨是發願心了。竟然是實在做到這常隨佛學四個字了。但是先要跟隨阿彌陀佛學成了。到了極樂世界去。纔能夠跟了十方三世諸佛去學。所以念佛求生西方。實在是有種種無窮無盡的好處的。又有人問道。現在不但是阿彌陀佛。不在世界上。連十方三世一切的佛。都不在世界上。我們就是願意跟隨了佛學佛法。可憐沒有佛可以跟隨。這有什麼辦法呢。我道、佛雖然不在世界上。但是佛所說的經。

所說的修行方法。都還留在世界上。大家都可以照了佛經上所說的修行方法去學。同了跟隨了佛去學。不是一樣的麼。

九者恆順衆生。

這一句、是第九個大願心。恆字、是長久不變的意思。順字、是依順旁人心願的意思。十方的世界。無量無邊世界上的衆生。更加是多得說不盡的。這樣多的衆生。都要使得他們得著利益。若是拋棄了一個。那就不是菩薩的平等大慈心了。也就不可以算是普賢行願了。講起輪迴的道理來。那末一切衆生。都是夙世的父母。（夙世父母的道理、在前邊回向三寶衆龍天、一節底下的小註裏頭、已經詳細講過的、）講起佛性的道理來。那末一切衆生。都是未來的佛。（因爲衆生都有佛性的、就爲了迷惑造業、所以就做了衆生、將來總有一天覺悟了、就都可以成佛的、所以說是未來的佛、）講起法身的道理來。那末一切衆生。都是自己的本體。（因爲佛同了衆生、本來是合一個法身的、沒有自他分別的、所以說都是自己的本體、）有這三種道理。所以對那一切衆生。實在是都應該要順他們的。況且菩薩發心。本來就爲了要救度一切衆生。怎麼能夠不順他們呢。但是這個順字。卻是要辨清楚的。若是說那個衆生。是喜歡做惡事情的。那就不獨是不可以順他。並且一定要用正當道理來、懇切的勸他。倘然勸了他不肯聽。那末就是用威力來。強迫他改惡行善。也是應該的。要曉得菩薩的順衆生。是要教他們脫離種種的苦處。得著種種的樂處。纔算是眞的能夠順他們。譬如像世間的父母待子女一樣。眞愛子女的。一定是管束很嚴的。所以要管束得嚴。就是要他們將來自己得著受用。不受到種種苦的緣故。若是只曉得一味的溺愛。（溺愛、是不明白愛的道理、只曉得愛、不曉得教的意思、）養成功他們一種作惡的性情。害他們後來種種的喫苦。這就不是愛子女。實在是害子女了。菩薩的順衆生。是像眞愛子女的父母。不是像溺愛子女的父母。所以菩薩戒本經裏頭。（戒本經、是一部佛經的名目、）有不諫惡人戒。（諫字、就是勸他回心的意思、）不折伏衆生戒。（折伏、是使得他服從的意思、）不行威折戒。（不行、就是不做這件事情、折字、是壓伏他、威折、是用威勢來壓伏他、）神力不折攝戒。（神力、就是種種的神通力、攝字、是接引他、）幾條戒法的。有人道、要盡十方所有的衆生都順他們。怎麼辦得到呢。我道、現在我們是凡夫。沒有得到神通道力。（道力、是種種正當的道理的力量、）自然是辦不到了。但是這種願心。是一定要發的。發這種願心。就叫做發菩提心。菩提心。是往生淨土的正因。要求生淨土的人。怎麼可以不發這種願心呢。阿彌陀佛。就因爲發了四十八種大願心。所以到底成了佛。發願是修行的根本。沒有願心。一定不會成事實的。所以發願實在是很要緊很要緊的。十方三世一切的佛。都是從發願上修成的。照道理說。一切的法。都是自己的心造的。自己的心。同了一切衆生的心。圓融無礙的。所以自己發心。他們就都能夠得著利益。那是心性的神妙不可思議的。只要想施食的一種法。只用幾粒米。就能夠使得法界的衆生都吃飽的。（這種道理、在夜課裏頭、會講明白的、）雖然說是靠法的力量。究竟一半還是靠自己的心的力量。心不至誠的一定不能夠有大效驗的。所以只要自己眞實的發心。實在沒有一件事情做不到的。從前南嶽思大禪師的弟子、大善禪師修成了一種慈心三昧。（慈心三昧、是專門用一種發慈悲心的功夫、）有一羣的鹿被人家圍住了。有一個人代這些鹿合掌念了幾聲南無大善禪師。那些鹿就從圈子裏頭都飛出去了。這件事情不就是大善禪師發這恆順衆生的願心的力量麼。所以我們只要常常發這個願心。能夠一念一念的接連不斷。成功了慈心三昧。那就可以學觀世音菩薩的普救一切苦難衆生。自在優婆夷的徧施一切餓鬼衆生。（遍施、是周徧施捨的意思、）妙德救護衆生夜天的敎化一切世界一切趣中的衆生了。（自在優婆夷、同了妙德救護衆生夜天、是兩位大菩薩的名號、都在華嚴經入法界品裏頭的、若是要曉得詳細、可以查看的、一切趣的趣字、本來是向著那一條路去的意思、用在這裏、是同了六道的道字一樣的、一切趣、就是各道的意思、不過趣有七趣的說法、那是比了六道、多出神仙的一趣來、所以成了七趣、還有五趣的說法、那是因爲天人鬼畜生四道裏頭、都有阿修羅的、所以把阿修羅分併到那四道去了、六道也就少了一道、只有五道了、就說是五趣了、）照經上邊的說法。菩薩若是能夠隨順衆生。就算是隨順了供養的諸佛。若是對一切衆生能夠尊敬他們。服事他們。就算是尊敬服事了如來。若是能夠使得衆生心裏頭歡喜。就是使得一切如來心裏頭都歡喜了。爲什麼呢。因爲諸佛如來的心。只是一種大悲心的緣故。又說菩薩要用大悲心來使得一切眾生都受著利益。就能夠成功佛的大菩提果了。所以成佛的因緣。完全是在眾生身上的。若是沒有了眾生。一切菩薩要做功德。就沒有做處了。就一定不能夠成佛了。所以修行的人。對了這恆順眾生的一種願心。應該要特別注意的。

十者普皆迴向。

這一句、是第十個大願心。普字、是周徧的意思。皆字、是一齊的意思。就是把上邊所修的九種普賢行願的大功德。一齊都迴向給所有十方微塵世界裏頭的一切眾生。願意使得他們都永遠受著安樂。沒有各種病痛的苦惱。要想做惡事的。教他們都一定做不成。修善業的。教他們都能夠做得很快很多很好。若是有些眾生。因為從前造的惡業多。受著了一切極重的苦果報。我願意都代他們受苦。像那善伏太子一樣。善伏太子求他父王、放出那犯罪的無量眾生來、自己代他們到監牢裏頭去受苦、這是願勇光明守護眾生夜天的夙世的事情、所救的罪人、就是賢劫的千佛、同了百萬阿僧祇諸大菩薩、所以犯罪的惡人、也不可以看輕的、也許就是未來的佛菩薩、寶王論上、有嬖女羣盜、皆不可輕的一種念佛法門、因為一切眾生、都是未來諸佛的緣故、○善伏太子、後來修成了大菩薩、稱做願勇光明守護眾生夜天、這種詳細情形、在華嚴經裏頭有的、賢劫的劫、是一個大劫、就是十三萬四千四百萬年、已經過去的一個大劫、叫做莊嚴劫、將來的一個大劫、叫做星宿劫、賢劫、是現在的一個大劫、現在正是在大劫裏頭、叫做住劫的一個中劫、又是住劫裏頭的第九個小劫、在這個賢劫裏頭、有一千尊佛出世、釋迦牟尼佛、就是一千尊佛裏頭的第四尊佛、寶王論、是一部講佛法的書名、嬖女、是一種下賤的女人、羣盜、是許多的强盜、使得他們都能夠解脫苦難修成功佛的無上菩提。這一種願心。連那上邊的九種願心。總共是十種願心。願願都是周偏法界的。因爲這種願心發得大。所以叫做願王。照經上說。發這種大願心、的。能夠把五逆十惡所有一切的罪業。都消滅淨的。現世裏頭。也不受著種種的苦惱。到那臨終的時候。靠了這十大願王的威神力。一剎那的時候。就能夠往生到極樂世界去。並且生到了極樂世界。立刻就可以見到佛。所以這種願心。一定應該要發的。眞修淨業的人。就在念一句阿彌陀佛裏頭。完全具足這十大願的。因爲一切諸佛。總是一個法身。所以禮敬阿彌陀佛。就是禮敬諸佛了。佛的名號。是表顯佛的種種功德的。那末念佛就是稱讚如來了。依照法門修行。叫做眞法供養。功德最大。那末念佛就是廣修供養了。念一句佛號。能夠消滅八十億劫生死的重罪。那末念佛就是懺悔業障了。一句佛號是佛的種種功德莊嚴成功的。所以稱做萬德洪名。萬德洪名、是說在這一個佛的名字裏頭、萬種的德、都完全具足的意思、但是這個萬字、要活看的、不過形容很多的意思、並不是恰好一萬種德、不多一種、也不少一種、洪字、是大的意思、那末念佛就是隨喜功德了。因爲要聽佛說法。所以求生西方。因爲求生西方。所以認眞念佛。那末念佛就是請轉法輪了。念念想阿彌陀佛。是法界身大慈大悲心常住在世界上接引衆生。永遠不滅的。十方諸佛。實在也都是常住不滅的。那末念佛就是請佛住世了。念念想自己將來往生到極樂世界去了。可以常常跟著佛學。一切的佛法。那末念佛就是常隨佛學了。念念想阿彌陀佛。就爲了要救度衆生。所以發的四十八願。自己將來往生了。能夠證得無生法忍。也就可以分身到十方一切世界去。度衆生。報佛恩了。那末念佛就是恆順衆生了。念佛功課做完了。把功德迴向一切衆生。願意他們都生到西方極樂世界去。成功佛道。那末就是普皆迴向了。總之這個念佛法門。沒有一種佛法不收在裏頭的。所以專門念阿彌陀佛。實在是無上的妙法。功德不可思議的。

十方三世一切佛。一切菩薩摩訶薩。摩訶般若波羅蜜。

這三句、是別相三寶。第一句是佛寶。第二句是僧寶。第三句是法寶。十方、是總包括一切世界說的。三世、是總包括一切時劫說的。十方的世界裏頭。各有三世時劫的不同。三世的時劫裏頭。又各有十方世界的不同。世界裏頭。還有世界。時劫裏頭。還有時劫。重重無盡的。像這樣的一切佛。一切菩薩。都是從摩訶般若波羅密裏頭生出來的。摩訶般若波羅密。就是一切衆生自己的心性。一切的佛菩薩。都是從自己的心性裏頭現出來的。自同了他。沒有二相的。所以別相三寶。也就是自性三寶。這三句裏頭。雖然沒有說到皈依的字樣。但是念這三句。實在就是表示皈依的意思。

四生九有。同登華藏玄門。八難三途。共入毗盧性海。

這四句也是回向發願的意思。願意一切眾生大家都能夠明心見性。見性成佛。（這明心見性四個字、照字面講起來、那末明心兩個字、是明白自己的心地、見性兩個字、是見到自己的眞性、若是講理性、那是要證到了明性的地步、成了佛、纔能夠明白、不是說話能夠講得淸楚的、）照字句的意思解釋。上兩句是說的明心。下兩句是說的見性。四生、就是胎、卵、溼、化、四種。三界六道的眾生都跳不出這四種的。胎生、是在胞胎裏頭生完全了身體、產生出來的。卵、大的叫蛋。小的叫子。所以雞生的蛋。可以叫雞蛋。也可以叫雞子的。卵生、是在卵裏頭生完全了身體。破了殼出來的。溼生、是在潮溼的地方。得到了暖氣生出來的。化生、像雀到大水裏頭就會化成蛤。鷹會化成斑鳩等都是的。人同了四只腳的獸類。大半都是胎生的。兩只腳的鳥類。同了水裏頭活的東西大半都是卵生的。有些小蟲。像蜒蚰螞蟥等。都是溼生的。水裏頭的蚌蛤等。都是化生的。欲界裏頭。大道完全都有的。色界、無色界。只有天道。還有五道。都沒有的。天道、地獄道。只有化生的。人道、阿修羅道、畜生道。四生都有的。鬼道。只有胎生化生的。九有、就是三界裏頭的九種地。是世間眾生的依報。從阿鼻地獄上去。一直到第六層的他化自在天。都是欲界。叫五趣雜居地。因為是天道、人道、畜生道、餓鬼道、地獄道、的五道眾生。夾雜住在裏頭的。所以叫五趣雜居。色界的十八層天。分做四種地。初禪的三天。叫離生喜樂地。是說離開了欲界去受生。覺得心裏頭歡喜快樂的意思。二禪的三天。叫定生喜樂地。是說從禪定裏頭生出來的一種歡喜快樂的意思。三禪的三天。叫離喜妙樂地。是說離去那種麤相的歡喜心。得著一種微妙的樂處的意思。四禪的九天。叫捨念清淨地。是說捨去三禪的樂心。念裏頭清淨的意思。無色界的四天。分做四種地。空無邊處天。就叫空無邊處地。識無邊處天。就叫識無邊處地。無所有處天。就叫無所有處地。非想非非想天。就叫非非想處地。因為都是貪著境界。不肯離開去的。所以叫地。這九種地。都是從有漏的業因得來的果報。所以叫九有。這種世間的正報、依報、種種的相。完全都是自己的心現出來的。心是一切法的本體。所以叫做法界。每一種法。都是全分的心力造成的。不是用少分的心力來造的。（全分少分的兩個分字、同了份字一樣的、全分的心力、就是完全的心力、少分的心力、就是不完全的心力、就是心力裏頭的一部份、）法法都是心的全量。（全量、就是完全的心量、不是一部份的心量、）所以法法都是法界。並且一微塵裏頭。就能夠收盡那十方世界。一剎那裏頭。就能夠收盡那三世時劫。一切的微塵。一切的剎那。也都是這樣收盡的。雖然一重一重的收盡。卻仍舊是法法各住在自己的本位。一些也不雜亂的。所以說是圓融無礙。這個就是法華經上說的世間相常住的道理。我先把這一句世間相常住的道理。大略講講、世間是說十法界的各個世間。衆生迷惑實相眞性。看見世間的一切相。都是忽然生。忽然滅。就算世間相不是常住的。佛覺悟得實相眞性。見到世間的一切相。儘管無窮無盡。那怕一根草。一微塵。都是常住中道的實相性體。性體本來是淸淨常住的。那末一切的法。一切的相。自然也沒有不是常住的了。所以說世間相常住。衆生的心迷惑了。就成了妄心。妄心是生滅的。不常住的。因爲心不常住。那末看出一切的相來。也自然不常住了。這是衆生的心不常住。並不是世間的相不常住。學佛的人。不可以不明白這個道理的。怎麼叫做華藏呢。華嚴經上說。有一個大香水海。名目叫普光摩尼莊嚴香水海。這香水海裏頭。有一朵大蓮華。蓮華的名字。叫種種光明蕊香幢。在這華幢裏頭。有一個總海。名字叫做華藏莊嚴世界海。這個海裏頭。有十個不可說的佛世界微塵數的華。佛世界微塵數、是說把一個三千大千世界、化做微細的灰塵、像這種樣的多、不可說、是十個大數目裏頭的一個很大的數目、現在有十個不可說的佛世界微塵數的華、數目的大、華的多、那還了得麼、每一朵華裏頭。都有香水海的。每一個香水海裏頭。再各有一朵大蓮華。一朵一朵的蓮華上邊。從下面到上面。都有二十重的世界。越是下面越狹。越到上面越寬。最是中間的一朵大蓮華。名目叫做一切香摩尼王莊嚴蓮華。華上也是二十重世界。最下一重中間的世界。名字叫最勝光徧照。這世界上的敎主。是淨眼離垢燈佛。世界的外面。有一個佛世界微塵數的世界圍繞著。上去第二重中間的世界名字叫做種種香蓮華妙莊嚴。這世界上的敎主。是師子光勝照佛。世界的外面。有兩個佛世界微塵數的世界圍繞著。第三重中間的世界名字叫做一切寶莊嚴普照光。這世界上的敎主是淨光智勝幢佛。世界的外面。有三個佛世界微塵數的世界圍繞著。第四重中間的世界名字叫做種種光明華莊嚴。這世界上的敎主。是金剛光明無量精進力善出現佛。世界的外面。有四個佛世界的微塵數世界圍繞著。第五重中間的世界。名字叫做普放妙華光。這世界上的敎主。是香光喜力海佛。世界的外面。有五個佛世界微塵數的世界圍繞著。第六重中間的世界名字叫做淨妙光明。這世界上的敎主。是普光自在幢佛。世界的外面。有六個佛世界微塵數的世界圍繞著。第七重中間的世界名字叫做衆華燄莊嚴。這世界上的敎主。是歡喜海功德名稱自在光佛。世界的外面。有七個佛世界微塵數的世界圍繞著。第八重中間的世界名字叫做出生威力地。這世界上敎主。是廣大名稱智海幢佛。世界的外面。有八個佛世界微塵數的世界圍繞著。第九重中間的世界。名字叫做出妙音聲。這世界上的敎主。是淸淨月光明相無能摧伏佛。

世界的外面有九個佛世界微塵數的世界圍繞著第十重中間的世界名字叫做金剛幢這世界上的敎主是一切法海最勝王佛。世界的外面有十個佛世界微塵數的世界圍繞著第十一重中間的世界名字叫做恆出現帝靑寶光明這世界上的敎主是無量功德法佛。世界的外面有十一個佛世界微塵數的世界圍繞著第十二重中間的世界名字叫做光明照耀這世界上的敎主是超釋梵佛。世界的外面有十二個佛世界微塵數的世界圍繞著第十三重中間的就是我們這個娑婆世界敎主是釋迦牟尼佛。世界的外面有十三個佛世界微塵數的世界圍繞著極樂世界也在裏頭的敎主是阿彌陀佛。第十四重中間的世界名字叫做寂靜離塵光這世界上的敎主是徧法界勝音佛。世界的外面有十四個佛世界微塵數的世界圍繞著第十五重中間的世界名字叫做衆妙光明燈這世界上的敎主是不可摧伏力普照幢佛。世界的外面有十五個佛世界微塵數的世界圍繞著第十六重中間的世界名字叫做清淨光徧照這世界上的敎主是清淨日功德眼佛。世界的外面有十六個佛世界微塵數的世界圍繞著第十七重中間的世界名字叫做寶莊嚴藏這世界上的敎主是無礙智光明徧照十方佛。世界的外面有十七個佛世界微塵數的世界圍繞著第十八重中間的世界名字叫做離塵。這世界上的教主。是無量方便最勝幢佛。世界的外面。有十八個佛世界微塵數的世界圍繞著。第十九重中間的世界。名字叫做清淨光普照。這世界上的教主。是普照法界虛空光佛。世界的外面。有十九個佛世界微塵數的世界圍繞著。第二十重中間的世界。名字叫做妙寶燄。這世界上的教主。是福德相光明佛。世界的外面。有二十個佛世界微塵數的世界圍繞著。像這二十重裏頭許多許多的世界。還只是華藏世界海十個不可說佛世界微塵數裏頭的一微塵數。那末華藏世界海裏頭的世界。還可以說得清楚。想得出來麼。這個華藏世界海。完全是盧舍那佛的實報莊嚴土。所有裏頭的各世界。一個一個都是周偏法界。圓融無礙的。譬如把娑婆世界當做了主。那末一切的世界。都是娑婆世界的眷屬。都收在娑婆世界裏頭了。把極樂世界當做了主。那末一切的世界。都是極樂世界的眷屬。都收在極樂世界裏頭了。所以說娑婆世界。在極樂世界裏頭。夠不到一瓣蓮華的大小。極樂世界。在娑婆世界裏頭。也夠不到一瓣蓮華的大小。這是眞心的圓融妙相。有人疑惑問道。一個世界的大。不及一瓣蓮華。那末還是把蓮華瓣放大的呢。還是把世界縮小的呢。我道。蓮華瓣也沒有放大。世界也沒有縮小。都是原來的相。沒有改變一些的。一切的法。只是一種法性。所以一切法的實相都是盡虛空徧法界的。那怕是一微塵。也是這樣的量。那人、道照這樣說。世界同了蓮華瓣。一樣也罷了。怎麼說不及蓮華瓣大呢。我道這是因為一種是有力。一種是無力的緣故。有力的。能夠把無力的一起收來。無力的就被那有力的一起收去。做主的是有力的。做眷屬的是無力的。所以極樂世界做了主。就把那所有華藏世界海的一切世界。完全收盡。所收的世界。有不可說不可說的佛世界微塵數的多。那末一個娑婆世界在裏頭。怎麼夠得到一瓣蓮華大呢。娑婆世界做了主。也是這樣的。就是把一微塵做了主。也是這樣的。世界裏頭的微塵。無量無邊。微塵裏頭的世界。也是無量無邊。這個收那個。那個收這個。都是圓融無礙的。這種情形。彷彿像一間房屋裏頭。四面掛了許多的鏡子。鏡子裏頭。照著重重無盡的相一樣。不過鏡子裏頭的相。完全是一種虛的影子。那種世界。卻是實的法相。這裏頭就大有分別了。華嚴宗的大祖師。就依了這種道理。演說出十種玄門來。因為這十門都是玄妙的道理。所以叫做十玄門。第一、是同時具足相應門。同時、是就在這一個時候。不前不後的意思。具足、是收盡一切法的意思。相應、是事相同了理性無礙的意思。像華藏世界海。這樣無量無邊的十方世界。無量無邊的三世諸佛菩薩。都在自己一念的心上。同在一個時候出現的。入法界品上說。入法界品、

（是華嚴經裏頭的一品、下邊所說的各品、都在華嚴經裏頭的、所以下邊就不註了、）善財看見普賢菩薩的一個一個毛孔裏頭。都有十方一切世界的種種國土相。種種衆生相。三世諸佛成道轉法輪的種種相。一切菩薩種種供養佛的相。並且聽見那種種說法讚佛的說話聲音。就是這門的道理。譬如像一間黑暗的房屋。把燈一開。裏頭所有的東西。一時都從這燈光裏頭顯出來了。何況是心性的智慧光呢。第二、是廣狹自在無礙門。這一門、原來叫諸藏純雜具德門。賢首大師因爲嫌他的意思。同了前後的各門有些相混。所以改做了現在這個名字。廣字、是大的意思。狹字、是小的意思。自在無礙、是大小不二。大的不礙小的。小的不礙大的的意思。一切的法。都是心的全量造的。所以十方世界的廣大。同了一微塵的狹小。兩種相是一樣的。入法界品裏頭。摩耶夫人說。太子從兜率天宮下生的時候。一種微妙的光明。到了我的身體裏頭。那個時候。我的身體竟然是同虛空一樣的量。完全能夠容得下所有十方菩薩一切的莊嚴宮殿。就是這門的道理。譬如像一面極小的鏡子。能夠照見很大很遠的東西。何況是心性的圓鏡智呢。（圓鏡智、是佛的四種智裏頭的一種、叫做大圓鏡智、意思是說佛的智慧、明亮得了不得、不論什麼地方、都可以照到的、所以拿大圓鏡來比、實在佛的智慧光、那裏是鏡子能夠比得到呢、）第三、是一多相容不同門。（一多、是一個同了許多的意思、相容是彼此能夠互相收容的意思。彼、是那個、此、是這個、互相收容、就是那個能夠收容這個、這個能夠收容那個的意思、）不同、是各有各的本相。不是一樣的意思。一切法、都是自己的心性表現出來的相。一也是自己的心性。多也是自己的心性。既然都是自己的心性、那有不能夠收容的道理呢。所以華嚴經的頌裏頭說、一中解無量。（無量、是說無量的道理、）無量中解一。了彼互生起。（了字、是明了明白的意思、）當成無所畏。這四句頌、第一句的意思是說從一種的道理裏頭、明白了多種的道理。這不是一容多麼。第二句的意思、是說從多種的道理裏頭研究出只是一種的道理來。這不是多容一麼。第三四句、是說能夠證明白了那種彼此緣起的道理。（緣起、是從因緣生起來的意思、彼此緣起、是從這種因緣裏頭、生出那種來、在那種因緣裏頭、生出這種來的意思、）那就應該成功佛的四無所畏了。（四無所畏、是佛對衆生的說法、有四種道理、能夠沒有一些怕懼的、第一、是一切智無所畏、就是佛有一切智、所以沒有懼怕的心、第二、是漏盡無所畏、就是佛一切煩惱、都已經斷盡了、所以沒有懼怕的心、第三、是說障道無所畏、就是佛向大衆說明白、種種障礙佛道的法、沒有一些懼怕的心、第四、是說盡苦道無所畏、就是佛向大衆說明白、種種可以滅盡苦的道理、沒有一些懼怕的心、）就是這門的道理。譬如像一間房裏頭、點了許多的燈。燈雖然各各不同的、但是燈光都互相融合的。各不妨礙的。心性的大明燈。（心性的大明燈、就是本性裏頭原有的心光、）也是這樣的。第二門、是說的大小。這一門是說的多少的。

第四、是諸法相卽自在門。相卽兩個字意思、是說這個就是那個、那個就是這個。前一門說相容。還各留著各不相同的本相。這一門說相卽。是連那種不同的相、也融和得沒有分別了。講一切法的體性、完全都是自己的心性。所以一切法、都是一相無相的眞如實相。（經上常常說到萬法歸一的一句話、這個歸一的一字、就是說一相、就是說一切法只有共同的一個相、經上又說、應觀法界性、一切唯心造、這兩句、是說一切法、都沒有自性的、都是自己妄心裏頭造出來的、既然沒有自性的、是妄心裏頭造出來的妄相、那末就自然是空性了、經上又說、凡所有相、皆是虛妄、這兩句、也是說所有一切的相、都是妄心裏頭變現出來的妄相、照上邊的兩種說法、都是說相沒有自性的、都是空的、現在用一個比喻來說、就容易明白了、譬如一間房裏、有一百只電燈的光、一百只油燈的光、一百只燭燈的光、總共有三百只燈、就有三百只燈的相、但是三百只燈的光、都是這一只燈的光、融合了那一只燈的光、那一只燈的光、融合了這一只燈的光、那末三百只燈光的相、都合成了一個相了、所以叫一相、並且這一個相、沒有長短方圓、青黃赤白種種相的、因為這種相、本來沒有體性的、本來是空的、虛妄的、所以叫無相、既然相是空的、是虛妄的、沒有體性的、那末沒有了這種空相、沒有了這種虛妄相、自然只有真如實相了、所以叫一相無相的真如實相、〇應觀法界性、一切唯心造、在蒙山施食儀裏頭、有詳細解釋的、自性、體性、真如實相、在佛法大意裏頭、都解釋過的、本經上說一卽是多多卽一。本經、就是指華嚴經、因為這一段所講的十玄門、都是在華嚴經上的、所以稱本經、那是一多相卽。信心銘上說極大同小極小同大。那是大小相卽。又說有卽是無無卽是有。那是有無相卽。像這種凡夫的眼光看來絕對相反的事情。尚且都是相卽的。那末還會有不相卽的法麼。所以金剛經上說是法平等無有高下。就是一切法都是相卽的意思。佛不思議法品上說諸佛曉得一切的佛所說的話。就是一尊佛說的話。初發心功德品上說心一發的緣故。就同了那三世一切諸佛的體性。是平等的了。這三句的意思。是說修行的人只要一發成佛的心。就同了諸佛的體性一樣了。這裏所說初發心的人、實在就是指圓教初住位的人說的、就是這門的道理。譬如像一塊十足的金子。不論把他打出什麼東西來。總是一種黃色的。心性的堅固金藏。因為心性是最堅固的、不會改變的、所以把他比做金藏、造出來的一切法相也都是一色的。第五是祕密隱顯俱成門。祕密兩個字是有一種不可思議的意思。隱字、是隱瞞。顯字、是顯露。兩個字的意思恰正是相反的。俱成是說那隱顯的兩種道理。一同成立的。我們現前一念的心性裏頭十法界的三千性相。百界千如、在上邊爾時世尊從肉髻中一節底下、已經講明白過的、世間有三種、一種叫五陰世間、就是我們五陰成的色身是主體、一種叫衆生世間、就是我們身體以外的各種有情的東西、一種叫國土世間、就是我們身體以外的各種無情的東西、每一種世間、就有一千的性、一千的相、三種世間、就有三千性、三千相、所以叫做三千性相、○有情的東西、就是有生命的一切衆生、無情的東西、就是沒有性命的一切東西、像山河大地木石等都是的、完全具足的。一念念佛。就是佛法界顯。還有的九法界都隱了。不論念那法界。也都是念這一法界。那九法界就都隱了。夜摩天宮偈讚品上說。十方一切處。皆謂佛在此。或見在人間。或見在天宮。那末見的地方就叫做顯。不見的地方就叫做隱。並不是佛的身相沒有周偏。十定品上說。或見佛身其量七肘。肘、就是臂膊灣的骨、從指尖到這骨、叫做一肘、平常人一肘、大約是一尺八寸、佛的一肘、是三尺六寸、現在應該是照平常人算的、這兩句的解釋、是說或是有人、看見佛的身量、有七肘的高、就是合一丈二尺六寸了、或見佛身其量八肘。或見佛身其量九肘。乃至或見不可說不可說佛刹微塵數世界量。乃至兩個字、是中間跳過許多階級的話頭、不可說不可說佛刹微塵數、是說佛的身量、要像這樣許多的世界、積聚起來那麽的大、那末看見是七肘的。就是七肘的身量顯。還有的各種身量隱了。看見別種的身量。也是這樣的。一個身量。各人看來大小不同。叫做祕密。就是這門的道理。譬如像初八夜的月。半個是明的。半個是暗的。明就是顯。暗就是隱。隱顯是同時的。不是像十五夜的月。只有顯。

沒有隱。三十夜的月。只有隱。沒有顯。隱顯不是同時的。那就不能夠叫做俱成了。一切衆生的心月。也都是像初八夜的月的。（心月、是把月來比這個心、因爲這個心、是明亮得很的、所以拿月來比、但是一法界的相顯了、就九法界的相隱了、並且這個顯、不過是不見了、實在還是仍舊在那裏的、並不是消滅了、初八夜的月、雖然只看見半個、還有半個不見、實在仍舊都在那裏、不過半個是顯的、半個是隱的罷了、所以說像初八夜的月、）第六是微細相容安立門。微細、是微妙精細的意思。前邊的一多相容。是一種法同了多種法相對的能夠互相收容的意思。現在這門的微細相容。是沒有相對法的。就在一種法裏頭。能夠具足一切法的。安立兩個字。是自然成功的意思。本來隨便那一種法。都是法界。所以法法都是具足一切法的。所以說一卽一切。入法界品上。德雲比邱說。住微細念佛門。於一毛端處。有不可說如來出現。悉至其所而承事。故意思是說心安住在這個微細念佛的法門裏頭了。在一根極細的毛尖頭的地方。有不可說的佛出現。自己能夠都到佛前去恭敬供養的。就是這門的道理。譬如像一滴的海水。就都含著一切水的味性在裏頭了。何況是性海的法源水呢。（心性的量最大、所以比做了海、一切的法、都是從心裏頭生出來的、心性生出法來、好比水的源、生出水來、所以叫做法源水、）第七是因陀羅網境界門。（因陀羅、是梵語、翻譯中國文、就是天帝、）完全說起來。是釋迦提婆因陀羅七個字。現在是簡單說法。把前邊的四個字省去了的。忉利天王的宮殿裏頭。有一個用寶珠來結成的網。網孔裏頭。都有寶珠的。一顆一顆寶珠的光。互相照耀。每一顆寶珠的光裏頭。都含有那全網所有一切寶珠的色相。所含的一顆一顆寶珠的色相裏頭。還是各各含有那一切的寶珠的色相。所以照出來的寶珠。一重一重的多到沒有窮盡的。這個寶珠網。就叫做因陀羅網。也叫做帝網。一個人心性裏頭具足一切法的。所具的一種一種的法裏頭。也都是各具一切法的。像這樣的重重無盡。同了那因陀羅網的境界。實在是相同的。但是寶珠網的珠。究竟還是有限量的。不比那心法界的法。那是眞實沒有限量的。入法界品裏頭。善財所聽受的種種法門。都是這因陀羅網的境界。末後見到普賢菩薩的色身。一一毛孔裏頭。都含盡那十方三世一切種種的相。那就實在證明白這個因陀羅網的境界了。譬如像一顆摩尼寶珠。（摩尼寶、就是如意珠、這顆珠、是一種了不得的寶貝、要什麼、這珠裏頭、就會生出什麼來的、）能夠生出無數的摩尼寶珠來。每一顆摩尼寶珠。還可以各各生出無量無邊的寶珠來。一重一重的生出寶珠來。永遠不會完結的。何況是心摩尼寶呢。（心能夠生出種種的法來、沒有窮盡、像摩尼寶生出珠來一樣、現在拿摩尼寶來比心、所以叫心摩尼寶、）第八、是託事顯法生解門。（生解兩個字、照字眼講、是生出解釋來、意思就是明白眞實的道理、）意思是借託事相來表顯法性。可以明白那種眞實的道理。法性是無盡的。所以事相也各各無盡的。本來心性的妙用。就在那各種的事相上見的。所以眞諦同了俗諦。不可以分離開來的。（眞諦、是講理性的、俗諦、是講事相的、二諦分離開來了、就沒有事相可以借託、那末理性、也沒有法子表顯了、）像本經上說。以從波羅密所生一切寶蓋。無生法忍所生一切衣。意思是因爲修了種種波羅密的法、所以能夠生出這一切的寶蓋來、證得了無生法忍、所以能夠生出這一切的寶衣來、寶蓋、是表顯慈悲同了庇護遮蓋的意思、衣、是表顯忍辱的意思、能夠忍耐一切順逆的境界、這等句子。就是借了寶蓋同了寶衣的事相。顯出那波羅蜜同了無生忍兩種法的妙處。來使得人曉得佛法微妙不可思議的道理。說到一切。就見得是無盡的了。總之經裏頭。沒有一件事相。不是表顯佛法的道理。譬如像一幅地圖。看了就可以曉得一切地方的遠近。一切道路的通不通了。世間出世間所有一切重重無盡的事相。就是唯心法界的一幅總圖。十法界都是自己的心造成功的、心在佛菩薩、就是佛菩薩法界、心在三惡道、就是三惡道法界、所以說唯心法界、種種的事相、也全從這個心上顯出來的、這個心在那一種事相上、就顯出那一種法來、所以說一切的事相、就是唯心法界的一幅總圖、第九十世隔法異成門。隔法兩個字、是說法是隔別的、異成兩個字、是說不是成在一個時候的、譬如前世所種的因、到後世纔結成果、這前世後世、就是隔法、前世種的因、到後世纔成果、就是異成、過去、未來、現在、已經是三世了。在每一世裏頭。又各有三世的。過去世裏頭、又有過去現在未來的三世、現在世同了未來世、也各有過去現在未來的三世、所以說每一世裏頭、又各有三世、那末就是九世了。說九世、是講法相的用。說一世、是顯法性的體。體同了用。圓融無礙。所以可以說是一世。也可以說是九世。體用合併了說。就說是十世了。這樣的十世法。完全都在現前一念的心裏頭。所以說三世一切劫。解之卽一念。這兩句、是說三世一切的時劫、解悟的人、曉得就在這一念裏頭、一念裏頭。收盡十世的時劫。念念裏頭。也都各各收盡十世的時劫。所以一時就是一切時。一切時就是一時。卻又是一時同了一切時長短的本相各各成立的。所以說是隔法異成。像本經上說。毗目仙人握了善財的手。握字、就是捏的意思、善財就看見自己的身體。在十方各十個佛世界微塵數的佛國土裏頭。聽受佛法。有在佛前一日一夜的。有在佛前七日七夜的。有在佛前半月、一月、一歲、百歲、千歲。或是百千歲、百千億歲的。最長久的。竟然是在佛前有不可說不可說世界微塵數等的劫。到毗目仙人放了善財的手。善財就看見自己的身體。還是在本來的地方。這種都是眞實的境界、並不是變幻出來的、就是這門的道理。譬如像做夢。喫一次飯的時候。夢裏頭就做了幾十年的事情。照眞實說來。生在這無量無邊生死的長夢裏頭。實在並沒有過了一剎那的時候。第十、是主件圓明具德門。主、譬如是主人。件、譬如是眷屬。圓明是說圓滿分明。具德的具字。是完全的意思。是說每一種法裏頭。完全都有這種德性的。我們現前一念的心性裏頭。具足無窮無盡的法界。每一法界裏頭還是各各具足無窮無盡的法界。自己的本法界。就是主。本法界、是自己的法界、譬如說人、那末人法界、就是本法界、譬如說一枝筆、那末筆法界就是本法界、在佛法裏頭、不論什麼東西、都可以稱法界的、所以筆也就可以稱筆法界、本法界所具的各法界。就都是件。像本經上說。如來的白毫相裏頭。有勝音菩薩。同了世界海微塵數的菩薩。世界海、也是多到無窮無盡的意思、同在一個時候出來。這是人的主件。又說佛放眉間的光明。有無量百千億種的光明。做那眷屬的。這是光明的主件又說、說法界修多羅。修多羅、是梵語、翻譯中國文、是契經兩個字、意思說是合道理的常法、○常法、就是不變的法、雖然經過三世、也不會改變的、用佛世界微塵數的修多羅做眷屬。這是法的主伴。總之隨便那一件事。都是有主伴的。譬如像世界上的各國。或是皇帝。或是總統。都有一個作主的。所有的官同了百姓。都是他的伴。一切法界的心王。萬法都是從心裏頭生出來的、那末心是萬法的主了、所以稱做心王、在佛法大意裏頭、講過的、也是這樣主伴重重的。這十重玄門。是發明唯心法界緣起的道理的。唯心法界、是說這種法界、是唯心的法界、是專門講唯心法界的、就像淨土經上的境界。也是這樣十門的。無量壽經上說。國裏頭的菩薩。隨意要看見十方無量數的嚴淨佛土。登時就能夠依他們的願。在寶樹裏頭都照見的。這不就是第一門麼。因爲在一個時候、完全應他們的願、就是同時具足相應、所以說就是第一門、觀經上說阿彌陀佛或是現大的身體。徧滿在虛空裏頭。或是現小的身體。只有一丈六尺。或是只有八尺。這不就是第二門麼。因爲要大要小、都由得自己的意思、就是廣狹自在無礙、所以說是第二門、又說在佛頭上的圓光裏頭。有百萬億那由他恆河沙的化佛。又說諸佛如來。是法界身。都可以入一切衆生的心想裏頭去的。入字、就是進去的意思、所說佛的法身、進到衆生的心裏頭去、實在也沒有什麼叫做進去、因爲佛的法身、本來同了衆生的法身、是共同一個的、不過衆生的心、若是清淨了、就可以同了佛的心相應、那末佛的法身、就是衆生的法身了、這不就是第三門麼。上二句、是說一尊佛的光裏頭、有許多佛、就是一容多、下三句、是說許多佛都可以到衆生的心裏頭去、就是多容一、所以說就是第三門、又說看見阿彌陀佛。就是看見十方一切諸佛。因爲看見佛身的緣故。也就看見了佛心。這不就是第四門麼。因爲看見阿彌陀佛、就是看見十方一切諸佛、看見了佛身、是看見了佛心、是諸法相卽的道理、所以說就是第四門、又說、雖然看見了佛身。但是看各種的相好。心裏頭還不很淸楚。到了三七日後。纔看得明明白白。不就是第五門麼。因爲起初看相好、不很淸楚、是隱、到三七日後、看明白了、是顯、就是祕密隱顯俱成的道理、所以說就是第五門、又說、看見大勢至菩薩一根毛孔的光。就是看見十方諸佛淸淨微妙的光明。這不就是第六門麼。因爲一根毛孔的光裏頭、可以看見十方諸佛的光、就是微細相容的道理、所以說就是第六門、又說、無量壽佛有八萬四千相。一個一個相裏頭。各有八萬四千隨形好。一個一個好裏頭。又各有八萬四千道光明。一道一道光明。周徧照滿十方世界。無量壽經上說。一朶一朶華裏頭。出三十六百千億光。一道一道光裏頭。出三十六百千億佛。一尊一尊佛。又各放百千道光明。這不就是第七門麼。因爲一個相裏頭、現出許多的相、一道一道光裏頭、現出許多的光、同了許多的佛來、一重一重、重重沒有完結的、好比因陀羅網一樣、所以說就是第七門、阿彌陀經上說。這許多的鳥。都是阿彌陀佛要使得講佛法的聲音。宣流開去。所以變化出來的。這不就是第八門麼。因爲許多的鳥、都會宣揚流通佛法的、這鳥是事相、就是假託了事相、顯出法來的道理、所以說就是第八門、觀經上說。具足十念。稱南無阿彌陀佛。因爲稱佛名的緣故。念念都可以除去八十億劫的生死重罪。念佛、是現在世、罪因、是過去世、罪報、是未來世、念念皆通三世的、〇罪因、是種的受罪的因、這不就是第九門麼。念佛是現在的事情、可以除去八十億劫過去世的罪因、同了將來的罪報、現在念佛、同了過去將來、是隔法、現在念了佛、可以除去過去的罪因、同了將來的罪報、是異成、所以說就是第九門、又說、這一種想成功的時候。所說的這一種想、在觀經裏頭的第八種作觀法、是想的阿彌陀佛像、佛菩薩像。都放出光明來照在許多的寶樹上邊。一株一株樹的下邊。各有一佛二菩薩像。一佛是阿彌陀佛、二菩薩是觀世音大勢至兩尊菩薩、徧滿在那個國土裏頭。又說一道一道光明裏頭。有無量無數百千化佛。一尊一尊化佛有無數的化菩薩做他的侍者。變現自在。徧照十方世界。這不就是第十門麼。因爲佛是主、菩薩是伴、觀經上說、寶樹的下邊、有一尊阿彌陀佛、就有觀世音大勢至兩尊菩薩、做佛的伴、就是主伴圓明具德、所以說就是第十門、像這種情形的說法。淨土經上不曉得要有多少哩。怎麼講得完呢。這樣一看。淨土經同了華嚴經。實在眞是一樣的。還可以說西方淨土不就是唯心淨土麼。因爲華嚴經、是專門講唯心的道理、淨土經、是專門講淨土的道理、淨土經既然同了華嚴經一樣、那末西方淨土、也自然同唯心淨土一樣了、要曉得所有一切的法。完全都是自己的心造的。所以叫唯心法界。我們現前一念的心裏頭。所有一切法的種種性相。完全具足的。所以有同時具足門。這同時具足的一門。是總相。是事相同了理性無礙的道理。還有的九門。是別相。是事相同了事相。也是各各無礙的道理。因爲事相同了理性無礙。所以理性周徧。事相也一定能夠住在本位。本位兩個字、譬如說的筆、那末筆就是本位、說的紙、那末紙就是本位、住在本位、就是住在這本位上、不變動的意思、徧應一切的。徧應一切。就是廣。住在本位。就是狹。所以有廣狹自在門。既然一種相可以去應那多種相。那末多種相也一定可以來應這一種相。所以有一多相容門。既然這一種相能夠應那多種相。那末一種相也就是多種相了。像雨水落到江河池井裏頭去。這雨水就叫做江水河水池水井水了。不再叫雨水了。一種相能夠容那多種相。那末多種相也就是這一種相了。像那江河池井的水。流到了海裏頭去。就和成了一種的鹹味了。就變成海水了。所以有諸法相卽門。相容是兩種的相。都可以看見的相。卽是只有一種的相。可以看見的兩門合併了。所以有隱顯俱成門。這一種相容那多種相的時候。一切的相。一齊收容的那多種相各各收容一切的相。也是這樣的。所以有微細相容門。互相收容。像是多數的鏡子對照。重重無盡的。所以有因陀羅網門。既然像是因陀羅網。那末隨便那一種事相。都是一切無盡的了。所以有託事顯法門。三世的時法。時法的時字、就是時候、時候也可以稱做法的、所以叫時法、是依著一切的事相上立的。一切的事相既然都是圓融無礙的。那末時法也自然是圓融無礙的了。所以有十世異成門。法法都是這樣圓融的。所以隨便取那一種法。就算是主。連帶緣起的。因爲有了主、纔有這些幫助主的東西、就叫連帶緣起的東西、譬如寫字、這管筆是主、紙同了墨、就是連帶緣起的東西、譬如一個家、這個父母是主、兒女媳婦、就是連帶緣起的人、就算是件。法界無盡。就是主件無盡。所以有主件具德門。

像這十重玄門的道理。不論那一種法。那一件事。都有這十種道理的。因爲沒有一法一事不是法界性的緣故。我再把一件大家用慣的東西。說出他的十玄門來。使得大家看了。更加可以明白。那一切事相。都是法界的道理。譬如像一管筆。可以寫字。可以畫圖。所以有十方三世一切法界的境界事相都可以從這筆上顯出來的。所以提起筆來。一切十方三世的境界相同時具足相應的。這是第一重玄門。一管筆能夠周偏一切法界。不離自己的本位。譬如像須彌山收到芥菜子裏頭去、芥菜子沒有放大、須彌山沒有縮小、一切法的實性實相、本來都是盡虛空、偏法界的、○芥菜子的實性實相、也是盡虛空、偏法界那麼大的、並不是小的、所以須彌山可以收進去、我們看見芥菜子是很小的、那是我們心裏頭現出來的虛妄相、並不是芥菜子的實性實相、不是廣狹無礙麼。一切法界是盡虛空的、可以都在筆上顯出來、那末筆就廣到極頂了、筆不離自己的本位、是沒有變筆的形相、那是筆還是很狹的、所以說廣狹無礙、這是第二重玄門。一管筆能夠去偏應種種法界的用。譬如佛用這筆來做佛的事、或是閻王用這筆來做閻王的事、那末就是筆到了佛、或是到了閻王的法界裏頭去了、就是一管筆偏應種種法界的用了、這是說的一容多、種種法界都來應這一管筆的用。譬如畫淨土變相、就是佛法界收到了筆裏頭來了、畫地獄變相、就是地獄法界收到了筆裏頭來了、就是種種法界、都應這一管筆的用了、這是說的多容一、不是一多相容麼。這是第三重玄門。一管筆裏頭完全具足一切法界的事相。那末這一管筆就是一切法界了。一切法界的事相完全收在一管筆裏頭。那末一切法界就是這一管筆了。所以說是諸法相卽。因爲筆就是一切法界、一切法界就是筆、所以說是相卽、這是第四重玄門。這管筆應一種法界用的時候。只顯一種法界的相。別的種種法界的相都不顯的。並不是筆裏頭沒有那種法界的相。不過是隱著不顯罷了。譬如說用筆來畫佛像、並不是這管筆只可以畫佛像、別的相都不可以畫、不過沒有用他來畫別的相罷了、可以畫別的相、沒有用他來畫、就是隱藏不顯的意思、就是所顯的一種法界的相。裏頭實在也隱著種種法界的相的。像那初八夜的月。雖然只看見半個。究竟體性是全圓的。所以說隱顯俱成。這是第五重玄門。這管筆的一根一根毛尖頭上。都各收盡那一切微塵法界的境界相。沒有一些遺漏的。這幾句的意思、照淺的道理講、那末因爲一切法界的境界相、都在這管筆的毛尖頭上寫出來的、所以說筆的毛尖頭、都各收盡一切法界的境界相、若是照深的道理講、那末雖然是極細的一根筆毛、實在都是收盡一切法界的境界相的、不過這種道理很深的、只能夠自己去悟的、不能夠用話來說明白了、所以說微細相容。這是第六重玄門。因爲有那種種法界的境界相。所以有這筆的用處。因爲種種法界的境界相、靠這筆寫出來、所以筆有用了、若是沒有種種的法界相、那末雖然有筆、叫他寫些什麼出來呢、沒有什麼可以寫、那末要這筆有什麼用處呢、所以說有那種種法界的境界相、纔有這筆的用處、○筆所寫出來的事相、都可以說是法界的境界相的、因爲用了這筆。所以能夠顯出那種種法界的境界相來。筆的用重重無盡。就是顯的那種種法界的境界相重重無盡。像是帝網的珠光互相映照。筆能夠寫出種種法界的境界相來、是種種法界的境界相、靠了筆顯的、有了種種法界的境界相、筆纔能夠寫得出、是筆的用處、靠了種種法界的境界相顯的、互相依靠了顯出來的、所以說是像帝網的珠光、互相映照的、一重一重的永遠沒有盡的。所以說因陀羅網境界。這是第七重玄門。本來不論一塵一法。都是重重無盡的。譬如寫一個佛字。那末就把十方微塵世界裏頭。所有過去現在未來一切的佛。同了那一切佛的種種功德。種種相。種種用。一齊都收在這一個佛字上邊了。就是多劫的演說。也永遠說不完的。一切的相。都是這樣的。所以說託事顯法生解。寫一個佛字、是事、因爲寫了這一個佛字、就把三世一切的佛、同了一切佛的種種功德、種種相、種種用、都收在這一個佛字上邊、那就是借託了寫這個佛字的一件事情、把佛的一切功德相用、都顯出來了、所以說託事顯法、這是第八重玄門。用一囘筆。總有無數的剎那時分的。時分、是一份一份的時候、就是一個時候、剎那時分、就是一個剎那的時候、講起道理來、從無始到現在、只是一剎那、就是從無始到未來的未來、也不過是一剎那、所以可以說一剎那裏頭、就有過去現在未來三世的、每一剎那的時分裏頭。就包含著十世的時分在裏頭。在前邊解釋十世異成門裏頭、已經說明白過的、十世的時分完全都收在現前一念的心裏頭。一切的事情。都在這一念裏頭辦成的。所以說十世異成。這是第九重玄門。一切的法。都從這筆上生出來的。所以筆就是主。旁的一切助緣的東西。就都是伴。助緣的東西、就是幫助筆寫成字、畫成圖的東西像紙墨顏料等都是的、筆的相同了用。都是無盡的。那末助緣的相同了用。也就跟了他無盡了。所以說主伴圓明具德。這是第十重玄門。照這種情形推究起來。那一法不是華藏玄門呢。為什麼法法都是華藏玄門呢。因為法法都是法界的緣故。為什麼法法都是法界呢。因為都是自己的心性造出來的緣故。這種道理。只不過曉得了。是沒有用的。要能夠在一剎那、一微塵裏頭。眞實見到這世界海的境界相。那纔算是登了華藏玄門了。就是所說的明了心了。也就算是入了毗盧性海了。就是所說的見了性了。毗盧兩個字、是毗盧遮那的簡單說法、因為心性的量。廣大無邊。所以拿海來比的。八難三途。是專門指業障重的衆生說的。業障重的衆生。尚且希望他們修成。那末業障輕的衆生。不消說得。一定更加可以有修成的希望了。入毗盧性海、就是修成了、講到一世修到明心見性。最高也不過是圓教的初住位。那末還只是少分的登玄門。少分的入性海。要到究竟成了佛的時候。纔是完全的登玄門。完全的入性海了。所以這四句。實在是祝願一切衆生一齊成佛的意思。有人道、你既然說只不過明白了十玄門的道理。也沒有用的。那末爲什麽要這樣幾番的解釋呢。我道、這種道理。果然明白了。就可以曉得一切法都是自己的心生出來的。種種都是不二的。沒有自他的。那就可以破那分別心。同了我執法執的種種妄見。消滅種種煩惱的惡心。那是眞實的修淨土法。念起佛來。可以不起妄想心。容易成功一心不亂了。能夠修到妄想心不起。淨土的境界顯現了。那也就是明心見性。登了華藏玄門。入了毗盧性海了。爲什麽呢。淨土的境界本來就是自己的心性。所以這個境界顯現了。就是自己心性的妙用見到了。不就是明心見性麽。一個極樂世界裏頭。收盡一切的世界海。不要說是一個完全的極樂世界了。就是極樂世界裏頭的一草、一木、一華、一葉、一珠、一光。也都是各各收盡一切世界海的。那末見到了淨土境界。不就是登了華藏玄門。入了毗盧性海麽。能夠修到這樣。一定是上品上生的了。因爲明白了這十玄門。對那修淨土。有這樣的大利益。所以我不敢怕煩。一定要詳詳細細說清楚的。

自皈依佛。當願衆生。體解大道。發無上心。

這一個偈、同了下邊的自皈依法、自皈依僧、二個偈。就叫三皈依。是皈依的三寶。三寶有自性三寶。常住三寶兩種的名目。解釋這三皈依的。因爲開頭都有一個自字。所以有當做皈依自性三寶的。實在照經文上邊的意思。應該照皈依常住三寶解釋的。就是不照全品經文的道理講。（這個三皈依、是在華嚴經裏頭的淨行品上的、所說全品、就是指淨行品、）單照這三個偈說。也是照皈依常住三寶解釋的來得順當。因爲是說自皈依佛。自皈依法。自皈依僧。不是說的皈依自佛。皈依自法。皈依自僧的緣故。況且是對了佛菩薩經像前念的。怎麼可以說不是皈依的常住三寶呢。要曉得常住三寶就是自性三寶的相。自性三寶就是常住三寶的性。自他本來是不二的。所以儘管皈依常住三寶。實在也就是皈依自性三寶。只要曉得這三寶就在自己的心裏頭。不當他在自己心的外面就是了。何必一定要照自性三寶的解釋呢。照自性的解釋。那末倒變了有自他的分別心了。實在是不相宜的。還是照皈依常住三寶的解釋好。能皈依的是自己的色身。就是自己的心性變現的相。所皈依的常住三寶。也就是自己的心性變現的相。那末能所也不二了。（能所兩個字的意思、在佛法大意裏頭講過的、）有人問道。這三皈依說是皈依的自性三寶。那是六祖大師說的。你說他不對。不是謗毀祖師麼。我道六祖是直指人心的大宗師。（直指、是直入的意思、沒有灣曲的意思、就是牢牢實實專門講這一種道理、大宗師、是講這一宗的大師、像專門講禪宗、或是專門講相宗、密宗、淨宗的大師、都可以稱大宗師的、）不論講什麼法。都是歸到自己的心性上邊去的。若是曉得了這種意思決不會聽了六祖的話就疑惑到佛經裏頭所講一切修持的種種事相法門有什麼不對。要曉得佛所說的。是普遍利益九法界一切的聖人凡人的。六祖所說的。是要人都悟到自性的。但是六祖所載的。只能夠利益夙根成熟的一種利根人。因爲宿根成熟的利根人。決不會執著理性。拋棄事相的。那種專門執著了理性。就拋棄事相的人。對那理性上也一定不是眞有什麼覺悟的。你若是對六祖所說的。算他是的。對佛所說的。不認做是修持的正大法門。那末你不論對什麼事情。都是講自心的了。你既然專門講自心。不講事相。那末你吃飯。穿衣也都可以專門依靠自心。絕對不要依靠事相上的穿衣吃飯了。倘然穿衣吃飯。仍舊要依靠了事相。纔能夠做人。那末爲什麼獨在這修持的正大法門上。反要偏依理性。拋棄事相呢。總之這個第一偈。是說自己皈依了佛。就應該發願。要使得一切衆生也都能夠成佛道。

體解大道的體字。是體察。就是用心研究道理的意思。解字、是解悟。就是眞實明白道理的意思。大道兩個字。就是自己的心性。心的量最大。一切的法。都包容在自己心裏頭的。所以說是大道、字就是道理。一切的道理。都是自己心性的作用。所以心性。就是大道。研究到明白了自己心性的道理。就叫體。澈解大道了。種種的心相裏頭。菩提心最是尊貴。沒有再勝過菩提心的了。所以菩提心叫做無上心。發菩提心。也就叫發無上心。華嚴經上、入法界品裏頭。彌勒菩薩讚歎這種菩提心的功德。有很長的一篇文字。就爲了這菩提心是最尊貴的緣故。因爲發菩提心有三種。一種是曉得了佛法的好處。所以發這菩提心的。叫信發心。一種是明白了心性的道理。所以發這菩提心的。叫解發心。一種是證到了眞實的境界。所以發這菩提心的。叫證發心。華嚴經上有初發心功德品。讚歎初發心菩薩的功德。眞是無量無邊不可思議的。所以修行的人、一定應該要發這無上菩提心的。照無量壽經上說。三輩往生極樂世界的人。（三輩、就是上品、中品、下品、三種、）都是先要發菩提心的。觀經上說。要想生到極樂世界去。應該要修三種福德。這裏頭就有發菩提心的一條。所以發菩提心。實在是往生西方的正因。原來十方諸佛。就是自己心性本覺的相。一切衆生。就是自己心性煩惱的相。（本覺、是衆生自性裏頭本來有的清淨性、這種清淨性、不被煩惱所迷、就是諸佛、被煩惱迷惑住了、就是衆生、）都是自己的心相。倘使自己不曉得皈依本覺。度盡煩惱。怎麽能夠成佛道呢。

自皈依法。當願衆生。深入經藏。智慧如海。

這一個偈、是說自己皈依了法。就應該發願。要使得一切衆生。也都能夠精通佛法。深入兩個字。不獨是要多看多讀佛經。並且要能夠精通經裏頭所說一切眞實的道理。要像上邊所說的。登了華藏玄門。入了毗盧性海。那纔眞是深入哩。經是無上的法寶、應該寶藏的。所以說是經藏。還有經的部數多、同了修行的法門多的意思。智慧是出世間的正智。不是世智辯聰的邪智。（世智辨聰、是世間人的一種邪的聰明、不是正道的智慧、所以說是邪智、）就是自己心性的般若德。般若的量廣大無邊的。所以說是摩訶般若。推測不到底的。所以說是深般若。因爲又是大。又是深。所以說像海。（如字、就是像的意思、）本來種種經典。都是發明心性的道理的。一切的佛法。實在都是自己心性裏頭原有的。所以心性就叫做如來藏。又叫做覺海。能夠眞實見到了自己心性的妙用。那末就是三藏十二部經都讀通了。（凡是所有的佛經、都可以把三藏十二部包括盡的、三藏、就是經藏、律藏、論藏、十二部、是說一切的佛經、總共分做十二部、一修多羅、翻譯中國文、叫契經、就是一切長句短句的經文、契字、本來是合的意思、就是上合諸佛的經、下合衆生的機的意思、二祇夜、翻譯中國文、叫重頌、就是前邊有過的長句短句的經文、再要說得明白些、又用偈來重說一遍、三伽陀、翻譯中國文、叫孤起頌、前邊沒有長句短句經文的、開頭就是偈的一種、四尼陀那、翻譯中國文、叫因緣、凡是一部經、大段都分做三分、第一叫序分、第二叫正宗分、第三叫流通分、序分、是講明白這一部經爲什麼因緣說的、正宗分、是一部經的正文、流通分、是勸大家把這一部經流通、同了稱讚這一部經的利益、五伊的目多、翻譯中國文、叫本事、就是佛說他弟子過去世種種因緣的經文、像法華經裏頭、佛說藥王菩薩本事品、就是的、六闍多伽、翻譯中國文、叫本生、就是佛說自己過去世種種因緣的經文、七阿浮達摩、翻譯中國文、叫未曾有、就是記佛種種神力不可思議的經文、八阿波陀那、翻譯中國文、叫譬喻、就是經裏頭說種種譬喻的經文、九優婆提舍、翻譯中國文、叫論義、就是講道理的議論、用問答的經文、十優陀那、翻譯中國文、叫自說、凡是佛說經、都是因爲有人問了纔說的、像阿彌陀經、就是沒有人問、佛自己說的、十一毗佛略、翻譯中國文、叫方廣、就是說方正廣大的道理的經文、十二和伽羅、翻譯中國文、叫授記、就是授記成佛的經文、這十二種裏頭、修多羅、祇夜、伽陀、三種、是說經文的格式、還有的九種、是講經文裏頭記的事情的分別、）

自皈依僧。當願衆生。統理大衆。一切無礙。

這一個偈、是說自己皈依了僧。就應該發願。要使得一切衆生。也都能夠成賢聖僧。僧字就是是和合衆。和、是和睦。合、是聚合。意思是許多的人聚合了在一處地方。大家沒有意見不合。互相爭論的事情。大衆兩個字。就是指和合衆說的。統字、是統率的意思。理字、是指導的意思。要是大和尚、大法師。纔有這統率指導大衆的權力。一切無礙。就是說種種事情。都沒有一些妨礙。原來一切衆生。都是同了自己是同體的。自他沒有二相的。因爲一切衆生的法身、是共同一個的、所以說是同體、現在所看見的旁人、都是自己心性裏頭現出來的相、所以說是自他不二、所以只要自己能夠合著道理。自然他們都會服從的。上邊的三個偈。是出在華嚴經的淨行品上的。淨行品、是講修隨自意三昧的。淨行品裏頭、都是願衆生怎樣怎樣的、隨自意、是隨了自己的意思、看出來法法都是佛法、都願衆生修成的意思、隨自意三昧、是專門修一種正定功夫的、凡有一舉一動。總是發願意衆生都成佛道的。心能夠依照這種方法修。那末一天到夜。總在念佛三昧裏頭了。眞是最妙的修法。實在應該把全品的經文。做每天功課讀的。從前有一位高僧。說過的。讀這淨行品。可以抵得受菩薩大戒。宋朝的省常大師。就是蓮宗的第七祖。蓮宗、就是淨土宗、因爲生到西方淨土去、都是從蓮華裏頭化生的、所以稱做蓮宗、蓮宗始祖、是晉朝時候、在廬山設蓮社的遠公大師、後來凡是宏揚蓮宗有大功德的人、大家都推尊他、都稱他做蓮宗第幾祖、不像禪宗的規矩、師父傳給弟子、就把第幾祖依了次序排下去的、這第七祖就是蓮宗始祖後第七個人、宏揚蓮宗有大功德的人、曾經在杭州西湖邊的昭慶寺。做照廬山蓮社的規矩。結一個淨行社。除了念佛外。專門念這淨行品做常課的。修淨土法門的人。雖然說是靠阿彌陀佛的願力。究竟也要自己的心性裏頭能夠現得出這個淨土相來。那末臨終的時候。纔能夠往生到淨土去。要心裏頭現出這個淨土相來。還是要淨心的。維摩經上說的。心淨則佛土淨。所以願求往生西方的人。實在是不可以不修淨行的。

和南聖衆。

和南兩個字。是梵語。翻譯中國文。就是頂禮。聖衆、是說許多的聖人賢人。所有道場裏頭的佛菩薩、緣覺、聲聞。都包括在裏頭的。這一句、並不在三皈依正文裏頭的。念三皈依的大衆。只要念到一切無礙。就完了。這一句、是應該敲磬子的人唱的。是教各人一齊頂禮道場裏頭的一切聖賢的意思。同了經裏頭所說作禮而去一樣的。（作禮而去、就是大家行了一個禮、退下去的意思、）是結束一堂功課的。現在各處寺院。或是法會裏頭。在朝課夜課裏頭。念了三皈依的後。早晨還要祝韋馱菩薩。夜間還要祝伽藍菩薩。不便念了三皈依大家就散。所以加這一句在三皈依後。學佛的人都要曉得這種念法的道理。那就不會亂說天下的叢林。都是弄錯的了。（因爲有說叢林做功課有弄錯的、所以特地辨正的、）

南無護法韋馱尊天菩薩。念三遍

從這一句起。直到末後。都是祝禱韋馱菩薩的。韋馱、是梵語。翻譯中國文。是智論兩個字。就是能夠用智慧來辯論道理的意思。有人說、韋馱菩薩是賢劫千佛裏頭最後的一尊佛。就是樓至如來。因爲現在是四天王部下的將軍。（四天王天、是二十八層天裏頭最低的一層天、在須彌山山腰的四周圍、所以蓋不到我們這個世界的、這一層天上、東南西北各有一位天王、東天王名叫持國天王、南天王名叫增長天王、西天王名叫廣目天王、北天王名叫多聞天王、現在各處大寺院裏頭、天王殿上、兩邊所塑的四尊大像、就是這四天王、大家叫他們四大金剛、是叫錯的、）所以稱他尊天。（尊字、是敬重的意思、像說尊府尊處一樣的道理、）又因爲他發心擁護佛法。所以就稱菩薩。倘使眞就是樓至如來。那末就在這一劫裏頭要成佛的了。現在實在是大菩薩化現的天大將軍相。（天大將軍、就是天上的大將軍、）像普門品裏頭所說的。（普門品、是法華經的各品裏頭的一品、）應該這個人要用天大將軍的身相去度他的。觀世音菩薩就現了天大將軍的身相同他說法。菩薩度衆生。往往現各種的身相的。這尊韋馱菩薩大約也是這樣的。

善女天咒。念三遍

這咒的咒文。在前邊十小咒裏頭已經有過了。所以不再印出來了。咒出在什麼經上。同了這咒的道理。也都講明白過了。但是照金光明經上說。這咒必定吉祥眞實不虛的。所以又叫做大吉祥咒。功德天說這咒。是專門為了保護修行的人。致他所求的願都得吉祥如意的。現在祝韋馱菩薩。是求菩薩保護的意思。所以也念這咒表示自己心願的。

韋馱天將。菩薩化身。擁護佛法誓宏深。寶杵鎮魔軍。功德難倫。祈禱副拳心。

這幾句。是祝韋馱菩薩的讚。照感通傳裏頭說。（感通傳、是一部講佛法的書名、）唐朝的道宣律師。他守這戒律清淨得了不得。所以天人也都恭敬他的。有一位天人。姓費。告訴道宣律師說。自己在迦葉佛的時候。就在四天王韋軍將部下的。（韋將軍、就是韋馱菩薩、）每一位天王。各有八位將軍。四位天王。總共有三十二位將軍。這韋將軍。就是三十二位裏頭的一位。佛差不多到涅槃的時候。囑咐那些將軍。守護一切出家人。不要讓惡魔來引誘他們。害他們破戒。破壞佛的正法。韋將軍自己本來也是童男子的清淨身體。不近女色的。所以雖然三十二位將軍。一同受了佛的囑咐。獨有韋將軍對了這些護法守戒的事情。更加熱心出力。四天王因為敬重他的守戒護法。所以看見他來。都立起來迎接他的。現在稱他天將。就因為他是四天王的將軍的緣故。雖然他是現在的天將。講起他本來的地位。實在是大菩薩。所以說是菩薩化身。第三第四兩句讚。就是依照姓費的天人所說的話上來的。擁護佛法。就是保護佛的正法的意思。誓字、是說菩薩受了佛的囑咐在佛前立過護法的誓願。這個願心。又是大。又是深。所以說是誓宏深。寶杵、就是韋馱菩薩手裏頭拿的那種兵器。這杵是金剛的。也叫做金剛杵。金剛是一種最貴的寶。所以就是寶杵。鎮字、是鎮伏的意思。魔軍、是說惡魔手下的一班黨羽。因爲能夠傷害修行人的法身的。所以說是魔軍。功德兩個字。就是稱讚菩薩護法降魔的功德。難倫兩個字。是說旁的人難同他比的。倫字、是同等的意思。祈字、是求的意思。禱字、是禱告。也是求的意思。副字、是合字的意思。羣心、就是大衆的心。這末一句、是說所求的事情。菩薩都能夠合著大衆心願的。

南無普眼菩薩摩訶薩摩訶般若波羅密。

普眼兩個字。是說用慈悲的眼光。周徧看護一切衆生的意思。因爲韋馱菩薩。對那一切修行的人。沒有不保護的。所以稱普眼菩薩摩訶薩。華嚴經。圓覺經上。圓覺經、是一部佛經的名目。都有這普眼菩薩的名號的。也許就是韋馱菩薩摩訶般若波羅密。前邊講過的了。沒有眞實智慧的。怎麼能夠擁護佛法。降伏魔軍呢。這兩句、是稱讚韋馱菩薩的大慈悲心。大智慧力。不可思議的。〇念到這裏。朝課已經念完。再拜三拜。功課就圓滿了。

朝暮課誦白話解釋卷下

印光法師鑒定　　皈依弟子黃智海註解

暮時課誦

暮時、是差不多要夜的時候。這下邊的各種功課。是各處寺院同了法會裏頭每天晚上念誦的。所以叫做暮時課誦。

香讚

做晚上的功課。先要在佛前上香。上香的時候。要運心作觀。（運心、就是用心的意思、觀字、要在右邊上角加一圈、讀做貴字音、作觀、是閉了眼睛、一邊想、一邊看、像是我的面前、有許多許多的佛、許多許多的香、我對了佛、用至誠的心、在佛前上香、）想這香是自己的淸淨心變現出來的。香的體性就是自己的心性。所以一切的法。都在這香裏頭完全具足的。（具足、是一切全有的意思、因爲一切的法、都是心造出來的、香既然就是心、那末心具足一切法的、香也自然具足一切法了、）只這一縷的香烟。能夠周徧熏到所有十方一切微塵世界裏頭去。還能夠生出種種供養佛的東西來。像摩尼寶幢。摩尼寶旛。寶珠網。寶傘蓋。天寶衣。（摩尼寶幢、在下邊八十八佛裏頭、摩尼幢佛底下、會解釋明白的、旛、像旗差不多的、上邊幾種東西、都加一個寶字、是說這幾種東西、都是用各種寶來做成的意思、天饍饈。天寶衣、是天人所穿的各種寶做成的衣服、饍饈、就是菜蔬同了飯、是天人喫的上品東西、所以都加上一個天字、同了各種香油做成的燈燭光明照徧一切的法界。還有無數的香天子。是香烟變出來的天童子、所以說是香天子、○天童子、是天上的童子、散種種的妙寶華。奏種種的天妙音樂。奏、就是把樂器吹的吹、彈的彈起來、天妙音樂、是天上很好聽的音樂、讚歎佛的功德。像這樣的供養十方微塵世界。微、是極細小的意思、微塵、是極細小的灰塵、說十方世界、多到像極細小的灰塵一樣多、這還了得麼、所有三世一切諸佛。都不先不後的同時完全都供養到。自己的身體。像普賢菩薩一樣。化出了無量無邊的身體來。這兩句、到下邊大懺悔文、末後偈裏頭、會詳細講明白的、禮拜供養一切諸佛。這樣無量無邊的世界諸佛廣大法會。都像在現前自己的法會裏頭。這個法會就是盡虛空徧法界的。能夠這樣的觀想。這一句的意思、是要觀想法會大得了不得、○觀想、是同在一個時候、一面作觀、一面想念、就叫做法供養。要曉得所有的法。總是一即一切的。一、是最少的數目、一切、是所有的種種、都包括在裏頭、是最大最多、沒有可以再大再多的了、現在說一即一切、是多少一樣、沒有分別的意思、這種道理、在朝課裏頭、解釋華嚴玄門底下、有詳細說明的、所以香裏頭。不論什麼東西。實在都能夠生出來的。在想的時候。儘管可以稱自己的心去想。稱字、要在右邊上角加一圈、讀做寸字音、只要不想那不合法的東西就是了。能夠想到心眼裏頭。心眼、不是我們面上的肉眼、是心裏頭的眼、實在就是這個心、清清楚楚的像眞是看見那種東西了。那末就算是作觀成功了。講起眞實的道理來。一切的法都是自己的心造的。一切法的體性。就是自己的心性。心性只有一個。所以一切法都是平等的。大小、遠近、長短、前後、種種不同的相。實在都是圓融無礙的。因爲都是自己的心性。本來沒有分別的緣故。所以說種種是不二的。並且一微塵裏頭。能夠收盡十方一切世界。一刹那裏頭。能夠收盡三世一切時劫。劫是並沒有把一微塵放大。十方世界縮小。也沒有把一刹那延長。三世時劫縮短。儘管小相裏頭收容大相。短相裏頭收容長相。各各不妨礙的。這種極深的道理。倘使看了不能夠明白。只好不去管他。只要能夠相信。不要疑惑亂說造謗法的罪業。那是最要緊的。香讚的讚字。是讚歎香的功德的。因爲香裏頭具足一切的法。能夠助我成功廣大無邊的供佛功德。所以要讚歎的。還有一層道理。觀想那香上邊生出許多東西來的時候。應該要想把這些東西。布施十方世界一切衆生。勸他們都拿去供養佛。那末不獨是廣修供養。並且也成功了恆順衆生。普皆回向的願了。（廣修供養、恆順衆生、普皆回向三事、是普賢菩薩十大願裏頭的三種大願、在朝課裏頭、有詳細解釋的。）想成功了。就念下邊的讚。

爐香乍爇。法界蒙熏。諸佛海會悉遙聞。隨處結祥雲。誠意方殷。諸佛現全身。

爐香、是燒在爐裏頭的香。乍字、是剛剛的意思。爇字、是燒著的意思。法界兩個字、總包括所有十方一切的世界在裏頭。蒙字、是受著的意思。熏字、是香的氣熏著了。這裏剛剛把爐裏頭的香燒著十方一切世界已經都熏著了香氣了。並不是燒了好久纔熏到的。這是什麼道理呢。因爲香是自己的心性。十方世界也全是自己的心性。香同了十方世界。都是這一個心。都在自己的心裏頭。沒有什麼阻礙隔絕的。所以香氣一放出來。十方世界。就同時都熏到了。每一個世界裏頭。總有佛的世界。無窮無盡。就是佛無窮無盡。所以說是諸佛。佛在世界上。總是說法度衆生的。說一回法。法會裏頭。總有無量無邊聽法的人。聽法的人多。就是法會的大海會兩個字。是把法會比做海。就是形容這個法會廣大無邊的意思。悉字。是完全的意思。遙、就是遠。十方世界。既然都熏著了這爐裏頭的香氣。那末十方世界裏頭的佛道場。就事相上說。是隔開得很遠。但是照眞實的道理講起來。像上邊所說的十方世界的佛道場。都在自己的心裏頭。那末自然都聞得著這香氣了。這個聞字。是嗅字的解釋。不是聽字的解釋。實在就是照聽字解釋。也可以說得通的。像華嚴經上說。出一切寶香光明雲。讚歎三世諸佛功德微妙音聲。充滿十方。這幾句的意思、是說一切珍寶的香、發出來的光明、像雲一樣的又多又好、這香裏頭、又發出讚歎三世諸佛種種功德的聲音、非常的好聽、非常的巧妙、十方世界、處處充滿了這種聲音、香裏頭會發出讚佛功德的聲音來、還會充滿十方世界、你想希奇不希奇呢、這不就是香光也能夠發出聲音來說話的證據麼。香光旣然能夠說話。那末香自然可以聽了。並且倘使香裏頭。一定沒有聲音的。那末也不可說是一卽一切了。這裏所說的一卽一切、譬如拿六根來講、眼能夠見、也能夠聞、能夠嗅、耳能夠聞、也能夠見、能夠嗅、能夠嚐、一根可以有各根的用處、所以說一卽一切、眼既然能夠聞、能夠嗅、耳既然能夠見、能夠嚐、那末香有什麼一定不能夠有聲音呢、眼只能夠看、耳只能夠聽、鼻只能夠嗅、香一定不能夠有聲音、這是凡夫的見識、不是佛菩薩的境界、但是照這裏的文字講究竟應該當他是鼻來嗅的解釋。隨處、就是處處的意思。結祥雲三個字、若是單照字面上解釋。不過是說那種香烟騰在虛空裏頭結成吉祥的雲罷了。烟本來像雲有什麼希奇呢。照這偈的意思看起來。香烟裏頭應該有種種莊嚴道場。同了供養佛的東西的。那個祥字、就是指那供養的東西說的。因爲供養佛是種無上福田。所以說是吉祥。佛又是最吉祥的人。所到的地方就叫做吉祥地。華嚴經上、帝釋讚佛的偈裏頭、是這樣說法的、那末供養佛的東西自然也是種種吉祥的了。雲字、是取騰在空裏頭的意思。又是多的意思。經裏頭凡是供養的東西多了。往往說是雲的像普賢行願品上所說天衣服雲天傘蓋雲等類都是的。現在這個雲字也應該照這種意思解釋的。誠意兩個字。誠、是眞心。是懇切。意、是意根。是第七識。不是第六意識。第六意識只能夠隨時分別各種事相。沒有思量的作用的。思量、就是想、就是心裏頭打算、思量是第七識的自性。方殷的方字。是剛剛的意思。殷字、是殷勤的意思。這一句是說至誠恭敬的心剛剛殷勤的發出來。下一句諸佛現全身是說一切諸佛的身相完全就在面前都現出來了。上句是自己的誠心能夠感動諸佛。下句是諸佛的身相就來應著自己。一邊纔感。一邊就應。感應是同時的。沒有前後的。本來就是現前小小的道場。所有十方一切諸佛的大法會。完全都收在裏頭的。若是沒有能夠感應的誠心。佛的身相就不現出來了。只要妄想心真能夠絲毫不起。完全是一片至誠的心。那末就像水清月現的一種道理。（水清月現、是說河裏頭的水、若是清的、那末天上的月、照在水裏頭、現得出來的、倘然水是渾的、那末月照在水裏頭、就現不出來、這是比喻人的心清淨、那末佛菩薩一切的相、就都能夠現在眼面前了、倘然心不清淨、這種佛菩薩的清淨相、自然現不出來了、）自然諸佛都在現前的道場裏頭現出身相來了。所以凡是做佛事。一定要心裏頭至誠恭敬。方纔能夠有感應的。念這香讚。應該照了這種解釋。一句一句的用心觀想的。總之做功課。第一要誠心。這個香讚。是普通的。不論做什麼功課。燒了香。總應該恭敬合掌念這個香讚的。

南無香雲蓋菩薩摩訶薩。（念三遍）

這一句、應該接連了上邊的香讚念的。香雲蓋三個字。並不是菩薩的名號。是說爐裏頭的香烟。騰在虛空裏頭。結成功像雲一樣的寶蓋。這三個字、是出在金光明經裏頭的。經上說、人間的國王。一心恭敬聽法師說金光明經。手裏頭拿了燒香的爐。供養這金光明經。只要在轉一個念頭的時候。那種香氣已經散到了十方無量無邊的諸佛世界去了。就在諸佛世界的虛空裏頭結成功了香烟雲的寶蓋。發出一種金色的光來。周徧照到一切的世界。十方諸佛。就一齊讚歎這說法的法師。稱他大士。大士、就是菩薩、說他將來一定成佛。這就叫做香雲蓋菩薩。因爲金光明經是專門顯心性的道理的。就照金光明的三個字解釋。金字、是表顯心的體性的。取堅固不變的意思。那是法身德。光字、是表顯心的相貌的。取智慧徧照的意思。那是般若德。明字、是表顯心的作用的。取通達一切的意思。那是解脫德。就這三個字講。就是三德。所以說這部金光明經。實在是要有大威神力的。纔能夠說。有人問道、菩薩是有情的一種名號。有情、就是有知識的、香雲蓋雖然是神妙不可思議。究竟是無情的一類。無情、就是說沒有知識的東西、不是有情的一類。怎麼稱他是菩薩呢。我道現在念的南無香雲蓋菩薩。是歸命那個能夠用威神力來、把香氣變成功雲蓋。供養十方諸佛的菩薩。不是就把香雲蓋稱做菩薩。同了講經的法會裏頭。念南無雲來集菩薩摩訶薩的道理。講經的法會裏頭、先念了香讚、就接上去連念南無雲來集菩薩摩訶薩三遍、念到第三遍、在南無兩個字的下邊、再加海會兩個字、是說十方世界的菩薩、也都來了、用一個海字、就是形容多的意思、但是講經的法會裏頭、也有不念雲來集、仍舊念香雲蓋的、沒有一定的、差不多的。那個雲來集菩薩的名稱。是說聽經的菩薩。凡是講經的法會裏頭、法師上了香、所有十方世界的菩薩聲聞、同了天人阿修羅等、都就會來聽的、所以講經這件事情、是了不得的、到法會裏頭來聽經的人、都要誠心恭敬纔好、像雲一樣的多。都聚集到這法會裏頭來了。雲來集三個字。是說來聽經的菩薩。多到像雲一樣的意思。現在的香雲蓋三個字。是說菩薩能夠使得這香雲結成功雲蓋的意思。因爲讚香的功德。所以念這香雲蓋菩薩。同了上邊念香讚。專門讚香的意思。差不多的。若是照眞實的道理講起來。那末就說這個香雲蓋。實在就是菩薩摩訶薩。也可以的。因爲一切的法相。完全都是自己的心相。外邊的六塵。同了這個五蘊的色身。體性是一樣的。所以說六塵不惡。還同正覺。（正覺、就是佛性、）（這兩句是在信心銘裏頭的、意思是說色聲香味觸法這六種塵相、並不是壞的、還是同了佛性是一樣的、所以荊溪尊者說、無情有佛性、意思就是說無情的東西、也有佛性的、○信心銘、是一部講佛法的書名、無情的東西、就是器依報的山河大地等等、）既然六塵同了正覺是一樣的。那就雖然是無情的東西。也一樣有佛性。一樣可以圓成佛道的了。那末香雲蓋怎麼不可以稱他是菩薩呢。一眞法界裏頭。（一眞的一字、是說沒有同他一樣的、只有這一種的意思、眞字、是眞實的意思、就是唯一的眞實法界、也就是佛法界、）本來沒有有情無情的分別。所以毘盧遮那如來身就是土。土就是身。身體同了國土的兩種相。圓融無礙的。稱做菩薩摩訶薩。有什麼不應該呢。○念這一句。是一定要連念三遍的。並且念一遍。要拜一拜。念第一個南字。就應該拜下去。伏在地上。念到摩訶薩的摩字。纔可以慢慢的起來。三拜都是一樣的。

南無蓮池海會佛菩薩。（念三遍）

因爲下邊要念阿彌陀經了。所以先歸依西方極樂世界的三寶。不說極樂世界。說是蓮池。是因爲往生的人總是在七寶池的蓮華裏頭生出來的。所以用蓮池兩個字顯明白求願往生的意思。並且蓮池就在極樂世界。說到蓮池。就是說極樂世界。蓮池海會四個字是歸依的法寶、佛字是歸依的佛寶。菩薩兩個字。是歸依的僧寶。單說菩薩不說聲聞有兩種的意思。一種意思。是專誠歸依的大乘法。不歸依小乘法。所以單說菩薩。不說聲聞。一種意思。是極樂世界的聲聞。都是囘心向大乘的。聲聞是小乘、但是極樂世界的聲聞、都是明白了大道理、囘心歸向到大乘法上去的、這種聲聞、後來都可以成大乘菩薩的、所以雖然只說菩薩、實在聲聞也包括在裏頭了、這種道理、在阿彌陀經白話解釋裏頭、彼佛有無量無邊聲聞弟子一節底下、講得很明白的、那種聲聞。實在也就是菩薩了。所以說了菩薩就不必再說聲聞了。還有一層道理。念蓮池兩個字。是歸依的極樂世界的依報。念海會佛菩薩。是歸依的極樂世界的正報。依報正報。一齊歸依到了。

佛說阿彌陀經。

阿彌陀經。已經另外有白話解釋的本子了。所以這裏不再解釋了。經文也不印出來了。但是那本白話解釋。因爲預備剛剛學佛法的人看的。所以單是照事相上講的。那理性的一邊。沒有說到的。要曉得西方極樂世界。就是自己淸淨微妙的心性顯現的。雖然說是離開這個娑婆世界。有十萬億個佛世界的遠。實在並沒有一根毫毛的地方隔開。雖然說沒有一些些隔開。却又是分明兩個世界的中間。的確有十萬億個佛世界的。這層道理。只要看了朝課裏頭。所講的十玄門。曉得了一切法相。都是各各相容的。就可以明白了總之種種相。都是自己的心現的。種種的心同了種種的心所法。淸淨、穢濁不同。所以所現的國土相。也有淨穢的種種分別了。一切的心念。總之只是一個如來藏心。一個心裏頭。具足一切心法的。所以心裏頭。所造出來的法相。也都是一相裏頭、收盡一切相的。互相收攝。所以十萬億佛土外的極樂世界。就在娑婆世界裏頭。娑婆世界也就在十萬億佛土外的極樂世界裏頭。像是兩面鏡子對照的樣子。照鏡子的本位說起來。那末這一面同了那一面。遙遙相對。可以算是娑婆同了極樂。的確離開十萬億佛土。照鏡子裏頭互相收攝的相說起來。那末這面鏡子的相在那面鏡子裏頭。那面鏡子的相。在這面鏡子裏頭。可以算是娑婆同了極樂。實在不隔一毫。但是鏡子裏頭收的相。完全是一種虛影子。不比那法相裏頭收的相。就是那種法的本相。都有實用的。這是不同的地方。照眞實的道理講起來。一切的法相。本來都是像鏡子裏頭現的相一樣的。只是一種幻相。所以說是無所得的。（這無所得三個字、是出在心經上的、意思是說一切法、一切相、都是虛假的、沒有什麼可以得著的、所以說無所得、若是要曉得淸楚、可以看心經白話解釋、講得很詳細的、）　娑婆的穢濁相。是自己穢濁的煩惱心現的。極樂的淸淨相。是自己淸淨的念佛心現的。穢土淨土。都是自己的心相。心的外邊本來一些東西也沒有的。那裏有什麼娑婆世界。也那裏有什麼極樂世界呢。所以儘管說西方極樂世界。實在就是唯心的淨土。況且經裏頭說種種的境界相。總說是成就如是功德莊嚴。種種莊嚴。都是從修的功德上來的。那末這個淨土。實在就是自己的心修成的。還不是唯心淨土麼。這部經原來的名字。是稱讚不可思議功德。一切諸佛所護念經。不可思議功德。就是一切衆生的自性清淨心。這個清淨心性。是一切諸佛所護念的。所以六祖大師說。卽此不染汙。就是說不染汙的心性、護、是保護、念、是記念、凡是念佛的人、一切的佛、都來保護他們、記念他們的、

諸佛之所護念。心性清淨了。國土所以也清淨。那末照這部經原來的名字看起來。也就可以曉得是唯心淨土了。要曉得極樂世界。是阿彌陀佛修了無量劫的難行苦行。難行、是修很不容易修的功夫、苦行、是熬了種種的苦、一心做修行功夫、種種功德莊嚴成功的。阿彌陀佛莊嚴成功這個極樂世界。專門爲了可憐我們這些苦惱衆生。自己沒有力量逃出三界的火宅去。所以特地布施了無數的身命財產。積聚了無量無邊的功德。莊嚴出這個清淨的好世界。來接引我們念佛的衆生去受用。從此可以了脫生死。就在往生的一世裏頭。一直可以修到候補佛的位子。阿彌陀佛這樣的大慈大悲。大恩大德。怎麼報得完呢。還可以不趕緊認眞念佛。求往生到極樂世界去。永遠的供養

佛麽。本來自己的如來藏心。就是十方三世一切諸佛的法身。十方三世一切諸佛。就是自己心性的本覺智現出來的。本覺智、是本來有的智慧、沒有迷惑的、所以一切的佛。都是自性佛。那末西方極樂世界的阿彌陀佛。何嘗不是自性彌陀呢。自他本來不二的。怎麽可以分別自佛他佛。執著我相人相呢。我相人相、是有自己的相、他人的相、就是有自己同了他人的分別心、明白了這種道理。那末只管去觀想西方淨土。仍舊還是修的唯心淨土。只管去稱念那阿彌陀佛。仍舊還是念的自性彌陀。因爲心經白話解釋裏頭。沒有說到這一種道理。所以在這裏補說的。念的時候。從南無香雲蓋菩薩。一直到阿彌陀經無量諸天大衆俱一句。又從東方亦有阿閦鞞佛起。一直到上方的一切諸佛所護念經一句。都要合了掌念的。

拔一切業障根本得生淨土陀羅尼。

念完了阿彌陀經。應該接上去念這一種咒。連念三遍。是顯明白求願往生的意思的。這種咒名的道理。同了咒的文字。在阿彌陀經白話解釋裏頭。也已經都講過了。這裏不再多講了。

禮大懺悔文。

這一篇文。是宋朝的不動法師定出來的。法師本來是梵僧。梵僧、就是印度國的和尙、修密宗的金剛部。功夫很深的。所以也稱金剛法師。法師到中國來傳法。住在銀州的護國仁王寺裏頭。那時候的銀州。算是西夏的地方。（西夏、是宋朝時候的一個小國、是宋朝的臣子反叛了、自己稱做王的、就是現在陝西省榆林府神木縣、）西夏的國王因爲法師常常念護國仁王經。很是靈驗。所以就把這個寺稱做護國仁王寺。現在先講這篇大懺悔文的題目。禮字就是禮拜。照法師原定的規矩。念這一篇文。總共要頂禮一百零八次。（起初四句偈、一拜、金剛上師、一拜、皈依佛法僧三句、一拜、我今發心至三菩提、一拜、盡虛空一切諸佛、一拜、盡虛空一切尊法、一拜、盡虛空一切賢聖僧、一拜、如來十號、一拜、八十九佛、八十九拜、如是等至今皆懺悔、一拜、今諸佛世尊至我今皈命禮、一拜、所有十方世界中八句、一拜、於一塵中塵數佛八句、一拜、以諸最勝妙華鬘十二句、一拜、我昔所造諸惡業四句、一拜、十方一切諸衆生四句、一拜、十方所有世間燈四句、一拜、諸佛若欲示涅槃四句、一拜、所有禮讚供養福四句、一拜、願將以此勝功德十六句、一拜、〇這是照不動法師原來的本子說的、同了現在通行的本子、有些不同的、就像金剛上師、現在的本子裏頭、就沒有了、又像所有禮讚供養福、現在的本子、就把福字改了佛字了、）是顯明白懺悔一百零八種煩惱的意思的。（照佛經裏頭講起來、一個人的煩惱多得很、大略說起來、有一百零八種、若是都說出來、再加上解釋、實在太煩了、倘然要曉得詳細、可以請一部書、叫教乘法數、看了就明白了、）現在各處寺院同了法會裏頭都改做跪念了。懺悔的懺字是求消滅從前已經造的罪業、悔字是立願後來永遠不再造出罪業來。照梵網經所說懺悔的道理。若是犯了菩薩戒的四十八條輕戒。（菩薩戒、總共是五十八條戒、十條重戒、四十八條輕戒、叫做十重四十八輕、）那末只要在大衆清淨僧前說明白自己所犯的罪。立誓後來永遠不再犯。那末罪就可以消滅了。這種就叫做作法懺。若是犯了菩薩的十條重戒。那末應該要在佛菩薩像前日日夜夜的讀誦這十重四十八輕的菩薩戒法。至誠的禮拜過去現在未來三世的千佛。過去的一世、叫莊嚴劫、有一千尊佛出世的、現在的一世、叫賢劫、也有一千尊佛出世的、釋迦牟尼佛、就是現在世一千尊佛裏頭的第四尊佛、未來的一世、叫星宿劫、也有一千尊佛出世的。要求到見著好相。若是七日裏頭不能夠見到那末儘管兩個七日三個七日。一直誦戒拜佛。那怕是這樣的做到一年。總要見著了佛來摩頂。或是見著了佛光。或是見著了佛的華座。佛坐的寶座、都是各種寶、各種華、裝飾成的、所以叫華座、纔可以算罪已經消滅了。這種就叫做觀相懺。從前宋朝的慈雲懺主、修般舟三昧、懺悔夙世的罪業、就見著佛來摩頂的、⊙般舟三昧、是梵語、翻譯中國文、般舟、是佛立兩個字、三昧、是正定兩個字、般舟三昧、是一種修行的方法、從七日至九十日算一期、要不停歇的一步一步旋轉的走、心裏頭要不休息的念佛、若是心能夠安定不散亂、就可以見到佛立在面前、所以叫佛立三昧、梵網經裏頭。只說了這兩種的懺法。沒有講到那種觀無生懺。所以犯了七遮罪的。七遮罪、是五逆罪外、加殺和尚、殺阿闍梨兩種、阿闍梨、是梵語、翻譯中國文、是教授的意思、就是教弟子種種法式、使得弟子行爲端正的意思、就不能夠懺悔了。因爲戒法是偏重在事相一邊的。所以只說作法懺觀相懺兩種的事相懺法。不說觀無生懺的那種理性懺法。講到要懺悔七遮重罪。那是一定要修觀無生懺法的。有四句偈說的。罪從心起將心懺。心若滅時罪亦亡。罪亡心滅兩俱空。是則名爲眞懺悔。這四句的解釋。是說造罪的因。都是從煩惱心上起的。所以要懺悔罪業。還是要把自己的煩惱心來懺悔的。只要那種煩惱心消滅了。那末罪也就沒有了。曉得罪同了煩惱心兩種。都是像空華的樣子。拿不到的。這就叫做是眞實的懺悔法。這種道理。就叫做觀無生懺法。那是連七遮重罪、也可以懺悔消滅的。還有一種修普賢行願法。普賢行願法、就是華嚴經裏頭的普賢行願品、現在已經有普賢行願品白話解釋出版了、也可以消滅七遮罪的。因爲普賢菩薩的十大願王願願都是從眞實心發出來的。所以修行願法、可以同了修觀無生懺法有同樣功效的。照三種的懺法講起來、作法懺的滅罪力量最小、觀相懺的滅罪力量雖然比了作法懺覺得大些、但是還有七遮重罪不能夠懺悔消滅的。只有那種觀無生懺、那末不論輕罪重罪、一齊都可以消滅的。滅罪的力量來得最大。現在這篇文裏頭所有一切的罪、完全都懺悔的。正主是用的觀無生懺法、卻是那兩種作法懺、觀相懺的儀式、也完全都有的。所以叫做禮大懺悔文。有人問道、爲什麼大家都要懺悔呢。難道人人都有罪業的麼。我道、我們這些人、從無始到現在所造的業、一世一世一劫一劫的儘管積上去、那還有數目可以計算麼。華嚴經行願品上說、若是惡業有體相的、那是所造的業、盡虛空界也還容不下去。照這樣說來、一個人所造的業、還了得麼。怎麼還可以不趕緊盡心盡力的懺悔呢。況且我們人如果沒有罪業、怎麼還會在這種五濁惡世裏頭做人受苦呢。所以既然做人、就是有罪業的證據。怎麼可以不懺悔呢。再進一層說、這一世幸虧還在做人、受的苦報、還是很輕很輕的。若是不求懺悔、不求往生極樂世界、或是這一世又造了大罪業。或是前一世。前十世。前百世造過大罪業的。那末到了下一世。受起重的苦報來。或是墮落到畜生道。或是墮落到餓鬼道。或是墮落到地獄道。那就怎麼辦呢。到了那個時候。還來得及懺悔麼。還聽得到這種懺悔法門麼。所以從前已經造的業。固然要趕緊的懺滅。並且還要切切實實的發願心。後來一定不再造業。那末罪業纔可以消滅淸淨。若是一面儘管懺從前已經造的業。一面儘管再造出新的業來。那就變成了永遠受報不完了。怎麼得了呢。所以既經曉得了懺。還不可以不曉得悔。就是這個緣故。不動法師敎大衆依照這種方法去懺悔。眞是無量功德。我們很應該至誠懇切的去痛痛的懺悔。纔是自己救自己的道理。

大慈大悲愍衆生。大喜大捨濟含識。相好光明以自嚴。衆等至心皈命禮。

這四句偈、是大懺悔文開頭讚歎諸佛的功德。顯明自己發心皈依的。能夠使得衆生受著快樂。叫做慈心。能夠使得衆生不受苦惱。叫做悲心。衆生得著了樂處。離開了苦處。自己心裏頭替他們歡喜。叫做喜心。對那一切衆生平等看待。所有憎愛的心。憎字、是恨的意思、一齊捨棄。捨棄、是放掉的意思、叫做捨心。因爲這慈悲喜捨四種心。要放得很大很大。沒有數目可以計算。並且都是用在無量數的衆生身上的。又可以引起衆生無量的福。上邊所說受著快樂、不受苦惱等、就都是衆生受到的福、所以叫做四無量心。所以叫無量心、是說發心發得大、大到沒有限量的意思、這四種無量心修禪定的。也有這一種修法的名目。修法、就是修行的法門、叫做慈定、悲定、喜定、捨定。因爲佛常常住在這四種的定心上的。所以佛有眞實的力量去救度十方三世一切的衆生。因爲佛有眞實的力量。所以佛的慈悲喜捨心。就稱他是大慈、大悲、大喜、大捨。慈字是哀憐的意思。衆生在生死的夢裏頭。自己不知不覺。把虛幻的境界當做眞實。冤枉受種種苦惱。佛眼看了。覺得實在是可憐得很。所以說出種種法來。把衆生貪著生死的癡夢叫醒。這就叫做大慈大悲心。濟字、是渡字的意思。佛說種種修行的法門。彷彿是渡人的船。依了法門修。這是佛菩薩了不得的、一定能夠渡過這生死苦海的。含識兩個字。含是包含。識是知識。凡是有生命的東西。都有一種知識性。知識性、就是有知覺的一種性、包含在身體裏頭的。所以叫做含識。實在就是衆生。一切的佛發心修道。就是爲了要救度衆生。所以普賢十大願王的末後兩願。就是恆順衆生。普皆回向。恆順衆生。就是大喜心。事事依順衆生、已經是很不容易做到了、何況是永久不變的依順呢、這一定是極願意、極喜歡、纔能夠辦得到、斷乎沒有一些些勉强的心的、所以說就是大喜心、普皆回向。就是大捨心。因爲把自己所修的種種功德、都回向到衆生分上去、所以說是大捨心、這兩個願心就叫做衆生無邊誓願度。衆生無邊誓願度、這一句、是在四宏誓願裏頭的、到下邊會講明白的、一定要修了這種菩薩的因。纔能夠結成佛的果。這第一第二兩句。是讚歎佛心的。佛的報身。叫做法門身。是修了種種的法門莊嚴成功的。也叫做智身。照十六觀經上說的阿彌陀佛。身上有八萬四千種相。一種一種的相裏頭。各有八萬四千種隨形好。（在每一種相裏頭、還各有八萬四千種的好形容、因爲這種好形容、都跟隨相的形容的、所以叫隨形好、）一種一種的好裏頭。還各有八萬四千種光明。一切佛的報身。大概都是這樣的。以自嚴的以字。是用字的解釋。自字、是說諸佛自己。嚴字、就是莊嚴。意思是說諸佛用這種相好光明。來莊嚴自己的身體。這是讚歎佛身的。衆等、就是說眼面前一同做夜課的大衆。若是一個人在自己家裏頭供的佛像前念。那末應該要把這衆等兩個字。改做弟子兩個字的。至心、是至誠心。就是一心恭敬的意思。皈命禮、就是皈命諸佛。頂禮諸佛。現在改做了跪念。不照不動法師的頂禮一百零八次。就同了這個禮字有些不合了。照修各種的懺法本來說。是禮懺的。俗語叫做拜懺。可見得是重在禮拜的。所以梵網經上說。要懺悔犯菩薩十重戒的罪。一定要至誠恭敬禮拜三世千佛的。恭敬禮拜佛。纔合著懺悔罪業的道理。照我的意思。覺得儘管跪念。念到應該拜的地方。還是照不動法師原來的意思。拜。仍舊拜滿一百零八拜。那就更加好了。不過是時間長一些罷了。但是要懺悔消滅自己的罪業。免得將來受苦報。還可以怕延長了做功課的時間麼。

南無皈依十方盡虛空界一切諸佛

南無皈依十方盡虛空界。一切尊法。

南無皈依十方盡虛空界。一切賢聖僧。

照不動法師的原文這三句的前面還有（南無皈依金剛上師。皈依佛、皈依法。皈依僧。我今發心。不爲自求人天福報聲聞緣覺乃至權乘諸位菩薩。唯依最上乘發菩提心願與法界衆生。一時同得阿耨多羅三藐三菩提）這幾句文現在通行的暮時課誦本子上把這幾句一齊刪去了。大約是因爲金剛上師的稱號。是密宗稱教主的。禪宗淨宗沒有金剛上師那種稱號的緣故。並且皈依三寶同了發願。後邊又都有的、所以刪去的。實在細看那文字。前後是兩種意思的。並沒有重複。禮佛發願本來是應該一念一念接續不斷的。就是前後重複也不要緊的。講到金剛上師。雖然是密宗的稱號。不過一樣都是本師釋迦牟尼佛傳的教法。有什麼分別呢。況且後邊蒙山施食。就是依照密宗的規矩做的。那末念皈依金剛上師。實在也是應該的。現在課本裏頭。既然把這一段文刪去了。本來可以不必解釋了。但是恐怕別處地方還有依照原文念的。所以簡單的把這幾句的大意。解釋一回。密宗稱的金剛上師。就是毘盧遮那如來。是法身佛。佛的法身。就是一切衆生的眞如本性。眞如本性、永遠不會變動的。所以比做。金剛佛是九界衆生的大師。最尊最上。所以稱做上師。這金剛上師的名號。雖然是佛的尊稱。（尊稱、是尊重的稱號、）實在也就是一切衆生自己的本性。本性裏頭原來有的三種德。就叫做自性三寶。一種是法身德就是佛寶。（佛、是說道的寶、因爲佛法的道理、修成佛的法門、都是佛說出來的、所以叫說道的寶、）一種是般若德就是法寶。（法、是載道的寶、載、是裝在裏頭的意思、因爲出世法種種的道理、都在經裏頭的、所以叫載道的寶、）一種是解脫德就是僧寶。（僧、是傳道的寶、因爲佛涅槃後、佛法就沒有人說了、全靠僧來傳法、所以叫傳道的寶、法身德、般若德、解脫德、在佛法大意、同了朝課裏頭、都有詳細解釋的、）念念能夠覺悟道理。不生出迷惑來。就叫做皈依的自性佛寶。念念能夠守著正當的道理。不起各種的邪見。就叫做皈依的自性法寶。念念能夠清淨淨不貪著一切可愛的境界。就叫做皈依的自性僧寶。先念皈依金剛上師。是表顯皈依自己本性的。再念皈依佛法僧。是表顯皈依自性三寶的。同了後邊的皈依別相三寶。意思是不同的。我今發心這幾句文。照大意解釋。是說自己現在所以發心修行的緣故。並不是爲了自己求人間的富貴。或是求天上的快樂。那種的福報。也不是想要證著聲聞緣覺的果位。就是那大乘的各種權敎裏頭。（權字、是從權的意思、就是變通通融的意思、不是眞實的、除了圓頓敎外、還有各種敎法、都是權敎、○所說的各種敎法、是天台派把佛法分做四敎、叫藏敎、通敎、別敎、圓敎、藏敎、是講小乘法的、通別圓三敎、都是講大乘法的、這三種敎、都是一敎比一敎深、一敎比一敎高、到圓敎那就完全是佛法裏頭最深最高的敎了、藏敎、是對三界裏頭鈍根的衆生說的法、這種鈍根衆生、執定了三界裏頭的一切法、都是實在有的、是偏在有的一邊的、通敎、是對三界裏頭利根的衆生說的法、這種利根衆生、又認定三界裏頭的一切法、都是空的假的、又偏在空的一邊了、別敎、是對三界外的鈍根衆生說的法、這種三界外的鈍根衆生、比了三界裏頭的鈍根衆生、却是不同了、他們能夠明白十法界無量的法門、無論世法出世法、沒有不明白的、這種雖然說是衆生、但是已經都是菩薩了、圓敎、是對三界外的利根衆生說的法、這種三界外的利根衆生、不但是明白十法界的一切法、並且都能夠悟到圓融的道理、一些不落偏的、眞可以說得圓融無礙、周偏無缺、最爲圓滿的了、這是藏通別圓四種敎的大概情形、權乘菩薩、是藏通別三敎的菩薩、因爲功行還淺、不能夠稱做眞實菩薩、若是到了圓敎、就都是眞實菩薩、就叫做實乘菩薩、不是權乘菩薩了、頓字、是立刻的意思、就是立刻可以成佛的意思、○權乘、是從權稱做菩薩、實在沒有到眞實菩薩的地位、實乘、纔是眞實菩薩、所講的一切菩薩果位。也還不是我的心願。我實在是依照了最上乘的佛法。最上乘、就是圓頓敎、發的大菩提心。願意同了那所有一切的衆生。就在這發心的一個時候。一同證得佛的無上菩提。這是照句子大略的解釋。本來圓頓敎的說法。是說初發心就成佛的。就像六祖惠能大師。聽了五祖講金剛經。頓時就明心見性了。五祖對他說。識得了自己的本心。見著了自己的本性。就叫做丈夫天人師佛。丈夫、天人師、佛、下邊講到佛的十種名號、會解釋清楚的、但是這種佛。還只是分證的佛。不是究竟的成佛。分證、是證得幾份、沒有全部證得、究竟成佛、纔是完全證得了、再講同時成佛的一種道理。照眞實說。所有三世一切的時劫。總之只在一刹那裏頭。所以一切的佛。可以說是同時成佛的。但是三世時劫的那種虛相。實在也不可以說是沒有的。本師釋迦牟尼佛。得道成佛的時候。就看見一切衆生同時成佛的。釋迦牟尼佛、在我們這個南贍部洲出家成佛的時候、三千大千世界裏頭、有千百億南贍部洲、就有千百億釋迦牟尼佛出家成道、這是佛證得的境界。眞是不可思議的。也說不明白的。總之這幾句文。是發修行的願心。同了後邊發囘向的願心。意思也是兩樣的。

照我說起來。依照現在通行的課本念。也仍舊可以頂禮一百零八次的。只要把開頭大慈大悲的四句偈。改做每句一拜。那末也合著一百零八拜的數目了。把這段刪去的文。補講清楚了。再來解釋現在的本文。這三小段。是皈依的常住三寶的。有人問道、十方的虛空界。到底沒有盡處的。那末依了各方虛空成立的世界。自然也都是沒有盡處的了。每一個世界裏頭。總有一尊佛教化衆生的。有了佛教化衆生。那末一定就有法就有僧的了。世界既然是沒有盡處的。那末佛法僧三寶。自然也是沒有盡的了。像這樣無盡的三寶。怎麼能夠說皈依盡呢。我道、十方三寶的相。雖然說都是無盡的。但是能夠明白了唯心的道理。那末發心皈依的時候。實在就已經是皈依盡的了。因爲一切的相。都是自己的心現出來的。完全就在自己的心裏頭。沒有一個相在自己的心外面的。那末盡虛空界。也就在自己的心裏頭了。盡虛空界既然在自己的心裏頭。那末盡虛空界所有的佛法僧。也沒有不在自己的心裏頭的了。既然都在自己的心裏頭。那末發了皈依的心。還有不在同一個時間皈依盡的麼。一切諸佛。是說佛的多。一切尊法。是說法的尊貴。法是一切諸佛的大師。一切諸佛。所以能夠成佛道。就是靠這法寶的力量。佛已經稱世尊了。法還是佛的大師。那就見得沒有比法更加尊貴的了。當然應該稱做尊法了。一切賢聖僧。是顯明白皈依的三乘裏頭證到果位的僧人。（三乘、是佛、菩薩、聲聞、）證到了各種果位。沒有證得法身的。稱做賢人。要證著了法身。纔稱做聖人。（十住、十行、十迴向、三種菩薩、叫三賢、就是賢僧、十地菩薩、叫十聖、就可以稱做聖僧了、）並且一個人就是沒有修到成佛的地步。沒有修到跳出三界的地步。但是皈依了佛。就可以不墮落到地獄道裏頭去了。皈依了法。就可以不墮落到餓鬼道裏頭去了。皈依了僧。就可以不墮落到畜生道裏頭去了。所以這三寶。是萬萬不可以不皈依的。要照這樣的皈依三寶。纔可以叫做發大心。也就可以叫做普賢禮佛。（普賢禮佛、是說有普賢菩薩那種大心的禮佛、這種道理、在朝課十大願的第一願裏頭、已經講過的、）

南無如來。應供。正徧知。明行足。善逝。世間解。無上士。調御丈夫。天人師。佛。世尊。

這是一切諸佛的十種通號。（通字、是普通的、不是特別的意思、）因爲這十種名號。凡是佛都有的。所以叫通號。也可以叫德號。因爲名號本是用來表顯佛的功德的。所以叫德號。梵語稱做多陀阿伽陀。又稱做怛闥阿竭。像釋迦牟尼同了阿彌陀那種名號。是各別不同的。那就叫別號了。禮佛的前先恭恭敬敬念佛的十種通號。是表顯讚歎諸佛功德的意思。照如來兩個字的字義解釋。如字、是不變的意思。來字是隨緣的意思。（隨緣、是說機緣怎樣、就跟隨了機緣、也是怎樣、沒有一些固執不圓通的見解、）金剛經上說。無所從來。

亦無所去。故名如來。意思是說沒有從什麼地方來。也沒有到什麼地方去。所以稱如來。這是照法身佛解釋的。轉法輪論上說。（轉法輪論、是一部講佛法的書名、）第一義諦名如。正覺名來。第一義諦、就是如如不動的理性。（如如、就是眞實不變動的意思、）正覺（不動念頭、自然能夠覺得、叫做正覺、）就是如如不動的眞實智慧。智慧同了理性合著。叫做如來。這是照報身佛解釋的。成實論上說。（成實論、是一部講佛法的書名、）乘如實道來成正覺。（乘字、是乘車乘船的意思、如實道、是眞如實相的道理、拿如實道來比車比船、乘了這種車船、到世界上來成佛、成正覺、就是成佛、）故名如來。這三句的意思。是說從法身上邊生出變化身來。應衆生的緣。在世界裏頭現成佛的相。所以叫做如來。這是照應身佛解釋的。應供的一種德號。梵語稱做阿羅訶。應字是應該。供字是供養。大論上說。（大論、就是智度論、也是一部講佛法的書名、）

佛應該受一切衆生的供養。羅漢雖然也可以說是應供的。但是只能夠受三界衆生的供養。不能夠受一切衆生的供養。所以只好算是半應供。獨有佛可以受九法界所有一切衆生的供養。（九法界、是十法界除去佛法界、）那纔是眞實的應供。正偏知的一種德號。梵語稱做三藐三佛陀。又稱做三耶三菩。照正偏知三個字的字義解釋。不偏不邪叫正。沒有遺漏叫偏。知字照鳩摩羅什法師講。應該照覺字解釋的。因爲佛陀本來是翻譯做覺字的。所以正偏知。應該說是正偏覺的。佛的說法。沒有絲毫錯的。所以說是正。佛的智慧。沒有觀照不到的地方的。所以說是偏。所有分段生死。變易生死。分段生死、變易生死、在佛法大意裏頭、有詳細解釋的、兩種生死的大夢都超出的了。所以說是覺。不要說凡夫邪道。絕對說不到一個覺字。就是三乘的聖人也還夠不上。因爲還有變易生死的夢沒有覺的緣故。所以這個號。只有佛可以稱的。明行足的一種德號。梵語稱做鞞侈遮羅那三般那。明是三明。就是天眼明。宿命明。漏盡明。這種三明。同了六通的天眼通。宿命通。漏盡通。是兩樣的。大論上說。若是只曉得他在這邊死。那邊生。叫做通。再曉得他的行業因緣。行業、就是過去所造的業、行業因緣、是說受各種的樂報苦報、都是造了善業惡業的因緣、一定能夠會合攏來沒有錯失的。纔可以叫做明。這是天眼明、只曉得過去宿命的種種事法。叫做通。再能夠曉得種種因緣行業的。曉得因緣行業、是曉得造了各種的善業惡業、就應該得到各種的樂報苦報、纔可以叫做明。這是宿命明、不過能夠一時斷盡種種的煩惱結心。結、是結住縛住的意思、衆生被煩惱所結住、不能夠解脫、所以叫煩惱結、不曉得後來再生出來不再生出來。叫做通。若是曉得諸漏盡了。漏字、譬如一個破瓶、裝水進去、都要漏出來的、就像人有了貪瞋癡種種煩惱、本來他有的清淨心、都被這些煩惱勾引去了、就造出種種的業來了、像漏的瓶一樣的壞、漏盡、就是這種種的壞處、完全沒有了、那就種種的煩惱結心也決定不會再生出來了。纔可以叫做明。這是漏盡明、天眼明。是能夠曉得現在世的一切法。宿命明。是能夠曉得過去世的一切法。漏盡明。是能夠曉得未來世的一切法。羅漢得六神通。也得到這三種明的。但是現在世只能夠看到一個大千世界。過去世未來世都只能夠曉得八萬大劫。所以雖然是明。還是不滿足的。佛的三明。纔是透徹到底的。法華經上說。通達罪福相。通達、就是明白、徧照於十方。又說、佛智淨微妙。通達無量劫。這四句的意思。是說所有十方衆生罪福兩種的相。都能夠明白。佛的智、清淨微妙。所以那怕無量劫的長久。也都能夠明白。所以說是明足。行字、就是六度萬行。佛修了三大阿僧祇劫。有百劫種的相好。百劫、是一百個劫的數目、六度圓滿。萬行莊嚴。所以說是行足。善逝的一種德號。梵語稱做修伽陀。善字、是好的意思。逝字、是去的意思。善逝兩個字。併攏來講。是去得好的意思。因爲是到不生不滅的好地方去。所以說去得好。大論上說。於種種諸深三摩提。三摩提、就是正定、加一個深字、是說這正定的功夫很深的、無量智慧中去。所以說是善逝。菩薩地持經上。菩薩地持經、是一部佛經的名目、解釋這善逝兩個字。說是第一上升。永不復還。說上升。已經見得是好的了。何況又說是第一呢。說不還來。已經見得是去的了。何況又說是永遠不還來呢。世間解的一種德號。梵語稱做路伽憊。世間有兩種。一種是有情世間。就是衆生。一種是無情世間。就是國土。一切的依報、都包括在無情世間裏邊的、解字、是明白曉得的意思。佛看了世間的一切相。不論是有情世間。無情世間。都明白得很。沒有一些些不知道的。所以稱世間解。無上士的一種德號。梵語稱做阿耨多羅。佛是一切衆生裏頭。最尊最上的人。再沒有比佛更加尊更加上的人了。所以說是無上士。涅槃經上說有所斷者。斷、就是斷德、是佛的一種德、佛能夠斷盡一切煩惱、所以叫做斷德、名有上士。無所斷者名無上士。有所斷。還有一品的根本無明沒有破還是斷德沒有究竟圓滿還是等覺菩薩還比佛差一級所以叫做有上士。佛是斷德究竟滿足的了。再沒有什麼可以斷的了。修證到了沒有什麼可以修證的地位。還有那個能夠勝過佛呢。所以無上士的德號。只有佛能夠稱的。調御丈夫的一種德號。梵語稱做富樓沙曇藐菩羅提。翻譯中國文就是可化丈夫調御師。可化丈夫調御師、是說能夠勸化丈夫的調御師、現在只用調御丈夫四個字。是簡單說法。調字、是用輭功夫來化導的意思。御字是用强力來制伏的意思。丈夫兩個字。照大論上說若言佛爲女人調御師。爲不尊重若說丈夫。一切都攝這幾句的意思。是倘然說佛是女人的調御師。就不尊重佛了。若是說佛是丈夫的調御師。那就不但是女人當然在裏頭所有一切衆生都包括在裏頭了。那就是指一切衆生說的了。安士全書裏頭。安士全書、是一部勸人信佛的書名、講調伏馬的四種方法。說是佛在世的時候有專門調御好馬的馬師。佛問他用幾種法調御的。馬師囘答佛說是四種。第一是用恩。第二是用威。第三是先用威後用恩。第四是先用恩後用威。馬師也問佛用幾種法敎化衆生。佛說也是用這四種法。第一用恩的。對那善信的人。敎他修行學道。第二用威的。對那造惡的人。對他說墮落三途的苦處。第三是先教他修行學道。第四是先對他講三途的因果。這就叫做調御丈夫了。

天人師的一種德號。梵語稱做舍多提婆魔兔舍喃。佛是三界衆生的大導師。導師、是指導衆生的師父、加一個大字、是稱讚這位導師、指導得非常的好、受指導的衆生、又非常的多、三界裏頭天同了人的兩種衆生算是最上等的。說了天人還有的一切衆生也都包括在裏頭了。照大論上說度餘道衆生者少。度天人衆生者多。這兩句、是說佛的度衆生、度天道人道裏頭的衆生多、度還有四道的衆生少、可見得我們既然生在人道裏頭、就容易碰到佛來度了、那還可以不趕緊念佛求往生、跳出三界麼、所以說是天人師。就因爲度天人多的緣故。佛的一種德號在朝課裏頭已經講過的了。世尊的一種德號梵語稱做路迦那他。成論上說。成論、是一部講佛法的書名、具足上邊的九種德號天上人間大家都尊敬的。所以說是世尊。

從如來起一直到世尊總共有十一種德號。涅槃經疏、涅槃經疏、是解釋涅槃經的註解、阿含經。阿含經、是一部佛經的名目、是講小乘法的、同了成論都是把無上士調御丈夫合做一號的。若是依照大論上的說法。那就無上士同了調御丈夫是兩種德號。把世尊的一種德號提出來。說是佛的總號。因爲上邊的十種德號。完全都有了。所以世間出世間都稱佛是第一最尊的。現在的課本上把善逝世間解合做一句念。不曉得是依據那一部經論上的說法。却是沒有考查得出來。上邊所講的十種德號、在阿彌陀經白話解釋、末後修行方法裏頭、開經偈底下、也有解釋的、可以一同看看、南無普光佛。

普字、是周徧的意思。普光、是說佛的智慧光。能夠周徧照到一切的境界。

南無普明佛。

四十二品無明佛都完全破盡了。沒有一絲一毫微細的無明。所以稱做普明。細微的無明、很多很多的、不可以把數目來算他的品數、佛經裏頭、大略說說、分做四十二品、從圓敎的十住菩薩算起、破一品無明、進一位、漸漸的一品一品破過去、漸漸的一位一位進上去、進過十住、十行、十迴向、十地、一直到等覺菩薩、妙覺菩薩、纔把四十二品無明、完全破盡、就成佛了、

南無普淨佛。

法華經上說。微妙淨法身。具三十二相。就是說佛的法身、最是微妙清淨的、三十二種的好相、完全具足、沒有缺少的、佛的三十二相、在普賢行願品白話解釋裏頭、有詳細註解的、是說佛身的清淨。仁王經上說。三賢十聖位果報。唯佛一人居淨土。三賢、是十住位、十行位、十迴向位的菩薩、十聖、是十地位的大菩薩、位果報、是三賢十聖位住的實報莊嚴土、實報莊嚴土、雖然也是淨土、但是比了佛住的常寂光淨土、究竟還差一點、所以說只有佛一個人是住的眞淨土、眞淨土就是常寂光土、是說佛土的清淨。身也淨。土也淨。所以稱做普淨。

南無多摩羅跋旃檀香佛。

多摩羅跋、是一座山的名目。多摩羅跋、是梵語、翻譯中國文、是離垢兩個字、就是離開一切垢穢的意思、旃檀、是一種香的名目。旃檀、是梵語、翻譯中

國文、是與藥兩個字、就是可以把他當做藥醫治病的意思、這種香的形狀。像牛頭。所以叫牛頭旃檀。華嚴經上說、摩羅耶山出旃檀香。就是多摩羅跋山、名曰牛頭。若以塗身。是說若是用這種香塗在身上、設入火坑。是說倘使到火坑裏頭去、火不能燒。這種香有這樣大的用處。所以拿來比佛破盡了一切的惑。證得了一切種智。就是現身在三界的火宅裏頭。也能夠不被那一切的煩惱火燒著。所以稱做多摩羅跋旃檀香。

南無旃檀光佛。

這一尊佛、在修菩薩道的時候。專門修念佛三昧。香光莊嚴的法門。楞嚴經上說、若衆生心、憶佛念佛、現前當來、必定見佛、如染香人、身有香氣、此則名曰香光莊嚴、這幾句的意思、是說衆生的心、若是能夠常常想佛念佛、那就不論現在或是將來、一定能夠見到佛的、像染著香的人、身體上一定有香氣的、這叫做香光莊嚴、一面在念佛、一面能夠常常一心想佛、這種念法、就叫香光莊嚴法門、所以成了佛。就得到這個名號。

南無摩尼幢佛。

摩尼、就是如意寶珠。能夠生出種種寶來的。摩尼幢、就是用摩尼寶珠來結成的幢。是譬喻佛說種種法門。流出種種的法寶。來莊嚴一切衆生心地的意思。

南無歡喜藏摩尼寶積佛。

法華經上說。方便說諸法。皆令得歡喜。這兩句的意思、是說用種種的方便、開示一切法門、使得聽法的衆生、都能夠生出歡喜心來、藏字是庫。藏庫藏裏頭收藏一切寶貝東西的佛是一切法寶的庫藏。所以稱歡喜藏。積字、就是聚攏來。摩尼寶、是寶貴的珠。再加上一個積字。是說積聚了許多許多的寶珠。這都是稱讚佛的意思。

南無一切世間樂見上大精進佛。

一切世間。是通指法界眾生說的。樂字、就是喜歡的意思。樂字、要在右角上邊加一圈、讀做效字音、樂見兩個字。是說喜歡看見這一尊佛。上大精進。就是勇猛精進到極頂的意思。

南無摩尼幢燈光佛。

摩尼幢、是用摩尼寶珠結成的幢。燈光上加摩尼幢三個字。是說燈光的明亮。是取破除眾生癡暗的意思。

南無慧炬照佛。

炬、俗話叫火把。佛的智慧光。像火把那樣的光。可以周徧照耀一切的法界。所以稱做慧炬照。

南無海德光明佛。

佛的功德。深遠廣大。不可以測量的。佛的光明。也是這樣無窮無盡的。所以把海來比佛的功德光明。

南無金剛牢强普散金光佛。

金剛。是譬喻佛的智慧。牢强、是堅固的意思。普散金光。是說佛的金剛智慧光周徧散開來。一切世界都能夠照得到的。

南無大强精進勇猛佛。

佛有不可思議的大威德力。所以稱做大强。强字、是有大力量的意思、說法度衆生。沒有厭倦的心。所以稱做精進。能夠降伏天魔外道。所以稱做勇猛。

南無大悲光佛。

佛的悲心無量。悲心、就是救度苦惱衆生的心、所以稱做圓滿大悲。光字、是取徧照一切衆生的意思。

南無慈力王佛。

佛看待一切衆生。都像是自己的兒子。能夠眞實的給他們受著無上的快樂。所以稱做慈力。佛的慈力。勝過一切大菩薩。所以稱做慈力王。

南無慈藏佛。

法華經上說。如來有無量智慧力、無所畏諸法之藏。智慧力、是佛的十種力、第一、是知覺處非處智力、處、就是道理的意思、佛能夠曉得是道理、不是道理的智力、第二、是知三世業報智力、就是佛能夠曉得一切衆生、過去現在未來三世的業報的智力、第三、是知諸禪解脫三昧智力、就是佛能夠曉得各種禪定、八種解脫、三種三昧的智力、第四、是知衆生諸根上下相智力、就是衆生有上等利根的人、也有下等鈍根的人、佛都能夠曉得他們的相的智力、第五、是知他衆生種種欲智力、就是一切衆生種種的貪欲、佛都能夠曉得的智力、第六、是知世間種種無數性智力、就是世界上衆生的種種性、沒有數目可以計算的、並且種種的性、各各不同的、佛能夠完全曉得的智力、第七、是知一切道至處相智力、像修五戒十善、能夠生在人道天道、修八正道等無漏法、能夠證涅槃、佛能夠曉得修什麼道、成什麼相的智力、第八、是知宿命共相共因緣智力、佛能夠曉得沒有成佛前的百千世刼、自己在衆生裏頭、是什麼姓名、境界、苦樂、壽命長短、的智力、第九、是知天眼無礙智力、佛用天眼來看衆生生的時候、同了死的時候的相、是端正的、或是醜陋的、死了生善道、或是墮惡道、都能夠完全看見、沒有一些阻礙的智力、第十、是知永斷習氣智力、佛已經得到無漏智慧解脫、對那一切妄念迷惑的種種習氣、能夠永遠斷絕的智力、無所畏、就是佛向大衆說的四種無所畏法、第一、是一切智無所畏、佛說我是一切正智的人、沒有一些些懼怕的心、第二、是漏盡無所畏、說我已經斷盡一切煩惱、沒有一些些懼怕的心、第三、是說障道無所畏、佛說、惑業等種種障礙佛道的法、沒有一些些懼怕的心、第四、是說盡苦道無所畏、佛說、各種受苦的道、像畜生道、餓鬼道、地獄道等、完全都說出來、沒有一些懼怕的心、佛同了菩薩、都有四種無所畏的、不過有高下深淺的不同、這裏所說的四無所畏、是佛的無所畏、〇八解脫、第一、是內有色想觀察色解脫、意思是心裏頭有色同了想的那種貪欲、要除滅這種貪欲心、就要看身外邊的種種不潔淨、那就覺得沒有什麼可貪了、那末這種貪欲心、就自然不起來了、所以叫解脫、第二、是內無色相觀察色解脫、心裏頭雖然已經不起色同了想的那種貪欲、但是要使得這種不起的心、更加堅固、還要看身外邊的種種不潔淨、那末這種貪欲、纔可以永遠不起、所以叫解脫、第三、是淨解脫身作證具足住、不看汚穢的色、只看清淨的色、所以叫淨解脫、在用定功的時候、完全除滅不淨的相、只見到光明清淨的色、看見這種淨色、也不起貪欲的心、那末這個身體、就證得性解脫了、所以叫身作證、這種解脫、具足圓滿、能夠常住在定上、所以叫具足住、第四是空無邊處解脫、第五是識無邊處解脫、第六是無所有處解脫、第七是非想非非想處解脫、這四種解脫、各各在所得的定上、觀照苦、空、無常、無我、覺得這種有生死的世界、實在可厭、一定要捨棄他、所以都叫做解脫、第八是滅受想定身作證具住、受心所同了想心所、都滅除他、不放他起來、這種定功、就叫滅受想定、具住、同了具足住一樣的意思、三種三昧、第一是空三昧、觀察諸法、都是從因緣生出來的、也沒有我、也沒有什麼是我所有的、所以叫空、第二是無相三昧、要證到涅槃、一定要離色聲香味觸男女生異滅十種相、修涅槃、是用無相來做緣的、所以叫無相三昧、第三是無願三昧、也叫無作三昧、在諸法裏頭的苦無常等、沒有人願意不捨棄的、沒有人願意去造作的、所以叫無願三昧、八正道、在阿彌陀經白話解釋裏頭、彼國常有種種奇妙雜色之鳥一節底下、有詳細解釋的、○性解脫、是說心識完全離開一切定功的障礙、能夠入滅盡定、叫做性解脫、生異滅、就是生住異滅四相、除去住相、這四種相、是有爲法、就是世界生滅無常的法、不論什麼法、先總是生、等到已經生了、還沒有滅、在那暫時停住的時候、叫住、但是又不會常住、忽然又要改變了、在這改變的時候、叫異、究竟還是歸到滅的一條路上去、能與一切衆生大乘之法。與字、是給他的意思、這兩句經文的意思是說佛有種種的法。多得像庫藏一樣。都是用來化導衆生的。所以要化導衆生。就是佛哀憐衆生的慈悲心。慈藏兩個字就是這種意思。

南無旃檀窟莊嚴勝佛。

窟就是空的洞。佛身上的八萬四千毛孔裏頭。都流出旃檀的香氣來。周徧熏到一切的法界。用這種功德香。功德香有五種、第一是戒香、第二是定香、第三是慧香、第四是解脫香、第五是解脫知見香、這五種香、能夠顯出法身來的、所以也叫做五分法身香、在阿彌陀經白話解釋裏頭、上方世界一節底下、有詳細解釋的、莊嚴自己的法身。所以立這個名號。佛這個身體。像安放旃檀香的洞一樣。所以叫旃檀窟。就是說香得了不得的意思。

南無賢善首佛。

講起賢德同了善行來。都沒有能夠比到佛的。首、就是頭。在身體上是最高的地位。沒有比首再高的東西了。用一個首字。就是說佛的賢德善行。沒有比佛再高的了。

南無善意佛。

一切的善行。只有慈悲心最是第一。十六觀經上說。佛心者大慈悲是。佛的心裏頭。完全是一種的大慈大悲。所以稱做善意。

南無廣莊嚴王佛。

世間的人王天王。（人王、是人間的王、天王、是天上的王、）靠了前生修福的果報。也有一分微細的莊嚴相的。但是比了大法王的莊嚴相。（大法王、就是佛、）那就天差地遠了。就是諸大菩薩的莊嚴相。也還比不上佛。在莊嚴上再加上一個廣大的廣字。那就更加只有佛可以稱了。

南無金華光佛。

金字、是譬喻清淨的性德。（性德、是本性裏頭本來有的德、）華字是譬喻清淨的修德。（修德、是用功修來的德、）從清淨性上。發起清淨修的妙用來。就從清淨修上。顯出清淨性的本體來。楞嚴經上說。淨極光通達。（通達、是說光可以通到各處、都照到的意思、）就是清淨極了。這種發出來的光。寶貴得很。燦爛得很。可以徧照各處。所以稱金華光。

南無寶蓋照空自在力王佛。

佛用大慈大悲心。普度一切衆生。像是拿寶蓋挂在虛空裏頭。光明徧照的樣子。自在力王四個字。就是法華經上說的我爲法王。於法自在。兩句意思。是說我是法王。不論對了什麼法。都能夠解脫自在。沒有一些束縛的。

南無虛空寶華光佛

金光明經上說。佛眞法身。猶如虛空。虛空兩個字。是表顯佛的法身。就是說佛的法身。是無量無邊的。同了虛空一樣的。寶華兩個字。是表顯佛的報身。就是說佛有這樣好的報身。還是在做法藏比丘的時候。發了大願修成的。從報身上化出無數應身來。像是從寶華上發出種種的光來一樣的道理。這一個名號。就完全表顯佛的三身了。

南無琉璃莊嚴王佛

琉璃是一種青色的寶。這種寶很堅固的。不論什麼東西。都不能夠破壞他的。就是用火來燒。也燒不壞的。譬喻佛的眞身。常住不滅的。莊嚴有兩種。一種是福德莊嚴。一種是智慧莊嚴。佛稱做兩足尊。就是說這兩種的莊嚴。都是滿足的。所以稱莊嚴王。

南無普現色身光佛

佛應衆生的機。或是現身說法。或是放出光來照他們。像是天上的月影。周徧照到一切水裏頭。只要同了佛有緣。都能夠看見的。這就叫普門示現。意思就是普徧的顯現出來。

南無不動智光佛

佛的根本智。寂靜不動的。在這寂靜裏頭。卻是自然有一種徧照法界的妙用。這就是不變隨緣的道理。（不變隨緣、在佛法大意裏邊解釋過的、）

南無降伏衆魔王佛

照大論上說。魔有四種。煩惱魔。五衆魔。（五衆、就是五陰、）死魔。天子魔。（也叫做天魔、）罵意經上說。（罵意經、是一部佛經的名目、）有五魔。一天魔。二罪魔。三行魔。四惱魔。五死魔。現在說衆魔王。那是所有一切的惡魔都包括在裏頭的了。佛坐道場的時候。總是先降伏魔王的。（降字、要在左邊下角加一圈、讀做杭字音、就是不倔強了、屈服了的意思、）

南無才光明佛

這個才字。就是無礙辯才。無礙辯才。是說口才好。佛說起法來。沒有人能夠說得過佛。也沒有能夠辯得過佛的。並且能夠使得人聽了明白。聽了喜歡。聽了得利益。沒有一些障礙。用無礙辯才。顯出無量無邊的智慧光明來。照破一切衆生的愚癡昏暗。

南無智慧勝佛。

沒有出三界的凡夫。一切的惑。絲毫也沒有破。叫做沒有智慧。二乘但破一種見思惑。只算得有些小智慧罷了。菩薩破了塵沙惑。還要一分一分的破無明惑。比了二乘的智慧。雖然勝得多了。但是無明沒有破盡。就是智慧沒有滿足。直要無明惑完全破盡。證得了佛的一切種智。纔可以說是智慧勝。智慧勝、就是智慧超勝。沒有人能夠勝過的意思。

南無彌勒仙光佛。

彌勒仙光四個字的意思。（彌勒、是梵語、翻譯中國文、是慈氏兩個字、）是說佛的大慈悲心。發出來的光。能夠普徧照到一切法界的。光字上面加一個仙字。是稱讚光的特別明亮。

南無善寂月音妙尊智王佛。

佛證的境界。叫做寂光眞境。（寂、是寂然不動的意思、光、是偏照一切的意思、）寂裏頭有光。所以本體不變動。能夠隨衆生的機緣現相。的光仍舊是寂。所以雖然隨緣現相。本體還是沒有變動的。這叫做善寂。不是像二乘的一味空寂。（不能夠善寂、就叫空寂、）空寂就成了枯寂了。沒有照的妙用的。所以不能夠稱善寂。月音的月字。是取圓滿的意思。佛用一種音說法。一切衆生。聽了都能夠明白。這叫做圓滿音。佛的一切種智神妙不測。最尊最上。所以稱做妙尊智王。

南無世淨光佛。

佛的大智慧光。能夠使得一切世間、都清淨莊嚴。所以稱世淨光。

南無龍種上尊王佛。

龍字、是譬喻佛的。本行集經上。本行集經、是一部佛經的名目、稱佛是龍。涅槃經上。稱佛是人中龍王、龍是眾生裏頭最大、最靈、最神妙、最會變化的一種動物。能夠現大的形相。也能夠現小的形相。所以稱做各種水族的王。佛是人裏頭最上最尊的。所以拿水族裏頭最上最尊的龍來比佛。又是最尊無上的大法王。所以稱做上尊王。

南無日月光佛。

日光不論遠近、可以同在一個時候、各處都照到的。譬喻佛的實智。實智、是眞性裏頭的眞實智慧、能夠生出一切功德悲心的根本、所以也叫做無上菩提的根本智、月光隱顯不定。隱、是看不見、月光要到每月的初三日、纔有一些、過了二十三日、又見不到了、不像日光、只要不下雨、沒有雲遮蓋、就天天見到的、所以說隱顯不定、隨著時候顯現的。譬喻佛的權智。權智、就是相機說法的方便智、

南無日月珠光佛。

日光是很明淨的譬喻佛的道種智。月光是很清涼的譬喻佛的一切智。珠光是很圓妙的譬喻佛的一切種智。三種智慧光。只有佛是完全具足的。（三種智、在下邊須彌光佛底下、同了佛法大意裏頭、都有解釋的、）

南無慧幢勝王佛

幢、是供在佛面前的一種莊嚴品。像繡華的傘蓋。差不多的。加一個慧字。是比喻佛的智慧。比一切衆生都高。可以莊嚴一切的法界。又是勝過一切的人王天王。自在無礙的。所以稱做勝王。

南無師子吼自在力王佛

佛的說法。稱做師子吼。吼、就是叫。獅子、是各種野獸的王。獅子的聲音。又大又猛。所以獨有獅子的叫。稱做吼。獅子叫一聲。各種野獸都嚇得伏住了不敢動。譬喻佛說起法來。聲音又高又遠。各處都聽得到。凡是聽法的衆生。也都靜了心聽。一樣的。法華經上說。如來一切自在神力。又說我爲法王。於法自在。所以佛稱自在力王。（自在、就是俗話說的自由自在的意思、）

南無妙音勝佛

妙音、是讚佛聲音的微妙。勝字、是勝過九法界的意思。華嚴經上說。一切世界妙音聲。悉無能及如來音。一音遠振徧十方。是大勝音妙法門。這四句的意思。是說所有一切世界上好聽的聲音。都及不到如來的妙音。如來的妙音。可以振動十方世界。音聲一發動了。所有十方世界。不論遠近。都可以聽到的。所以叫勝音。這四句偈。就是這佛號的意思。

南無常光幢佛。

佛開示種種的法門。叫建法幢。（建字、是豎立起來的意思、）用這個法幢來。表顯一切衆生自己的心性。本來具足智慧光明。常住不變的。

南無觀世燈佛。

用佛的無上智慧。觀照世間法、同了出世間法、一切法的眞實相。像是暗的地方點了燈。沒有看不見的東西了。不但是照破自己一切的暗相。也能夠照破法界衆生一切的暗相。所以佛稱世間燈。普賢行願品上所說的。所有十方世間燈。就是稱讚佛的。

南無慧威燈王佛。

諸佛說法度衆生。對那心性柔軟的人。用智慧的光明力來攝受他。對那心性剛强的人。用威德的光明力來折服他。那種智慧的光。威德的光。都是照破衆生的愚癡昏暗的。所以把燈來做譬喻。

南無法勝王佛。

一切的法。只有佛法是最勝。法華經上說。如來三界中爲大法王。這一句的意思。是說佛是三界裏頭的大法王。這個大字是包含大多勝三種意思的。大多勝、在朝課大佛頂首楞嚴神咒底下、有詳細解釋的、那末法勝王也就是大法王了。

南無須彌光佛。

須彌山的全體。須彌山、在佛法大意裏頭、註得很詳細的、是四種寶合成功的。所以能夠發光。譬喻佛的身體。完全是四種智的光明相。四種智、第一、是大圓鏡智、佛觀照法界一切的事相理性、沒有一些不明白、像一面大鏡子、不論什麼色相、都照得到、又叫一切種智、說這種智、就是佛一切功德的根本、第二、是平等性智、佛對待九法界衆生、都是平等的、都是用大悲心的、沒有絲毫分別心、這是佛的本性、第三、是妙觀察智、佛用微妙心、來觀察諸法的相、說種種的法、使得九法界衆生、斷除疑惑、第四、是成所作智、佛利益一切凡夫同了二乘、用這種智來、使得他們能夠成就種種事情、○這裏解釋的四智、同了佛法大意裏頭的解釋、有些不相同、這是因爲佛的智、高得很、多得很、兩種解釋、都可以說的、都不錯的、

南無須曼那華光佛。

須曼那、須曼那、是梵語、翻譯中國文、是稱意兩個字、就是俗語說的稱心、是說稱隨便什麼人的意的、是一種華的名目。這種華的光相。有黃白兩種顏色。並且很香的。沒有人不歡喜的。所以叫做稱意。譬喻佛應衆生的機。放光說法。能夠使

得大眾都生歡喜心。

南無優曇鉢羅華殊勝王佛。

優曇鉢羅、優曇鉢羅、是梵語、翻譯中國文、是祥瑞兩個字、意思就是這種華開了、就會有祥瑞出現的、也是一種華的名目。這種華不是常常有的。照般泥洹經上的說法。般泥洹、是一部佛經的名目、若是優曇鉢羅樹上開了金色的華。那末世界上就要有佛出現了。照施設論上的說法。施設論、是一部講佛法的書名、若是閻浮提出了轉輪王。方纔有這種華生出來。這種華是有祥瑞的事情。快要出現的時候。纔會生出來的。所以也叫瑞應。瑞應、就是有祥瑞來應驗的意思、殊字是不同尋常的意思。勝字是超過一切的意思。王字是尊貴無比的意思。這個名號是拿這種寶華來比喻讚歎佛的功德的。就是很難得有的意思。

南無大慧力王佛。

修行人要破除迷惑。必須靠智慧的力量。佛把所有一切的見思惑。塵沙惑。無明惑。這三種惑、在佛法大意裏頭、有詳細解釋的、完全都破得淨盡了。纔可以稱是大智慧力的法王。這一尊佛的德號。同了前邊智慧勝佛。差不多的意思。

南無阿閦毗歡喜光佛。

佛證的眞如法身。本來是不變動的。隨順衆生的機緣。現出無量應化身的光相來。演說種種的妙法。使得大家都生歡喜心。這就叫不變隨緣。雖然隨順衆生的機緣。現身說法。但是佛的根本智實在並沒有變動。這就叫隨緣不變。佛號稱阿閦毘。（阿閦毘、是梵語、翻譯中國文、就是不動兩個字、）就是不變動的意思。佛能夠隨順衆生。使得衆生都歡喜。又能夠現出種種的光相來。所以又稱歡喜光佛。

南無無量音聲王佛。

維摩經上說。佛以一音演說法。衆生隨類各得解。這兩句的意思。是說佛的說法。只是一種聲音。但是各類的衆生。聽了自然都能夠明白。那末佛雖然只說一種音聲。自然能夠化出無量種類的音聲來的。所以稱無量音聲王。

南無才光佛。

一切諸佛化度衆生。用的兩種法。一種是無礙辯才。說種種的妙法。化度他們。一種是放種種的光。照著他們的身體。使得他們心裏頭自然能夠覺悟。

南無金海光佛。

金、是堅固不壞的。表顯心性的體。海、是廣大無邊的。表顯心性的相。光、是自在無礙的。表顯心性的用用這三個字做佛號。體相用完全具足了。

南無山海慧自在通王佛。

山字、是譬喻佛智慧的高大、海字、是譬喻佛智慧的深遠。佛用這高大深遠的智慧。照一切法。所以能夠融通無礙、得大自在。

南無大通光佛。

大字是顯的法身德。法身對那不論什麼。都包含在裏頭的。所以說是大。通字、是顯的解脫德。解脫就沒有障礙。所以說是通。光字、是顯的般若德。般若能夠照破癡暗。所以說是光。用這三個字做佛號。是三德完全具足的。

南無一切法常滿王佛。

一切法的體性。就是眞如性。所以一切的法。都是常住的。都是圓滿的。完全證得了這種道理。纔可以稱做法王。○從普光佛起。一直到這一尊佛。總共五十三尊佛的名號。出在觀藥王藥上二菩薩經上的。（觀藥王藥上二菩薩經、是一部佛經的名目、）照經裏頭說起來。聽到了這五十三佛的名號。就能夠百千萬億阿僧祇劫。不墮落到惡道裏頭去。能夠念這五十三佛的人。生生世世。常常可以見到佛。能夠恭敬禮拜這五十三佛的人。那末所有五逆十惡。種種重罪。一齊都可以消滅了。過去莊嚴劫的一千尊佛。現在賢劫的一千尊佛。未來星宿劫的一千尊佛。這三千尊佛。都是因爲稱揚讚歎。恭敬禮拜這五十三佛。所以能夠早成佛道的。可見得稱念禮拜這五十三佛的功德。實在是不可思議的。

南無釋迦牟尼佛。

釋迦牟尼、是梵語。翻譯中國文。釋迦、是能仁兩個字。就是能夠大慈大悲。普度一切衆生。不取涅槃的意思。牟尼是寂默兩個字。寂、是無相。金剛經上說。離一切諸相。卽名諸佛。這兩句的意思。是說能夠離一切相的人。就叫是佛。就是這寂字的道理。默、是無說。經上常常說到的。佛說法四十九年。實在沒有說一句法。金剛經上說。如來無所說。是說佛沒有說什麼法。就是這默字的道理。寂默、是智慧合著眞理。不住生死的意思。（不住生死、就是不著生死的相、釋迦牟尼四個字的意義、在阿彌陀經白話解釋裏頭、佛說阿彌陀經一句底下、還有解釋的、可以看看、）

南無金剛不壞佛。

佛身是智慧光的相。堅固不壞的。寶積經上說。（寶積經、是一部佛經的名目、）如來的身。是金剛的身。不壞的身。

堅固的身。所以讚歎佛身的。總說是金剛不壞身。

南無寶光佛。

寶、字是尊貴的意思。華嚴經上說、一切世間諸光明。不及佛身一毛光。這兩句的意思。是說一切世界上的種種光明。都及不到佛身上一根毫毛的光。所以佛光稱做寶光。

南無龍尊王佛。

龍、是衆生裏頭最有神通變化的。是一切水族衆生的王。所以水族的衆生。都尊敬龍的。譬喻九法界都尊敬佛一樣。佛有種種的神通自在。所以稱一切世間最尊無上的大法王。

南無精進軍佛。

精、進是勇猛前進的意思。世間的勇將。那怕是專門打勝仗的人。稱做常勝軍的。也不能夠把所有的怨賊。怨賊、是說同我有怨仇的賊、要害我的、完全都殺盡的。況且只能夠殺那有形的怨賊。不能夠殺那沒有形的怨賊。沒有形的怨賊、就是無明、到摧著了無常鬼。終究不免要被他活捉去的。三乘的聖人。雖然能夠殺沒有形的怨賊。這是說粗相的無明、但是無明沒有破盡。總還有這法身的怨賊。法身的怨賊、就是微細的無明、只有佛把所有一切的惑。完全都破盡了。再也沒有一絲一毫的怨賊了。所以佛稱做大雄大力、大法將。（大雄、就是大英雄、大法將、就是有大法力的將軍、）就是這精進軍三個字的意思。

南無精進喜佛。

功德圓滿。證到了佛的地位。這是自利一邊的大歡喜。隨機說法。化度一切的衆生。這是利他一邊的大歡喜。兩種大歡喜。都是從三大阿僧祇劫勇猛精進的修行上得來的。所以稱做精進喜。

南無寶火佛。

智慧稱做寶。是取清淨無垢的意思。稱做火。是取光明偏照的意思。佛證得了無上智慧。所以稱是寶火。

南無寶月光佛。

月光是很清涼的。照著的人。都覺得很爽快。的諸佛菩提智寶的光。照著了衆生。能夠使得衆生身心快樂。還要比那清涼的月光。更加覺得受用。所以稱做寶月光。

南無現無愚佛。

解深密經上說。（解深密經、是一部佛經的名目、）十地菩薩。總共有二十二種愚癡。每進一地。斷二種愚癡。一直證到等覺菩薩。還有二種極微細的愚癡。要把這二種極微細愚癡斷盡。那就現出一些愚癡都沒有的相來了。就完全現出大菩提的相來了。就證到佛位了。所說的二十二種愚癡、在解深密經裏頭、講得很詳細的、因爲講起來太煩了、並且同了這種懺悔文、也沒有什麼大關係、所以不詳細提出來了、

南無寶月佛。

寶字是讚歎佛德。佛德就是佛寶。月字、是比顯佛身、因爲佛身光明無量。所以稱做佛月。金光明經上說、是故我今稽首佛月、月的體性。是虛空性。譬喻佛的法身清淨光明圓滿常照。譬喻佛的報身。月影現在一切的水裏頭。譬喻佛的應化身。

南無無垢佛。

佛證得清淨法身。就是一切衆生的自性清淨心。心體裏頭。本來是清清淨淨。沒有一絲一毫垢穢的。

南無離垢佛。

一切的垢穢相。都是從一念不覺上生出來的。一念不覺、就是迷惑、就是有了妄想的心、這一念的不覺。叫根本無明。佛把這根本無明。完全破去。所有智德、斷德、兩種的德相。智德、能夠破一切的愚癡、斷德、能夠斷一切的煩惱、都圓滿證足

了。所以能夠永遠離開那一切垢穢的相了。

南無勇施佛。

施就是布施。財施、法施、無畏施、三種的布施功德。在朝課裏頭、佛母準提神咒底下、詳細講過的、都勇猛精進。一齊都做完全沒有一些退縮的心。纔可以說是勇施。

南無清淨佛。

佛用清淨智證得中道第一義諦。所以依報正報。都是完全清淨的。仁王經上說唯佛一人住淨土。意思是說依報的清淨。法華經上說清淨光明身。意思是說正報的清淨。正報依報都清淨。所以稱清淨佛。

南無清淨施佛。

心地觀經上說。心地觀經、是一部佛經的名目、三輪清淨是檀那。檀那、是梵語、翻譯中國文、就是布施兩個字、能夠布施的我受布施的人同了那所布施的東西。叫做三輪。不著這三種的相。不著三種相、就是一、沒有我做了布施的好事的心、二、沒有旁人受了我布施的恩惠的心、三、沒有我拿出東西來布施的心、叫做三輪清淨。金剛經上說。菩薩於法。應無所住。行於布施。住、是著相的意思、就是說不著相的布施。就是清淨的意思。菩薩的法布施。尚且是這樣清淨的。何況是佛呢。

南無婆留那佛。

婆留那是天上的一種吃了不死的藥。婆留那、是梵語、翻譯中國文、就是甘露水、佛經上往往把甘露譬喻涅槃妙法的。金光明經上說開甘露門。示甘露器。入甘露城。處甘露室。令諸衆生食甘露味開門、譬喻說法、示器、譬喻勸修、入城、譬喻見道、處室、譬喻證理、食味、譬喻得著涅槃的大受用、所說的甘露實在就是涅槃的替代名字。從前在北魏時候。北魏、在從前六朝時候、北方有一個國、叫北魏、有一個曇鸞法師。喜歡長生的。受了一位仙人名字叫陶宏景的仙經十卷。就想修仙了。後來見著了印度來的一位高僧名叫菩提流支。曇鸞問他佛有長生不死的妙法麼。流支笑道。長生不死。就是佛的道理。除了佛法。再也沒有能夠長生不死的了。就把十六觀經。送給曇鸞。說道。照這個法門去修。永遠不會再在三界六道裏頭受生了。壽命的長久。那怕你拿恆河沙的劫數來比。還比不上哩。曇鸞受了這十六觀經。就把那仙經燒了。一心的專修淨業。後來果真往生到極樂世界去了。這是有確實證據的。可見得長生不死實在是只有佛道了。

南無水天佛。

水的性是流動的。拿來譬喻衆生。天的體是明淨的。拿來譬喻諸佛。照俗諦說。諸佛同了衆生。

高下也不相同。好比是天淵相隔。（淵、就是河、天同了地上的河、自然是隔得很遠的、這一句的意思、是說佛同了衆生、高下相隔得很遠的、）照眞諦說。諸佛同了衆生。是平等的。沒有高下的。好比是水天一色。（這一句、是說水同了天、是一様顏色的、意思、就是說佛同了衆生、是一様的、沒有分別的、）一色的水天。不妨相隔。相隔的天淵。可以一色。眞俗融通。就是中道第一義諦。證得了這三諦的道理。就是佛了。還有一種說法。水天是龍神的名稱。因爲龍在水裏頭。能夠有天的自在作用。佛稱人中的龍王。所以立這水天的德號。

南無堅德佛。

菩提涅槃的德相。最是第一堅固法。佛證得了大菩提大涅槃。所以稱做堅德。

南無旃檀功德佛。

照大論上的說法。旃檀能夠治熱病的。赤旃檀能夠除去風毒的。譬喻佛證得了滿足的五分法身香。（五分法身香、也可以叫功德香、在前邊旃檀窟莊嚴勝佛底下、講過的、）所以煩惱熱病。無明風毒。一齊都消滅盡了。六祖說的功德是在法身裏頭的。那末法身全顯。就是功德圓滿了。

南無無量掬光佛。

掬字、是兩隻手捧東西的意思。平常說把至誠的心對待人。叫做掬誠。就是拿出誠心來現在所說的㧑光。是放光現相。使得有緣的衆生。都能夠覺悟的意思。華嚴經上說。佛放無量大光明。一一光明無量佛。無數方便皆悉現。化度一切衆生類。這四句偈的意思。是說佛放出無量的大光明來。在一道一道的光裏頭。現出無量的佛來。無數的方便法。也完全都現出來。化度一切的衆生。就是這個德號的意思。

南無光德佛。

華嚴經裏頭。賢首菩薩品上說。賢首菩薩品、是華嚴經各品裏頭的一品、光明有種種的名目。各各不同的名目。儘管各不相同。不過都是表顯德用的。德用、是德的功用、就像那無慳光。慳字、是器量小的意思、無慳、就是俗語說不小器、是表顯布施度的。清涼光、是表顯持戒度的。忍莊嚴光、是表顯忍辱度的。轉勝光、是表顯精進度的。寂靜光、是表顯禪定度的。慧莊嚴光、是表顯智慧度的。可見得各種的光明。都是從修行功德上生出來的。所以稱做光德。

南無無憂德佛。

憂悲苦惱。是十二因緣的生滅法。十二因緣生滅法、在心經白話解釋裏頭、詳細講過的、佛證得了眞如妙性。圓滿了常樂我淨的四種德。常樂我淨、是佛的四種德、第一是常德、就是證得了涅槃、常常不變、沒有生滅、所以叫做常、第二是樂德、證了涅槃、就能夠永遠寂滅、安閒、受用、沒有絲毫煩惱、所以叫做樂、第三是我德、衆生所說的我、不能夠自由的、所以是假我、佛的我、得大自在的、沒有一些束縛的、是真我、方纔可以稱做我、第四是淨德、所有一切的垢穢、完全清淨 所以叫做淨、自然再也不會有憂惱的了。

南無那羅延佛。

那羅延是梵語、翻譯中國文、是堅固的意思。同了首楞嚴三個字。差不多的。不過這兩種名詞。都是包含許多意義在裏頭的。首楞嚴、在朝課裏頭、南無楞嚴會上佛菩薩一句底下、有詳細解釋的、能夠明白了首楞嚴的意義、那就那羅延的意義。也就明白了。

南無功德華佛。

佛身、是種種功德莊嚴成的。功德滿足。法身自然顯現出來了。像到了春天的時候、各種的華。自然一齊開放的樣子。

南無蓮華光游戲神通佛。

蓮、是清淨的本體、表顯佛的法身。華、是莊嚴的妙相、表顯佛的報身。光、是無礙的大用、表顯佛的應身。佛雖然有法身、報身、應身。但是這三身就是一身。三身、是佛現的三種身相、實在佛也同人一樣的、只有一個身體、所以說三身、就是一身、一身就是三身。不動本位。因為三身就是一身、佛儘管現出三身來、但是佛原來的本身、並沒有動、所以叫不動本位、本位、是本來的位子、就是佛本來的身、偏現十

方世界、這就是佛的游戲神通、

南無財功德佛。

世間的財物、摊著了水火盜賊、就保守不住了。今世所有的、一些也帶不到後世去、所以叫做不堅固財。依照佛法修種種功德、叫做積聚法財。下了法財的種子、在八識田裏頭。所有世間法、出世間法的一切種子、都收藏在第八識裏頭的、碰到了緣、就會發生現行的、像是田地一樣、放了種下去、就會生出果來的、所以叫做八識田。○現行、是從種子生出來的法、譬如一粒穀、就是種子、用人工種下田裏頭去了、得到了日光雨露的緣、就生出稻來了、這生出來的稻、就叫發生的現行、永遠不會失落的。這叫做堅固財。自己修行、是自利的法財功德。教化他人、是利他的法財功德。兩種功德都圓滿了、就成佛了。

南無德念佛。

凡夫的念頭、都是著相的。叫做妄念。佛證得了眞空實相、一切的妄念、完全沒有了。眞如心性上自然有一種偏照法界的妙用。楞嚴經上說、十方如來、憐念衆生、如母憶子、憐念是哀憐他紀念他的意思。佛的憐念衆生、有這樣大慈大悲的恩德、所以稱做德念。

南無善名稱功德佛。

在因地上行菩薩道的時候。因地、是種因的時候、就是修行種成佛的因的時候、廣修六度萬行、一切無漏的善法。無漏、是眞實的功德、像一個不破的瓶、放水下去、不會漏掉的、不眞實的虛假的功德、靠不住的、像把水放在破瓶裏頭、就會漏掉的、叫有漏、到了功德滿足。證得了佛的果位。無上的大名稱。就十方世界沒有聽不到的了。所以叫善名稱。

南無紅燄帝幢王佛。

紅燄的燄字、梁皇懺本上。梁皇懺、是一部佛經的名目、作焰字解釋。是光。若是照燄字的解釋。那就是火光搖動的形狀。紅燄帝幢、是天帝宮裏的赤珠寶幢。因爲這寶幢是赤珠結成的。所以發出來的光。全是紅色的珠光閃耀。像是火在行動。所以叫做紅燄。這是表顯佛德高大智慧光明。徧照一切法界的意思。

南無善游步功德佛。

游步、就是行走。佛行走的樣子。像象一樣的。一直向中間大路上走去。不走斜路小路的。所以說是善游步。如來舉足下足的事情。舉足、就是提起脚來、一切諸大菩薩。都不能夠曉得的。佛的一舉一動。無非是稱性的功德。稱性、就是依憑這個性、順這個性的意思、所以立這個德號。

南無鬬戰勝佛。

佛披了禪定的堅固鎧甲。鎧甲、就是古時代、打起仗來穿的甲、用了智慧的鋒利刀劍。鋒利、是很快的、不是鈍的、同了一切外道邪魔戰鬭沒有不勝過他們的鎧甲、是譬喻禪定的堅固。（堅固、是說禪定的功夫深得很、）刀劍、是譬喻智慧的鋒利。（鋒利、是說智慧的高妙、）

南無善游步佛。

佛的神足力沒有來去相的。坐在一處道場裏頭。能夠周徧現身到十方微塵世界去普度一切有緣的衆生。這叫做善游步。

南無周匝莊嚴功德佛。

匝字、本來是周圍的意思。周匝、就是周徧的意思。佛的無上功德周徧莊嚴一切的法界。普利一切衆生。永遠沒有窮盡的。

南無寶華游步佛。

佛的三十二相裏頭。有一種相叫千輻輪。（一個輪盤、叫一輻、千輻輪、就是一千個輪盤、）是佛的足底下。有許多輪盤形的好相。經上說。若欲行時。寶華承足。這兩句、就是說佛若是要舉足游行。自然有衆寶妙華。托住佛的千輻輪足。往來十方。沒有蹤跡可以尋找的。

南無寶蓮華善住娑羅樹王佛。

蓮華。是最清淨的華。況且還是寶的蓮華。那是更加顯得本體的清淨了。用寶蓮華三個字。是因爲蓮華雖然生在泥土裏頭。但是仍舊不染汚華的潔淨。所以借來表顯心性隨緣不變的道理。善住的住字、就是常住不變的意思。心性不生不滅。不垢不淨。不增不減。（這三句、大略講講、是說心性沒有生、也沒有滅的相、沒有垢穢、也沒有清淨的分別、沒有什麼可以加增、也沒有什麼可以減少、若是要曉得詳細、可以請一本心經白話解釋來看看、就都可以明白了、）永遠是這樣的。所以稱做善住。娑羅樹、是很大的。所以稱樹的王。（娑羅、是梵語、翻譯中國文、是堅固兩個字、）佛現涅槃相的地方。就是在娑羅樹底下的。這善住娑羅樹王六個字。是表顯心性不變隨緣的道理。◯從前邊釋迦牟尼佛起。一直到這一句佛號。總共有三十五尊佛。都出在決定毗尼經上的。（決定毗尼經、是一部佛經的名目、）寶積經上說。一切衆生若有五逆十惡萬刼不通懺悔者。（不通懺悔、就是不能夠懺悔、）應須頂禮三十五佛至心懺悔一切罪障。卽皆除滅。意思就是頂禮三十五佛。那怕五逆十惡等種種不能夠懺悔的重罪。也都可以除滅。那末禮拜稱念這三十五佛。實在是有不可思議的大功德的。因爲能夠消滅一切極惡重罪的。所以一定要至誠的禮拜稱念的。

南無法界藏身阿彌陀佛。

心性包含一切法界。稱做法界藏。十六觀經上說。諸佛如來是法界身。照這兩句經說起來。一切佛的心性都是包藏一切法界的、那就不論那一尊佛。都可以稱法界藏身的了、現在把禮拜稱念八十八佛的功德。回向極樂世界。莊嚴淨土。求願往生。所以獨把這法界藏身四個字。加在阿彌陀佛名號上。見得阿彌陀佛的法身。實在包藏一切佛的法身的。所以經上說。見了阿彌陀佛。就是十方一切諸佛。都見到了。念了八十八佛後。再加念阿彌陀佛。就同了華嚴經末後普賢菩薩說十大願王。回向求生極樂世界。是一樣歸結的意思。（阿彌陀佛的詳細事實、阿彌陀經白話解釋裏頭、已經講過了、所以這裏不多說了、）

如是等一切世界。諸佛世尊。常住在世。是諸世尊。當慈念我。

這幾句、是求佛慈悲哀憐記念我們的意思。如是兩個字。是指上邊所說的八十九佛等字、是總包括別的一切諸佛。有佛就有世界。所以說一切世界諸佛世尊。一切的佛。都是常住不滅的。就像本師釋迦牟尼佛。雖然說是在雙樹中間。現了涅槃的相。實在到現在時候。還是在靈鷲山同了諸大菩薩。說種種妙法。並沒有眞的入了涅槃。不過我們薄福的衆生。自己沒有見佛的機緣。所以若是到印度去朝禮靈山。就只看見一座荒山。那裏還看得到佛的形像、聽得著佛說法的聲音呢。（這是法華經上說的、不可以不相信的、）是諸世尊四個字。凡是一切世界的佛。都包括在裏頭了。楞嚴經上說十方諸佛憐念眾生如母憶子。憶字、就是記念的意思、這幾句、是說十方一切的佛、都哀憐眾生的苦、都記念一切的眾生、像母親記念自己的兒子一樣、所以這樣多的佛、都慈悲憐念我們、

若我此生若我前生從無始生死以來所作眾罪若自作若教他作見作隨喜。這幾句、是總發露今世前世所造一切的罪業。自己把所造的罪業、直說出來、一些也沒有隱瞞、叫做發露、凡是要懺悔、總要先發露自己所造的種種罪業的、意思是說若是我這一世或是我前幾世。以下的各個若字、都是拿他做若是兩個字解釋的、自從有了這生死的身體。一直到現在。在六道輪迴裏頭轉。不論在那一道。都是生死的身體。捨了這個生死的身體。又得了那個生死的身體。一直是這樣的。儘管推算到從前去。從前還有從前。永遠沒有開頭的。所以叫做無始生死。在這無量無邊的生死裏頭所造的種種罪業。不曉得有多少。所以說是眾罪。造罪的原因。總不出三種事情的。一種是自己親身造的。叫做自作。作、就是造、一種是教旁人去造的。叫做教他作。一種是看見旁人造罪。不去阻住他。倒反跟了他生歡喜的心。這個叫做見作隨喜。三種造罪的因。雖然也有輕重的分別。究竟都是罪業。都應該要發露的。

若塔若僧若四方僧物若自取若教他取見取隨喜。

這幾句、是分別發露今世前世所造取三寶物的罪。取字、就是俗語說的拿、三寶、就是佛法僧、凡是供養三寶的東西、若是拿來自己用了、就叫做取

三寶物、是極重的罪業、塔、是供養佛身舍利的。舍利、是佛涅槃後、把佛的身體、用火化了、在佛的身體裏頭、有結成功一顆一顆、像珍珠那樣的東西、叫做舍利、這是佛修了種種功德、薰成功的一種寶貝、照阿含經上說有四種地方應該要起造佛塔的。一種是佛生身的地方。一種是佛得道的地方。一種是佛說法的地方。一種是佛現涅槃相的地方。都應該要造了塔供佛的舍利。做永遠的紀念。好使得人發起恭敬信仰的心。禮拜讚歎。用種種東西來供養。種出世的善根。現在所說的若塔兩個字。不獨是指供佛舍利的塔。連一切的寺廟庵院。凡是供佛菩薩的地方。一起都包括在裏頭的。若僧兩個字。是單指在本處塔廟寺院裏常住的僧衆。若四方僧。是說從各處來的游方僧。游方兩個字的意思、就是游歷各處地方、像那些出家人、或是朝山進香、或是參訪善知識的一類人、〇參、是像俗家人拜望一樣的意思、訪、是尋求的意思、經過各處地方。就暫時在那處地方的大寺院裏頭掛單住幾天。凡是僧人受過比丘戒、領得戒單的、可以到各處寺院裏頭借住、照例的飯食、就歸住的寺院供給他、叫做掛單、是暫時的方便、〇戒單、是受了比丘戒的證明書、像現在學校裏頭的畢業文憑、差不多的、就要去的。住的時候。來的地方。都沒有一定的。所以叫四方僧。一個物字。是連上邊的塔裏頭的東西。同了四方僧的東西。都包括在裏頭的。就是無論是塔廟寺院經管的東西。或是常住僧衆個人的東西。或是四方僧帶來的。同了那施主布施他們的東西。凡是三寶名下的東西。倘然拿來私下用了。就叫做取三寶物。智度論上說。盜佛燈油者。當墮黑暗地獄。意思是說偷用佛前燈油的人。將來一定要墮落到黑暗地獄裏頭去的看了這句就可以曉得偸用了別種供養三寶的東西一定也是地獄的罪所以寶梁經上說（寶梁經、是一部佛經的名目、）宜自啖身肉不得盜三寶物這兩句的意思是說情願餓極了自己喫自己身上的肉那不過是一時的痛苦若是偸用了一些供養三寶的東西那是將來受的痛苦還不曉得要加重幾千萬倍哩所以這種事情萬萬做不得的若自取三句的意思是同了上段一樣的不過作字換了取字罷了罪業是做出來的所以用個作字東西是拿來用的所以用個取字看過了上段的解釋自然就可以明白了不要再講的了

五無間罪若自作若教他作見作隨喜

這幾句是分別發露今世前世所造阿鼻地獄的罪（阿鼻、是梵語、翻譯中國文、是無間兩個字、就是沒有間斷的意思、）無間地獄、是最大最苦的地獄因爲有五種事情都沒有間斷隔開的所以叫做五無間第一、是時無間凡有墮落到這種地獄裏頭去的衆生日日夜夜受罪直要經過許多劫數沒有一個時候停歇的第二、是形無間形是形狀這個地獄的牆周圍一萬八千里高一千里牆是鐵的上下中間都是大火地獄裏頭有一鐵床橫豎各有一萬里一個人受罪自己看見自己的身體裝滿在這只床上千萬個人受罪也各人都看見自己的身體裝滿在這只床上沒有兩樣形狀的

一個人、也是滿、多個人、也是各各都滿、並且各各不阻礙、這就見得色身本來就是法身、法法都是圓融無礙的、第三是受苦無間地獄裏頭種種刑罰的名目。像那刀山劍樹等類。多得說不盡。地藏菩薩對摩耶夫人說、就是說了一劫的時候、也還是講不完的。像這種的大苦痛。受罪的人。一件一件都要輪流受到。接連不斷的、第四是趣果無間。趣果就是造了因。招受果報的意思。不論是男人女人。老的小的。貴的賤的。也不管他天龍鬼神。凡是造了落地獄的罪。一定都要受這種的苦果報。沒有分別的。因果的道理、絲毫沒有錯的、造了無間地獄的因、決定要受無間地獄的果、可見得修了淨土的因、也決定會受往生西方的果、只要修得切實、決定能夠往生的、第五是命無間。若是墮落到這種地獄裏頭去。一日一夜裏頭。總要死一萬次。生一萬次。隨死隨生。隨生隨死。從起初進去的時候起。一直要經過百劫千劫。不是到罪業消盡了。這種苦報。永遠不會間斷的。這五種受苦的情形。都是從果上說的。現在所說的五無間罪。是說造的墮落無間地獄的罪因。罪因、是造罪的原因、照地藏經上說。若有衆生不孝父母。或至殺害。當墮無間地獄。千萬億劫。求出無期。這是第一種罪因、衆生的身體、都是父母賜的、講父母的恩德、比天還要高、比地還要厚、要能夠度脫父母、生到西方極樂世界去、永遠享受安樂、不再受生死輪迴的苦、那纔可以算眞能夠報父母的恩了、像父母這樣的大恩、就是盡世間所有種種孝養的道理、還是不能夠報得千萬分的一分、所以不孝父母的人、一定將來要墮落到地獄裏頭去的、何況還要傷害父母的身體性命呢、像這樣的惡人、怎麼不要墮落到無間地獄裏頭去、受那千萬億劫的大苦惱、永遠沒有出頭的日子呢、若有衆生出佛身血。毀謗三寶。不敬尊經。也要墮到無間地獄裏頭去。千萬億劫。求出無期。這是第二種罪因、佛是一切衆生的無上尊師、大慈悲父、應該禮拜讚歎、恭敬供養的、怎麼可以傷害佛、使得佛身上出血呢、不要講是佛現的化身、就是塑的畫的佛像、若是弄壞了一些、也叫做出佛身血、這是五逆大罪裏頭的一種、毀謗三寶、就是說壞佛法僧三寶、使得人家起疑惑心、不能夠發起修行的信心來、就耽誤了人家學佛的心、這叫做疑誤衆生、也是極惡極大的罪業、一切尊貴的大乘經典、就是諸佛的眞法身、所以不曉得尊敬經典、也是極重的罪業、這三種罪業、都是永遠墮落無間地獄的惡因、〇導師、是指導大衆的師父、

若有衆生侵損常住。 侵字、是侵犯他、損字、是使他受虧、這四個字、就是說佔常住的便宜、 **玷汚僧尼。** 玷字、同汚字一樣的意思、 **或伽藍內恣行淫慾。** 恣字、是放肆的意思、 **或殺或害。如是等輩。當墮無間地獄。千萬億劫。求出無期。** 這是第三種罪因、常住、是供養三寶的地方、也是收藏供養三寶的東西的地方、怎麼可以佔他的便宜、使得他受損失呢、男僧女尼、都是淸修的佛弟子、怎麼可以去蹧蹋他的身體、汚穢他的名譽呢、伽藍、是最淸淨的地方、供佛菩薩的、怎麼可以在裏頭放肆、做那男女齷齪的事情呢、殺生害命、最是違背佛道的、況且是在佛地上、怎麼可以犯這戒呢、造了這樣的罪、自然應該墮落到無間地獄去了、

若有衆生僞作沙門。心非沙門。破用常住。欺誑白衣。違背戒律。種種造惡。如是等輩。當墮無間地獄。千萬億劫。求出無期。 這是第四種罪因、沙門、是學佛法的出家人、僞作、是假意的做去家人、實在心裏頭看見了出家人、不但是不敬重他們、還要討厭他們哩、心非、就是心裏頭討厭的意思、破用常住、是破費濫用常住的錢財、欺誑、就是說誑話、欺騙人家、白衣、就是在家人、違背戒律兩句、是說不守佛定的戒法、造出那種種的惡業來、這樣的惡人、自然也應該永遠墮落到無間地獄去了、

若有衆生偸竊常住財物。穀米飮食衣服。乃至一物。不與取者。當墮無間地獄。千萬億劫。求出無期。 這是第五種罪因、意思只是一種盜取三寶物的罪、偸竊、就是私底下去偸來用、凡是常住的東西、不管是那一件、都是供養三寶的、偸來用了、就叫做盜三寶物、乃至這一句、是說那怕是一件狠小的東西、只要是並沒有給他、自己去取來用了、也就是盜三寶物的罪、一定也要永遠墮落無間地獄的、與字、就是給的意思、

這墮落無間地獄的罪因。總共也是五種。因同了果。都是五種。所以叫做五無間。

若自作三句。仍舊同了前邊一樣的意思。可以不再講了。

十不善道。若自作。若教他作。見作隨喜。

這幾句是分別發露的十惡業的罪。十不善道。就是說的十惡業。身業三種、是殺生、偷盜、邪淫、口業四種、是妄言、綺語、兩舌、惡口、意業三種、是貪欲、瞋恚、愚癡、意是造業的因、身口兩種、是造業的緣、因緣和合、就結成罪業了、總共是十種、所以叫做十惡業、在阿彌陀經白話解釋裏頭、皆是大阿羅漢、衆所知識兩句底下、有詳細解釋的、因爲是惡。所以叫不善業。性就是解脫性。所以業也可以說他是道的。這句的意思、不要解釋錯了、要曉得業同了道、雖然只是一種體性、但是也有分別的、有心的、就是業、無心的、就是道、造業的人、有那一個是不動心念的呢、倘使不明白這種道理、就算造業是不礙事的、那末一定要落到惡道裏頭去了、業、就是解脫在佛法大意裏頭、詳細解釋過的、所以說是十不善道。再有一種說法。道字作路字解釋。十不善道。是說這十種造業因緣。是向著罪惡的一條路上去的。照經上說。這十種惡業。是三惡道的因。最重的墮落地獄道。輕一些的。墮落餓鬼道。最輕的墮落畜生道。造了這種惡業。一定要受罪報的。要能夠像隋朝的法喜法師一樣。纔可以逃脫罪報。法師是天台智者大師的弟子。年輕的時候。傷害過一只野雞的命。法師出了家。常常修方等經的懺法。方等的懺法、那就多得很、說不完的、總名有三種、叫作法懺、取相懺、無生懺、佛法大意裏頭、都講過的、誠心念佛。求生西方。忽然有一天。那一隻野雞來向他討命。空裏頭有天神阻止那野雞道。法師應該要往生淨土的。還能夠償你的命麼。後來法師臨終的時候。看見佛菩薩都來迎接他。他就坐化去了。倘然不是靠念佛的力量。怎麼能夠逃脫這殺生的罪報呢。

所作罪障。或有覆藏。或不覆藏。

這幾句、是承認自己造罪的時候。起的各種煩惱心。所作、就是前邊所說的自作、教他作、見作隨喜的三種。罪字、是包括上邊所發露的各種罪。造罪不但是障礙出世的清淨法。並且也障礙世間的善法。所以說是罪障。障礙的惡法、有三種、罪障、就是業障、造業的因、就是這一念的煩惱心、叫做煩惱障、造業的果、就是受各種的苦果報、叫做報障、這三種障、能夠障礙自己的佛性、本來有的三種德、煩惱障、障礙般若德、業障、障礙解脫德、報障障礙法身德、有了這三種障礙法、所以自己的心性裏頭、本來有的三種功德、不能夠發顯出來、就永遠在六道輪迴裏頭、受那生生死死的大苦、了、覆字、是遮蓋的意思。覆字、要在右角上邊加一圈、讀做否字音、藏字、是隱瞞的意思。譬如造了罪業自己覺得錯了。恐怕人家曉得了。要笑他、罵他、責罰他。所以不敢被人曉得。就想法子把這件事情遮蓋隱瞞過去。這叫做覆藏。本來已經有了一種造業的罪。覆藏了。又要加上覆藏的罪。就變成罪上加罪了。所以佛法最重的是直心。最忌的就是那種覆藏心。覆、是一種煩惱心所法、也收在一分的貪心癡心裏頭的、因爲把罪覆藏了。就一定不肯發露懺悔。那是永遠沒有消滅罪業的日子了。或不覆藏這一句。並不是說當時自己曉得犯了罪。應該要發露懺悔。因爲發露懺悔了。那罪業就應該消滅。不會再有障礙了。現在既然說是罪障。就是並不遮蓋隱瞞。也並不發露懺悔。竟是肆無忌憚。不怕人家笑罵他。責備他。仍舊公然的犯罪造業。這是各種不覆藏中最重的罪了。或是造了罪業。自己還不曉得是不應該的。所以不覆藏。就像那現在殺生喫肉的人。那一個曉得是造罪的呢。不曉得是造罪。那是癡心。愛喫的滋味好。那是貪心。都是煩惱惡心所法。都是有罪的。不覆藏的緣故。還有許多許多說不盡的。大概都是各種的煩惱心罷了。這就叫做煩惱障。

應墮地獄餓鬼畜生。諸餘惡趣。邊地下賤。及蔑戾車。如是等處。

這幾句、是承認自己造了罪。應該受的各種苦果報。地獄餓鬼畜生三種惡道。也有經典上說是四惡道的。那是連修羅道也算在惡道裏頭去了。還有那種魔鬼邪神。也是惡趣衆生。（惡趣、同了惡道、是一樣意思的、）諸餘惡趣四個字。是說除了三惡道。還有許多別的惡趣。就是指修羅同了魔鬼邪神等類說的。邊地、是南閻浮提極邊的地方。佛法不容易流通到的。沒有佛法聽得。那就永遠沒有出世的希望了。這是一種最大的苦處。所以華嚴經上說。甯受無量苦。得聞佛音聲。不受一切樂。而不聞佛名。所以無量劫受此衆苦惱。流轉生死中。不聞佛名故。這幾句偈的意思。是說情願受無數的苦痛。只要聽得到佛說法。不情願受一切的快樂。聽不到佛的名號。所以過去的無量無邊的時世。一直在生死輪迴裏頭轉。冤枉受那種種的苦惱。就因爲不曾聽到佛的名號的緣故。可見得生在邊地。實在是極苦惱的。現在我們靠著夙世的善根福德。生在佛法極興盛的中國。還聽得到一心念阿彌陀佛。就可以往生到西方極樂世界去。一去就能夠成佛。永遠不再受生死的苦。這樣極容易、極穩當、第一修行的妙法。若是還不曉得認眞念佛。求生西方。那眞是自己也對不起自己了。下賤兩個字。是說低賤的下等人。這種人窮苦得很。沒有錢財。就是要修福德。也苦的沒有力量。還要伺候人家。一天到晚。總是忙忙碌碌的。稍有一些不小心。做的事體不討好。就不免要受人的責駡。還有什麽工夫研究那出世的學問呢。所以這種人。也是很苦很苦的。蔑戾車、是惡見。（蔑戾車、是梵語、翻譯中國文、就是惡見兩個字、也有說彌戾車的、這是蔑彌兩個字聲音差不多的緣故、隨便都可以用的。）因爲有一種人的見解。不但是違背道理。並且多是造罪的。所以說他是惡見。像那毀謗三寶不信因果的人。就叫做蔑戾車了。這種蔑戾車的人。不但是沒有出世的希望。還要墮落到惡道裏頭去。受千萬世的罪報哩。如是兩個字。就是指前邊所說的。從地獄起。一直到蔑戾車各種的苦報。用一個等字。是把一切不曾說到的苦果報。也一齊都包括在裏頭的意思。處字、就是說受那各種苦報的地方。這就叫做報障。

所作罪障。今皆懺悔。

這兩句、歸結到懺悔的正文。這裏的一句所作罪障。仔細研究。同了前面的一句所作罪障。意思有分別的。前面的所作罪障。是單就各種造的罪說的。所以那罪障兩個字。也只是單就業障一種說的。這裏的所作罪障。是連業障的前因。就是煩惱障。業障的後果。就是報障。三障一起都包括在裏頭的了。今皆懺悔四個字的意思。是把所有造罪的因緣果報。一切障礙法。完全懺悔清淨。但是要著力在這個悔字上。纔可以使得這懺有效驗。若是一面懺從前已經造的罪。一面還是不曉得悔。仍舊在那裏添造新的罪。那末已經有的罪障。還沒有消去。新的罪障。倒又一天一天的積起來了。這層道理。要想懺除罪障的人。不可以不明白的。

今諸佛世尊。當證知我。當憶念我。

這幾句、是求佛證明攝受的。證明、是證明白自己懺悔的誓願、不是虛假的、攝受、就是收受的意思、 今諸佛世尊五個字。不但是前邊稱念禮拜的八十九尊佛。是把所有十方三世的一切諸佛。完全包括在裏頭了。凡是修懺悔法。總要求佛證明的。法華經上說。佛是一切知者。一切知者、是一切都曉得的意思、 金剛經上說。所有眾生若干種心。若干種、就是許多種、 如來悉知。悉知、就是都知道的、 所以我現在的懺悔。是眞實的發心。並沒有絲毫虛假的。佛一定可以曉得。應該要替我證明白的。楞嚴經上說。十方如來。憐念眾生。如母憶子。若子逃逝。如母憶子一句、在前邊是諸世尊、當慈念我底下、已經解釋過的、逝字、是去的意思、就是說若是這個兒子、逃到別處去了、這一句的意思、是譬喻不信佛法的人、 雖憶何爲。那末雖然想念他、也是沒有

（用的、）子若憶母。如母憶時。（這兩句的意思、是說那個兒子、若是想念他的母親、也像母親想念他一樣、這是譬喻囘心向佛的人、）母子歷生。不相違遠。（那末母子兩個、自然是終身終世、不會遠離開來的了、歷生、就是經過這一生的意思、）可見得沒有一個衆生佛不放在心上的。現在我既然曉得了自己從前所造的罪業。對了佛像。至誠懺悔。一心念佛。那末佛決沒有不哀憐我。想念我的道理的。佛既然哀憐我。想念我。那末一定攝受我的了。

我復於諸佛世尊前。作如是言。

這兩句是發願囘向的開頭。前邊已經把從前所造的一切罪業。完全對了十方三世的一切諸佛。至誠懇切的發露懺悔過了。那末罪業一層。自然是消滅淸淨。不會再有障礙的了。但是還有無量劫來所修的種種善根福德。留在那裏。沒有結束。倘使不發願囘向。恐怕只能夠受人天的福報。（人天福報、是受人世界上、或是天上的享福的報應、但是福報享過了、就恐怕還有苦報要受了、）仍舊是在輪迴裏頭。逃不出這生死苦海。那末雖然是善根福德。仍舊還是一種業障。所以雖然懺悔了。還一定要發願囘向的。（囘向到西方極樂世界去、）所以說我再在十方三世一切諸佛世尊的面前。說這樣的話。這樣的話。就是後邊所說發願囘向的許多話。

若我此生。若我餘生。曾行布施。或守淨戒。乃至施與畜生一摶之食。

這幾句是說今世前世所修的種種福德。此生、就是今世、餘生、就是除了今世。今世從無量劫到現在所經過的千千萬萬世。曾行、就是已經做過的。（曾字、要在左邊下角加一圈、讀做成字音、）布施、是六度裏頭的第一度。最重要的、也是功德最大的。或守淨戒的戒字、是各種的戒法、都在裏頭的。（守各種戒法、就是六度的第二度、佛法大意裏頭、約略都說過的、）佛定出各種戒法來的意思、原是要使得大眾身口意三種業、都清淨。所以叫做淨戒。受了戒法、要三種業一些也不犯、纔可以叫做守淨戒。若是身口兩種、雖然不曾犯戒。但是心意裏頭、還不能夠完全清淨。那末雖然不是破戒、也不可以說是守淨戒了。所以這守淨戒三個字、實在也是很不容易的。用一個或字、是不說定的意思。或是布施過、或是守過淨戒。這兩種都是修的福德因緣。（福德因緣、在阿彌陀經白話解釋、不可以少善根福德因緣一句底下、有詳細解釋的、）乃至兩個字、是把一切修福德的事情、都包括在裏頭。一直歸結到最小一件事的說法。意思是除了布施守淨戒的兩種。還修別的各種福德因緣。就是講到最微細的。像那布施畜生、給他一摶喫的東西。（摶字、同了團字差不多的、有兩種解釋、一種是拿喫的東西、揑成一團、一種是不過一團、並不多的、）也是福德因緣。應該也一齊收集來、把他回向佛道。纔可以免得做三世冤哩。（截流大師說、修學佛法的人、倘然把所修的功德、不回向西方、求生淨土、那末下一世一定享受人天的福報、享福的時候、不免就要造出種種業來、並且越是享福的人、有財有勢、越容易造業、到了第三世、墮落到惡道裏頭去、受極大的苦、不是冤枉麼、所以叫做三世冤、）

或修淨行所有善根。成就衆生所有善根。修行菩提所有善根。及無上智所有善根。

這幾句、是說今世前世所修的種種善根。所學的各種佛法。或是修的淨行。行字、是一切起心動念。同了所做的種種事情。加一個淨字。是一切都合著佛道的。沒有一些些犯戒的心思。犯戒的動作。不論在這一世。或是從前過去的千萬世。種過這種善根的。成就衆生。成就、就是成全他的意思、是譬如衆生有苦處。我就救他脫苦。衆生沒有樂處。我就使他得樂。總是成全他的。但是用世間法成全他們。功德還小。若是用出世間法成全他們。教他們一心念佛、發願求生極樂世界、永遠離苦得樂。一世就可以修成佛。這種功德。就無量無邊了。因爲成全了他一個衆生。他又可以去成全別的許多衆生。一傳十。十傳百。就可以成全無窮無盡的衆生。那末成就了一個衆生。就是成就了無數的衆生了。照天台宗的說法。菩提有三種。要依三種的般若。用眞修的功夫。纔可以證得這三種菩提。依文字般若。證得方便菩提。方便、是隨機應變、說來使得人聽了喜歡、容易相信、所以叫方便、依觀照般若。證得實智菩提。實智、是能夠依觀照眞實性的智慧、完全合著道理、所以叫實智、依實相般若。文字觀照實相三種般若、在心經白話解釋經題底下、有詳細解釋的、證得眞性菩提。眞、是沒有虛假、性、是沒有改變、所以叫眞性、這三種菩提、實在就是一切衆生本來有的三種佛性。方便菩提。就是緣因佛性。實智菩提。就是了因佛性。眞性菩提。就是正因佛性。正因、是衆生有的眞性、了因、是明白一切眞正的道理、緣因、是修種種眞實的功德、這三種佛性、在佛法大意裏頭、有詳細解釋的、但是沒有功行的人。那就這三種菩提。雖然在自己本性裏頭。本來有的也不能夠顯發出來。念佛的人。念一句佛號。就有這三種菩提性在裏頭了。懇切念佛求生淨土。就是方便菩提。曉得淨土就是自己心性變現的相。就是實智菩提。無念而念。念而無念。這兩句、是說念是念的、但是沒有念的相、雖然沒有念的相、又的確是念的、念佛念到這種境界、那是念到了神妙不可說的地步了、就是眞性菩提。所以一心念佛求生淨土的人。實在就是修淨行。也就是成就衆生。也就是修行菩提。這三種善根。都在一句佛號裏頭了。所以念佛就是多善根福德因緣了。及無上智的及字。也有跳過略過的意思。把別的一切善根。都包含在裏頭了。無上智、就是佛的一切智。道種智。一切種智。因爲佛是最尊最貴的。沒有再在佛的上邊的。所以佛稱做無上士。佛的智慧。就稱無上智。這裏說無上智。所有善根。就是發過修學無上佛智的心。修學佛智。最是廣大無邊的善根了。這種善根尚且能夠修到。那末別的各種善根。更加不消說得了。再要曉得一層道理。也有修了一種功德。就種了無數善根的。像那金剛經上說的。於此章句。能生信心。以此爲實。當知是人。不於一佛二佛三四五佛而種善根。已於無量千萬億佛所種諸善根。這幾句的意思。是說對那金剛經上。一章一章。一句一句。所說的法。能夠生淸淨的信心。認做是實實在在。都是眞切的道理。

那就應該知道這個人。不是在一尊兩尊三四五尊佛的前。種了許多的善根。實在是已經在無量千萬億佛的前。都種了許多善根的了。可見得一念的信心。就有無量無邊的善根在裏頭。所以每句的下面都說所有善根。就是包括一切。不使得有一些善根散失的意思。

一切合集。校計籌量。皆悉回向。阿耨多羅三藐三菩提。如過去未來現在諸佛所作回向。我亦如是回向。

這幾句、是說回向的方法。一切兩個字。是包括上邊所說的種種福德善根。合集、是一起把他會合起來。聚集起來。不放他散失一些。校計、是比校功德的意思。籌量、是通盤籌算的意思。皆悉回向。（回向、在佛法大意裏頭、有詳細解釋的、）就是把所有的種種福德善根。一齊回向無上佛道。阿耨多羅三藐三菩提。（這一句、是梵語、翻譯中國文是無上正等正覺、也就是成佛、在阿彌陀經解釋裏頭、六方佛下邊一段、同了佛法大意裏頭、都有詳細解釋的、）是諸佛所證得的無上道。如過去未來現在的幾句。是說像那三世諸佛所做的回向法門。我也照樣的回向。這種的回向法。叫做等一切佛回向。（等一切佛回向、同了一切諸佛的回向、一樣的意思、）是華嚴經上所說的十種回向方法裏頭的第三種。（十種回向、若是要曉得詳細、可以查華嚴經、）這是回因向果的道理。

衆罪皆懺悔。諸福盡隨喜。及請佛功德。願成無上智。去來現在佛。於衆生最勝。無量

功德海我今皈命禮

這八句偈、是重說前邊所說的許多話。叫做重頌。（重頌的重字、要在左邊下角加一圈、讀做從字音、是重複重新的意思、重頌、是偈頌的格式、照前邊長短句的意思、重新再說一遍、來稱讚佛、）第一句、是說所有一切的罪。把他完全懺悔消滅。並且立願後來永遠不再造罪。這是頌那長短句裏頭從無始生死以來所作衆罪起、一直到今皆懺悔的幾句。第二句、是說種種修福的事情。沒有一件不隨喜的。這是頌那曾行布施起。到及無上智所有善根的幾句。第三句、是說還要請一切諸佛轉無上大法輪。（這一句的意思、就是請佛說法、在佛經裏頭、講佛說法、往往叫轉法輪、在朝課十小咒裏頭、如意寶輪王陀羅尼底下、轉法輪、有詳細解釋的、）度脫一切衆生。再請一切諸佛。常住在世界上。可以使得衆生受著利益快樂。不要現那入涅槃的相。第一句第二句的兩件事。是修的最大的功德。第三句的意思。在前邊長短句裏頭沒有的。是偈頌裏頭單獨提出來的。照道理應該叫孤起頌。（孤起頌、就是單獨提起的意思、）第四句、是說願意得著佛的無上智慧。到底成佛。這是頌一切合集回向無上菩提的幾句。後邊的四句偈。是說過去世、未來世、現在世的一切諸佛。在一切衆生裏頭。實在是最尊、最上、最第一。佛的功德。無量無邊。沒有可以比喻。只好用一個海字。來形容功德的大了。（如來的功德、照普賢行願品的說法、那就是十方諸佛、經過不可說不可說的劫、接連不斷的演說、還是說不完的、那末就說是海、還只是比得十方世界的一微塵罷了、）像這樣大功德的佛。所以我現在願意把性命都歸托佛。至誠恭敬的禮拜佛。皈命禮三個字、歸結到囘向的意思、這是頌如過去未來現在諸佛。所作囘向的幾句。再有一層道理。這八句偈。雖然說是重頌上邊所說的話。實在也就是引起下邊要說的許多偈。末後一句我今皈命禮。恰好同了下邊所引用普賢行願品偈頌的開頭幾句的意思。像是一直說下去的。覺得很是順當。一些也沒有牽强。這眞是很妙的文字。

所有十方世界中。三世一切人師子。我以淸淨身語意。一切徧禮盡無餘。普賢行願威神力。普現一切如來前。一身復現剎塵身。一一徧禮剎塵佛。

從所有十方世界中一句起。一直到迴向衆生及佛道一句。總共四十八句。分做八段。都是普賢行願品偈頌裏邊的句子。這開頭的八句偈。是頌普賢菩薩十大願的第一大願禮敬諸佛的。照十方世界說起來。世界外面。再有世界。本來已經是無窮無盡的了。况且每一個世界就有無數的微塵。每一個微塵裏頭。又各有無窮無盡、廣大無邊的世界。像這樣的一重一重的世界。怎麼算得出數目來呢。第一句所有兩個字。是把十方一重一重世界裏頭所有的佛。完全包括盡的意思。三世、是過去的前頭。還有過去。永遠推算不到開頭的。未來的後頭。還有未來。也永遠推算不到結底的。像這樣的三世法裏頭。所有包含的時劫。實在是無窮無盡的。這樣無窮無盡的三世時劫。完全都收在我們現前一念的心裏頭。一念的心。收盡了三世的時劫。念念裏頭也是各各又都收盡三世所有一切的時劫。所以這三世的時劫。也是重重無盡的。這樣重重無盡的世界上重重無盡的時劫裏。所有出現的佛。還有數目可以計算麼。用一切兩個字。也是完全包括的意思。人師子是說人道裏的師子王。（這個師字、同了獅字一樣的、獅子、是百獸的王、佛、是九法界的王、所以佛經裏頭、常常拿獅子來比佛的、）就是說佛。第三第四兩句。是說我用清淨的身業、口業、意業三種。對那無量無邊的一切諸佛。完全禮拜到。沒有遺漏一尊。粗看起來。禮拜諸佛。只是一種身業清淨。怎麼講到口業意業呢。要曉得修普賢行願的人。都是三業清淨的。就像禮佛的時候。不但是身體端正。心意裏頭。一定是至誠恭敬的。沒有別種妄念的。口裏頭除了稱佛名號。或是讚歎佛的功德。一定不會有旁的話的。所以說是三業清淨。後邊四句的意思。是說這都是靠了修普賢行願的大威神力。所以能夠把自己的一個身體。化現出無量無邊的化身來。在所有十方三世一切佛的面前。都有自己現的化身。剎塵身、是把一個佛剎化成像微細的灰塵那樣細小。自己的化身。要化到這樣的多。剎塵佛、是說佛也像一個佛剎化成微塵那樣的多。並且所現的化身。又一個一個的各各化出、像不可說不可說的世界、所有極細的微塵一樣多的化身來。每一個化身。對那不可說不可說的世界的微塵數的一切諸佛。都周徧禮拜到。這種大願大行的威神力。眞是不可思議的。學這樣禮佛法門的人。在那禮佛的時候。應該心裏頭想我這個道場。就是自己的心性造成的。心性的量廣大無邊的。所有十方三世的一切法。完全都收在現在一念的心性裏頭的。心性有大智慧的光明。能夠周徧照到一切的法界。所以面前這個道場。可以比做天帝宮裏頭寶珠網上的摩尼珠一樣。光光相照。〔光光相照、是這顆珠的光、照那顆珠的光、那顆珠的光、照這顆珠的光、〕重重無盡的。所有十方三世的一切諸佛。沒有一尊佛不在這道場裏頭現出相來。我的一個身體。也因爲光照的緣故。現出了無窮無盡的身相來。只要我在這裏禮拜。那些現的身相。也各各都對那無窮無盡的諸佛禮拜。再要曉得我所禮拜的佛性是空的。受我禮拜的佛性。也是空的。空對空。自然合得攏來。不會有什麼阻礙了。所以這邊用至誠恭敬的心去感。那邊就用大慈大悲的心來應。〔這邊是說衆生、那邊是說佛、〕彷佛像是磁石吸鐵一樣。這眞是不可思議的所以楞嚴經上說。憶佛念佛。〔憶佛、就是想佛的身相、念佛、就是念佛的名號、〕現前當來。〔現前、就是現在世、當來、就是未來世、〕必定見佛。就是這感應的道理。所以修淨土的人。只要至誠恭敬的拜佛念佛。佛沒有不接引往生的。修淨土的人拜佛。可以照十六觀經上第八觀的說法。想那極樂世界所有種種寶樹的下邊。都有三個蓮華臺阿彌陀佛坐在中間觀世音大勢至兩菩薩坐在兩邊極樂世界的各處都是這樣的。現在一齊都在我這心光變現出來的道場裏頭現出這種相來。我的身體也因爲佛菩薩的光光相照所以現出了無窮無盡的身相來。各各禮拜那無窮無盡的西方三聖。這纔可以算是修學普賢行願的禮敬諸佛了。（經上說、見無量壽佛者、即見十方無量諸佛、所以禮敬阿彌陀佛、也就是禮敬十方三世無量諸佛、○無量壽佛、就是阿彌陀佛、）

於一塵中塵數佛。各處菩薩衆會中。無盡法界塵亦然。深信諸佛皆充滿。各以一切音聲海。普出無盡妙言辭。盡於未來一切劫。讚佛甚深功德海。

這一段是頌第二大願稱讚如來的。修學普賢行願的人。先要明白法界的道理。一切諸法。都包含在自己的心裏頭。沒有一法能夠超出這個心的界限的。所以說萬法唯心造。（萬法唯心造、在下邊蒙山施食儀裏頭、有詳細解釋的、）心外無一物。又叫心是一眞法界。（眞實的理、只有一條、沒有兩樣說法的、所以叫做一、眞是實在的、不是虛假的、這四個字、實在就是眞如實相的道理、）華嚴宗從法界的事相理性上邊。（宗、是一派一派的意思、在佛法大意裏頭講過的、華嚴宗、是說那專門研究華嚴經一派的人、）分立出四種法界來。一種是事法界。一切衆生的色法心法。各有本分的界限。種種不同的。一種是理法界。一切衆生的色法心法。雖然各各不同。但是講起體來。終究只是一種。沒有兩樣的。一種是理事無礙法界。理性就從事相顯現的。事相就從理性成功的。所以理性同了事相。彼此融和。

彼、是那個、此、是這個、就是說理性同了事相兩種、沒有妨礙的一種是事事無礙法界。一切各別不同的事相。既然同是一種體性。那末都可以稱性融通的了。稱字、是依憑的意思、稱性、是依憑這個性的意思、事相雖然各各不同、但既然是一樣的體性、那末依憑了這種體性、就自然不會不融通了、所以一可以就是一切。一切可以就是一。大的可以歸入小的。小的可以收容大的。互相融通。就成了這重重無盡的境界相。這前四句的偈。就要照這事事無礙法界的道理來解釋的。第一句於一塵中四個字。是說在那一點極細的微塵裏頭。塵數佛三個字。是說有像把一切世界完全化做微塵那樣多的佛。一點微塵裏頭。佛有這樣的多。並不是把微塵的相放大。也不是把諸佛的相縮小。微塵還是那種極微細的相。諸佛還是那種很高大的相。這是什麼道理呢。要曉得一切法的相。沒有一個不是自己的眞心變現的。無論是那一種相。都是全分的心量。所以法法都是法界。都是完全包含所有一切法的十方世界。同了那一點微塵的體量。實在是一樣的。所以這個相見得大。那個相見得小。都是衆生分別執著的顚倒見解。完全是虛妄的。同了那眞正的道理。不相應的。譬如一面鏡子。掛在空的地方。凡有這鏡子照得到的東西。完全都收在鏡子裏頭了。若是講起相來。鏡子是很小的。怎麼能夠收容這許多許多極大的相在裏面呢。照這種譬喻看起來。可見得小的相。收容大的相。眞有這種事情的。那末一微塵可以收盡十方世界的道理。也可以相信。不再要疑惑了。第二句的意思。是說這許多的佛。各各都有無量無邊的大菩薩圍繞著。成功一個絕大的法會。佛就住在那法會裏頭。處字、就是住字的意思。第三第四兩句。是說重重無盡的法界。所有一切的微塵。也都像上邊兩句所說一樣的情形。修普賢行願的人。要深心的相信這一切的微塵裏頭。沒有一粒微塵不是諸佛充滿的。後四句偈。歸到讚佛的正文了。凡是讚佛。必定有種種的話頭的。種種的話頭都要借聲音來宣傳的。現在說所有在一切諸佛面前。無窮無盡化身的人。都用一切極妙的音聲。像大海一樣的無窮無盡。並且一切極妙的音聲裏頭。又各各流出無量無邊、無窮無盡絕妙的話來讚佛。並且不是一日一月。半年一年。也不是一劫兩劫千百萬億劫。可以讚歎盡的。一直要到所有未來的一切時劫。接連不斷的讚佛。未來的時劫。永遠沒有盡期的。那末就是讚佛也永遠沒有盡期了。佛的功德。極深極深。量不到底的。所以也用一個海字來做譬喻。

以諸最勝妙華鬘。伎樂塗香及傘蓋。如是最勝莊嚴具。我以供養諸如來。最勝衣服最勝香。末香燒香與燈燭。一一皆如妙高聚。我悉供養諸如來。我以廣大勝解心。深信一切三世佛。悉以普賢行願力。普徧供養諸如來。

這一段、是頌第三大願廣修供養的前八句是財供養。後四句是法供養。以字、是拿的意思。最勝、就是項好的。妙華鬘、是用極妙的華結成帽子的樣式、糚飾在頭髮上的。伎樂、就是吹的彈的、敲打的各種樂器。塗香、是塗在身上的香、像香水一類的物品。傘蓋、就像現在供在佛像前的寶蓋。如是兩個字、是說像這樣許多最好的莊嚴物品。第四句的意思、是說我都拿來供養所有十方三世一切的佛。還有最好的衣服。這種衣服、不像我們穿的衣服那樣粗笨的、佛所穿的衣服、是一種極薄極輕的質料、像他化自在天上的人、身體有三里路長、所穿的衣服、不過半銖重、那末佛所穿的衣服、一定比天上人所穿的、還要好幾千萬倍哩、决不是我們世界上所有的、也决不是我們想得到是那種樣的、○二十四銖、成一兩、每一銖、大約四分二釐五毫不到一些、最好的香。咀末香、是各種香末。燒香、是燒的香。像沉香、速香、檀香、都是的。與燈燭、是說同了用油點的燈、用油熬成的蠟燭。第七第八兩句的意思、是說這樣各種的物品、一樣一樣都像須彌山那樣的高大。妙高、就是須彌山、在佛法大意裏頭講過的、這是拿須彌山來比各種物品的多、我都拿來供養一切的佛。照這個偈的文字上看起來。這一一兩個字、不獨是單指衣服這幾種物品的。是連上邊從華鬘起一直到燈燭。完全都包括在裏頭的了。經上說華雲。各種物品上邊、都用一個雲字、是取極多的意思、鬘雲、天音樂雲。各種物品上邊、都用一個天字、是取頂好的意思、見得不是人世界上所有的、天傘蓋雲。天衣服雲。天種種香、塗香、燒香、末香、如是等雲、一一量如須彌山王。須彌山、又高又大、是各種山裏頭的王、所以稱須彌山王、燃種種燈。燃燈、就是點燈、酥燈、就是蠟燭油燈、諸香油燈、一一燈炷如須彌山。燈炷、就是點火的燈蕊、燈蕊像須彌山那樣大、這種燈還了得麼、一一燈油如大海水。可見得種種供養的物品、都是像須彌山一樣高大的。有人問供養佛的物品、爲什麼一定要像須彌山那樣的高大呢。我道、不是這樣的高大、就覺得不稱了。要曉得佛的功德報身、都是很高很大的。就像十六觀經上說、阿彌陀佛的身相、有六十萬億那由他恆河沙由旬的高、那末一切諸佛的身相、一定也都是差不多的。供養這樣高大的佛身、怎麼各種供養的物品、不要像須彌山那樣的高大呢。上邊的各種物品、都是在身體外面的、都叫做外財供養。若是用身體上的、東西來供養佛像、像菩薩的燒身、燒臂、挖眼、割肉、那就叫做內財供養了。這種內財供養、一定要修到功夫很深了、能夠把自己的身體看空了、纔可以這樣做、若是沒有這種功夫的人、萬萬不可以亂來的、這一定要曉得的、後四句偈、是說法供養、廣大勝解心。解、是懂得的意思、勝、是因爲能夠懂得不容易懂的道理、所以說是勝、就是明白一一世界、都可以化做無量無邊的微塵、一一微塵、都能夠各各收盡無量無邊的世界、這樣重重無盡的世界相、完全在自己現前一念的心裏頭、所以說是廣大。這種極深極深的道理、能夠解悟、所以說是勝解。深信、就是深心的相信。深心、是極切實的意思、一些也沒有疑惑的意思。一切三世佛、就是這重重無盡的微塵世界裏頭、所有過去未來現在的一切諸佛、我都用普賢行願的威神力、用心觀想、好像那所有的一切佛、都在我自己的眼前、完全都受我種種的供養。修學這樣的普賢行願。纔叫做眞法供養如來。

我昔所造諸惡業。皆由無始貪瞋癡。從身語意之所生。一切我今皆懺悔。

這一段、是頌第四大願懺悔業障的。昔字、就是從前。我們衆生自從無始到現在。在那六道輪迴裏頭轉。一世一世所有的各種身相。眞是不可說不可說的多了。有了身體。不免就要有各種事情做出來。或是造善業。或是造惡業。但是凡夫不懂得因果報應的道理。所以總是惡業多。善業少。一世一世的積算起來。所造的惡業。還可以算得清麼。凡是一個人造業。總是從身口意三種上發生的。意、是造業的因。身口兩種。是造業的緣。因緣和合。業就造成了。倘然沒有意業的因。身口兩種。一定造不出業來的。所以種種惡業。全是從意上起的。貪瞋癡三種。是根本煩惱的心所法。（心所法、在佛法大意裏頭、有詳細註解的、）就是意業所有一切的惡業。沒有不是從這三種心所法起因的。（因爲這貪瞋癡三種、都是造業的因、不論造什麼業、都是從這三種上起的、所以叫起因、）這三種惡心所法。也是從無始到現在。一直有的。有了這三種惡心所法。所以就會從身語意上。（身是身業、語是口業、意是意業、）發生出種種的惡業來了。一切兩個字。是包括從無始到現在所造的種種惡業。我今皆懺悔。是說我現在至誠恭敬的在十方微塵世界所有一切諸佛的面前。發願懺悔。從今天起。直到永遠的將來。一定守住清淨的各種戒法。不再造罪業了。

十方一切諸衆生。二乘有學及無學。一切如來與菩薩。所有功德皆隨喜。

這一段、是頌第五大願隨喜功德的。第一句、是說六道的凡夫。第二句、是說一切小乘的聖人賢人。第三句、是說一切諸佛菩薩。第四句、歸結到隨喜功德。十方兩個字。是包括第一第二第三三句的。雖然單說十方、一定也包括三世在裏頭的。因爲普賢行願、願願都是盡界量的。界量、就是法界的量、所有十方重重無盡的世界、三世重重無盡的時劫、完全包括盡的、所以不能夠單說現在一世的一切諸衆生。應該說過去、現在、未來、三世在六道輪迴裏頭的種種衆生。凡是沒有證得第四果阿羅漢的聲聞。同了沒有證到辟支佛的緣覺。都還沒有斷盡見思惑。還是要用修學功夫的。所以說是有學。到證得了聲聞的第四果、緣覺的辟支佛果、那末見思惑完全斷盡了。不必再用修學的功夫了。所以說是無學。現在有學無學都說在裏頭。那是沒有證到阿羅漢的聲聞、沒有證到辟支佛的緣覺。同了已經證到阿羅漢的聲聞。已經證到辟支佛的緣覺。都包括在裏頭了。一切如來。也是就過去、現在、未來的三世諸佛說的。一切菩薩。是就十信、十住、十行、十迴向、十地、等覺的五十一位菩薩說的。凡夫的功德。總不過是修十種善業。或是有時候在三寶分上種些福田。這種功德雖然都是有漏的。若是曉得了淨土法門。把念佛的功德。回向求生西方極樂世界。那末就是原來有漏的功德。也都可以莊嚴淨土。做往生的資糧了。有漏也就變成無漏了。可惜凡夫懂得這層道理的少。只落一個靠了修這種功德的力量。後世去受那人天的福報罷了。等到福報享完了。所有前生、前前生、造過的惡業。究竟要受到報應的。那就不免還要墮落到惡道裏頭去受大苦惱的。你想冤枉不冤枉呢。比了念佛回向求生西方的人。一世上就可以超出三界。並且一世上就可以直修到候補佛的位子。眞是天差地遠了。二乘修四諦法。要修到證著聲聞的第四果。緣覺修十二因緣。要修到辟支佛果。不曉得要修多少世。纔能夠修成就是修成了。也只能夠了脫分段生死。還有變易生死。沒有了脫。倘然把這種功夫。用在念佛上邊。發願求生西方。那末一了百了。不但是分段生死。永遠了脫。就是變易生死。也可以了脫了。不是爽快麼。如來的功德。從初發心起。一直到坐在菩提樹下成道中間。一世一世的苦修。要經過不可說、不可說的世界極微塵數的劫。所有布施的頭面手足。也有不可說、不可說的世界微塵數的數目。內財布施。尙且這樣的多。何況別的各種外財布施。更加不曉得有多少哩。單講圓滿一種檀波羅密的功德。（檀、是簡單說法、若是說完全、應該是檀那兩個字、就是布施、）已經是說不盡了。何況還要圓滿尸羅、（就是持戒、）羼提、（就是忍辱、）毗離耶、（就是精進、）禪那、（就是禪定、）般若、（就是智慧、○上邊的檀那、尸羅、羼提、毗離耶、禪那、般若、都是梵語、下邊的小註、都是翻譯的中國文、）等種種波羅密的功德呢。等到成了佛。還有轉法輪度衆生現涅槃分舍利。（佛入了涅槃後、所有身體裏頭的舍利、都要分給信佛的人、請去供養、所以叫分舍利、）也都是不可思議的功德。怎麼說得盡呢。菩薩的功德雖然比佛差一些。但是一位一位的修證上去。那功德也是不可思議的。修學普賢行願的人。不但是隨喜所有一切諸佛菩薩的種種無上功德。就是所有一切二乘聖賢的種種修證功德。也都要隨喜的。那怕所有一切衆生修種種福的功德。就是極小極小的。也沒有不對他們發隨喜心的。這纔叫做普賢行願。

十方所有世間燈。最初成就菩提者。我今一切皆勸請。轉於無上妙法輪。

這一段是頌第六大願請轉法輪的。第一句十方所有四個字。是包括一切的意思。燈、可以照得見黑暗的地方。譬喻佛法可以照破衆生心裏頭的種種黑暗。所以佛稱世間燈。第二句是說現在剛纔成佛的人。第三第四兩句。是說我對他們都懇切的勸。至誠的請求他們說無上的妙法。（說無上的妙法、就叫轉法輪、）有人問道、爲什麼不普勸三世諸佛一同轉法輪。單勸現在的諸佛呢。並且就是說現在的佛。還有早先成道的佛。爲什麼也不去勸請。只勸請現在剛纔修成的佛呢。

我道、十方重重無盡的微塵世界裏頭。一念一念。都有不可說不可說的世界微塵數的佛。出現在世界上。倘使不是用普賢菩薩的廣大勝解心。怎麼能夠一切佛都勸請沒有漏掉呢。凡是起初成道的時候。一定有人請轉法輪的。像大通智勝佛。那是十方梵天王同了十六個王子勸請的。第一次的勸請。最是重要。從前成道的佛。普賢菩薩大概都勸請過的了。所以現在又勸請剛纔成道的佛。並且剛纔成道的佛。尚且都勸請。那末從前成道的佛。更加一定都勸請的了。可以不消說得的了。講到未來佛。那是還沒有成佛。就沒有到勸請的時候哩。

諸佛若欲示涅槃。我悉至誠而勸請。惟願久住刹塵劫。利樂一切諸衆生。

這一段、是頌第七大願請佛住世的。諸佛兩個字。是包括所有十方三世一切的佛。一切的佛。坐在菩提樹下成道。就證得了兩種的大果。一種叫無上大菩提。一種叫無上大涅槃。涅槃的解釋。是不生不滅。也有說是滅度的。就是滅見思塵沙無明三種惑。度分段變易兩種生死的意思。還有說是圓寂的。這是取六祖說的圓明常寂照的意思。（圓明常寂照、是說心性本來是圓滿光明、眞常不變的、雖然是寂然不動、卻能夠偏照一切的法界、雖然是偏照一切的法界、卻仍舊還是寂靜的沒有動、這是無上涅槃的相、凡夫不懂得這種道理、就說是死了、）證得了這種涅槃妙果。纔能夠隨意現生相。隨意現滅相。講到實在。那是生也沒有生。滅也沒有滅。總是圓明寂照的妙用。若欲示湼槃。是說諸佛若是因爲化度衆生的機緣盡了。要示現這種湼槃的相。雖然曉得一切的佛。都是常住在世。沒有一尊入湼槃的。但是一現了這種相。就有一部分的衆生。看不見佛。聽不到佛說法罷了。就像我們本師釋迦牟尼佛。明明的現在還是在七寶莊嚴的靈鷲山。同了諸大菩薩。說種種妙法。（這是根據法華經說的、不可以起疑惑的、）現在我們到印度去朝禮靈山。只看見一座荒山。那裏還能夠看見佛的形像。聽著佛說法的聲音呢。所以佛現湼槃。總是衆生福薄罪重的苦。普賢菩薩大慈大悲。哀憐這些苦惱的衆生。所以至誠懇切的、周偏勸請一切諸佛。不要示現湼槃的相。第三句、就是表顯明白請願的意思。求佛長久住在世界上。剎塵劫、是說時劫的數目。要同了一切世界微塵的數目。（剎、就是佛剎、要把佛剎化成像微塵那麼細、時劫的長大、要像很細的微塵一樣多的刼數、一刼、是十三萬四千四百萬年、剎塵刼的長久、還了得麽、）一樣長久、利樂就是利益快樂。聽得了佛法。下了成佛的種子。將來一定可以了脫生死。成就佛道的。所以就是大利益大快樂。這第四句的意思。是請求佛要使得這一切的衆生。（一切衆生、是三乘聖賢、六道凡夫、都包括在裏頭的、）都得到成佛的大利益大快樂。像我們這些人。還靠著前世種的善根。能夠讀著佛經。聽到各處法會裏頭大法師講演修淨土法門。曉得這念佛求生西方的絕妙方法。只要自己認眞的修。一定能夠往生到極樂世界去的。就可以永遠了脫生死。一世修到同了普賢菩薩一樣的地位。這樣的利益快樂。纔眞是大哩。

所有禮讚供養佛。請佛住世轉法輪。隨喜懺悔諸善根。回向衆生及佛道。

這一段、有明頌暗頌兩種的分別。明頌、是頌第十大願普皆回向的。暗頌、是把第八大願常隨佛學。第九大願恆順衆生。都包括在普皆回向裏頭了。開頭的所有兩個字。同了第三句末後的諸善根三個字。是前後相應的。就是把上邊的七個大願。都包括在裏頭了。第一句的禮。是禮敬諸佛。讚、是稱讚如來。供養佛、就是廣修供養。第二句、就是請轉法輪。請佛住世的兩大願。第三句隨喜。就是隨喜功德。懺悔、就是懺悔業障。這幾種都是善根。因爲不是一種兩種。所以說諸善根。把這許多善根。一齊迴向。就是普皆迴向。（普皆兩個字、就是普徧一齊的意思、）回向一切衆生。願意他們都離苦得樂。不就是恆順衆生的願麼。回向無上佛道。願意像佛的自覺覺他。不就是常隨佛學的願麼。所以這八段的偈。雖然像是只頌了八願。實在是十願完全頌讚到了的。偈的文句完全是照普賢行願品前段的偈頌說的。

願將以此勝功德。回向無上眞法界。

這兩句、是回事向理的意思。上邊的八段偈頌。完全說的事相。但是用盡法界、虛空界的廣大心。來修成的這種功德。可以說是第一最勝的了。照經上說這十大願王的功德。只有諸佛世尊可以曉得。不就是最勝的功德麼。現在立願把這最勝的功德事相回向那無上的一眞法界。一、是不二、眞、是眞實、沒有虛妄、一切法都可以融通、都可以收攝、叫法界、 一眞法界就是那事法界。理法界。理事無礙法界事事無礙法界。這四種法界倘然用白話來詳細解釋、是很煩的、並且不容易明白、所以不解釋了、大家只曉得了這幾種名目就是了、這四種法界的本體就是生佛平等的自性清淨心。心是萬法的主體。萬法都是從心生出來的。所以心就可以稱做法界。沒有一法能夠超得過的。所以說是無上。理性是眞常不變的。所以說是眞佛經上常常說一卽一切。一切卽一。一是理性。一切是事相。一卽一切。是說從一種理性上發生出種種的事相來。這叫做因理成事。一切卽一。是說所有種種的事相。實在只是一種的理性。這叫做回事向理。現在就是發的回事向理的願心。從這一段起。一直講到懺悔文完結。都是不動法師自己做的文字了。

性相佛法及僧伽。二諦融通三昧印。如是無量功德海。我今皆悉盡回向。

這一段是回因向果的意思。佛、法、及僧伽。僧伽、是梵語、翻譯中國文、是衆多同了和合兩種意思、比丘在四人以上、和合在一處、叫僧伽、 就是三寶。性的佛法僧伽。佛就在自己的心性裏頭現出來的、法同了僧伽、也都是在自己的心性裏頭現出來的、所以叫性的佛法僧伽、也就叫自性三寶、 就是自性三寶相的佛法僧伽。就是別相三寶。（別相、是各別的形相、不是一樣的形相、譬如佛有法身應身報身的分別、菩薩以下、又有五十二種果位的分別、）自性三寶是體。別相三寶是用。體同了用。是相聯的。又是融通的。性的體、是眞空的理性。就是眞諦。相的用、是妙有的事相。就是俗諦。（眞諦、是聖人所見到的眞實的理性、不是虛妄的、所以叫眞諦、俗諦、是凡夫所見到的世俗的事相、不是眞實的、所以叫俗諦、二諦、就是眞諦俗諦、）若是沒有自性三寶的眞體。那末別相三寶怎麼會成就呢。若是沒有別相三寶的妙用。那末自性三寶怎麼會顯現呢。所以體用實在是不二的。體用不二。就是性相一如了。（一如、是沒有兩樣的意思、）性相一如。俗眞二諦。自然融通無礙了。二諦融通。就是中道第一義諦。所以性相都完全顯露出來了。譬如像澄清的大海。所有外面一切的形相。沒有不印在海裏頭的。這就叫海印三昧。（三昧、是梵語、翻譯中國文、是正定、離開偏邪叫正、斷絕昏沉散亂叫定、海印、是說像在大海裏頭、印現一切的影像、譬喻佛的智慧、能夠安安定定、清清明明、印現出一切法來、意思就是妄念完全消滅、只有這個清淨的眞心、所以什麼形相、一齊都顯現出來了、同了海水澄清、什麼形相、都顯露出來一樣、佛證到這種境界、所以叫海印三昧、）這種三昧。只有佛纔能夠完全證得。這是解釋前兩句偈。第三第四兩句的意思。是說佛的功德。像這樣無量無邊的大。只有可以拿海來比喻。所以說是功德海。我現在一齊用至誠心。囘向立誓願。意求修成自性的無上佛道。（立誓、就是俗話的罰咒、）

所有衆生身口意。見惑彈謗我法等。如是一切諸業障。悉皆消滅盡無餘。念念智周於法界。廣度衆生皆不退。

這一段、是回自向他的意思。所有衆生四個字。是包括十方三世的一切衆生說的。第十句、是說十方三世一切衆生的身口意三業。見惑、是從見上起的迷惑。就是十種根本煩惱。十種根本煩惱、一是貪煩惱、二是瞋煩惱、三是癡煩惱、四是慢煩惱、就是驕傲的意思、五是疑煩惱、對那一切道理、都有疑惑心、就會障礙信心了、六是身見、就是執定了有一個我、有我的這一個身體、有了我的見解、就要生出自己同了旁人的分別心來了、七是邊見、就是偏在一邊的見解、或是偏在斷的一邊、或是偏在常的一邊、八是邪見、凡是種種不合正理的見解、都是邪見、九是見取見、固執自己的見解、一定算是不錯、十是戒禁見、固執不合正理的禁戒、後邊的五種、都是違背正理的見解、五種合併攏來、成一種惡見、同了前邊的五種、也可以叫六大煩惱、因爲各種煩惱、都依了這幾種煩惱生出來的、所以叫做根本煩惱、第十種戒禁見、也有叫戒取見的、也有叫戒禁取見的、都是一樣的、這十種煩惱、在佛法大意裏頭、也講到過的、後邊的五種、在阿彌陀經白話解釋裏頭、五濁惡世一句底下、有詳細解釋的、○斷、是斷見、執著一種見解、算是一個人死了、就什麼都沒有了、因果報應、都是說說的、所以儘管造罪業、也不要緊的、常、是常見、執著同了斷見相反的一種見解、算是一個人、命裏頭注定的、樂的終是樂、苦的終是苦、故修善業、也不會苦的轉變樂的、造惡業、也不會樂的轉變苦的、彈謗、就是毀謗三寶。我法、是兩種執見。我、是人我執。執著身體裏頭一定有一個我。所以叫人我執。法、是法我執。執著色受想行識五種。是一定有的實法。所以叫法我執。一個等字、同了下一句的如是一切。都是包括所有的一切業障說的。靠普賢行願的威神力。能夠使得衆生無窮無盡的業障。一齊消滅得清清淨淨。一念一念的智慧光。周徧照到一切法界。度脫無量無邊的衆生。沒有一個退失菩提心的。

乃至虛空世界盡。衆生及業煩惱盡。如是四法廣無邊。願今回向亦如是。

這一段、是歸結到行願無盡的意思。第一第二兩句。是說直要等到虛空世界盡。衆生界盡。衆生的業盡。衆生的煩惱盡。我的願心纔算盡了。但是虛空世界那裏有窮盡呢。衆生、就是衆生界。（就是九法界、）衆生的業。衆生的煩惱。（有衆生、就有業、就有煩惱、衆生不能夠窮盡、衆生的業同了煩惱、也就不能夠窮盡、）也那裏有窮盡呢。既然是虛空世界。衆生界。衆生的業。衆生的煩惱。永遠沒有窮盡。那末我的願也就永遠沒有窮盡。像這樣的四種法。（就是指上邊的虛空世界、衆生界、衆生的業、衆生的煩惱四種、）廣大得很。無量無邊。（就是沒有窮盡的意思、）情願現在的囘向功德。也是像這樣的沒有窮盡。

南無大行普賢菩薩。念三聲

預備種種供養的物品。供養無窮無盡的佛。叫大。種種修行方法。沒有一樣不修。並且勤懇至誠。一些沒有怠惰。叫行。這種功行。周徧在各法界。叫普。地位差不多同了最聖的佛一樣。叫賢。因爲上邊所發各種的大願。都是學普賢菩薩的樣。所以末了要三稱普賢菩薩的名號。皈依普賢菩薩。若是衆生能夠照了普賢菩薩的大願去修。那末所有無間地獄的罪業。可以一齊消滅。臨終的時候。一定往生到極樂世界去。並且品位還可以很高哩。這是普賢行願品上說得明明白白的。一定可以切切實實相信的。

蒙山施食儀

蒙山、在四川省雅州府名山縣。這座山的前面。有一個最高的山峯。叫上淸峯。產生甘露的。產字、同生字一樣的意思、甘露、是一種喫了不死的藥、只有天上有的、也只有天上的人、纔喫得到的、甘露又甜又香、我們人的世界上、是沒有的、只有四川蒙山上的上淸峯、有甘露生出來的、不動法師就在這個地方修道。山東省兗州府費縣西北、有一座大山、也叫蒙山、但是不動法師修道的蒙山、是四川省的蒙山、不是山東省的蒙山、所以也有人稱他甘露法師的。法師很慈悲的想陽間的衆生。已經照了前邊大懺悔文的種種方法勸導他們懺悔業障。修學佛法了。還有那些或是在餓鬼道裏頭的。或是在地獄道裏頭的各種苦得很的衆生。也應該超度他們。使得他們脫離惡道。所以就照了藏經裏頭藏經、是搜集所有各種經典、各種戒法、各種講論佛法的道理的書、聚在一處、像佛經的庫藏一樣、所以叫藏經、秘密部的一種水施食法。部字、同了類字差不多的意思、藏經多得很、分成各部、這祕密部、是各部裏頭的一部、同了救拔燄口餓鬼經等各種經典。救拔燄口餓鬼經、是一部佛經的名目、編集成功這一種施食的儀規。本來喫乾的東西、叫食、喫水、或是喫漿、或是喫乳、都叫飮、或是叫喝、但是這本施食儀裏頭、是把喫喝兩種、都包括在這個食字裏頭的、儀是禮節式樣的意思、規、是規矩法則的意思、使得後來學佛修道的人都可以依照這種儀規。去超度那些惡道裏頭的衆生。因爲不動法師在蒙山裏頭修行的。所以這種施食儀規。就用這座山的名目。叫做蒙山施食儀。名目雖然叫施食。但是照這種儀規做起來。

所說的財施、法施、無畏施、三種。都在裏頭了。拿飯同了水。還有別種喫的東西。去供養惡道衆生。使得他們喫了。可以不餓不渴。渴、就是口乾、這種就叫資生施。資字、是靠托的意思、就是靠托了這種喫的東西、來養活性命的意思、資生、施實在就是一種財施。在施食的時候。雖然做的財施。但是說種種法。念種種咒。使得他們惡道衆生。聽到了佛菩薩的名號。就皈依佛法僧三寶。並且惡道裏頭的衆生。都要受極長時期的痛苦。現在雖然做的是財施。但是靠托了說法念咒的功德。使得他們可以脫離種種的業障。所以也可以說就是法施。惡道裏頭的衆生。也有被兇很的鬼欺壓的。也有受種種冤枉的。還有在惡道裏頭吃苦。永遠吃不了的。這種鬼都不免有一種懼怕的心。現在爲了他們。念種種靈驗得很的神咒。使得他們得到解救安慰。所以又可以叫無畏施。一個施字。大略已經講過了。還有一個食字。也要講講清楚。食有兩種。一種是我們人所喫的東西。一種叫法食。就是念各種咒在喫的東西上邊。使得那些喫的東西。都變過了。鬼纔可以喫得。因爲鬼喫東西、不過觸到這些東西的氣、就算喫了、就可以飽了、就是拿東西來供佛菩薩、也要變過的、所以也要念變食咒的、並且念變食咒、還可以少變多哩、一粒米可以變七粒米、變了又變、可以多到無窮無盡、並且清水也可以變做甘露的、不過要發至誠懇切的心。纔能夠感動了那些鬼來喫。纔能夠有大應驗。這種蒙山施食。雖然簡便得很。若是能夠很至誠的念。還能夠把我是布施的主人。惡道衆生是受我布施的。同了我拿出種種的東西來布施。這三種心。一些都沒有。（這三種心、都沒有、就叫三輪體空、）那末這施食的效力。可以同了放燄口一樣。功德是很大的。念的時候。照瑜伽集要燄口儀軌經上說。（瑜伽集要燄口儀軌經、是一部佛經的名目、）最好在太陽落下去的時候。或是亥時。因為那個時候。是諸天衆都歡喜下降的時候。容易有效驗。先點了香燭。供一碗清淨的水。一碗飯。一碗素的菜蔬。（能夠多供幾樣、更加好、）拜了三拜。就念下邊的各種咒。每一種咒念七遍。能夠念兩個七遍。三個七遍。更加好。不過變食咒同了甘露咒兩種。都要念七七四十九遍的。能夠多念。自然越多越好。這是專門做施食時候的說法。若是平常做功課。各種咒都只念三遍。也可以的。不過念完了。一定要回向的。那末惡道衆生。同了念的人。都可以得到益處。

若人欲了知。三世一切佛。應觀法界性。一切唯心造。

這一個偈。出在華嚴經夜摩天宮品上。佛在夜摩天。有無量無邊的菩薩。各各說各種偈來讚佛。有一尊覺林菩薩。也說十個偈。這個偈。就是覺林菩薩所說十個偈裏頭的末了一個偈。纂靈記上說。（纂靈記、是一部講佛法的書、）有一個姓王的人。平常時候。一些不肯守戒律的。也一些不肯做善事的。後來生病死了。到地獄裏頭去。在地獄門口。看見一位和尚。有人說這位和尚。就是地藏菩薩教他念這一個偈。並且告訴他念了這一個偈。可以破滅地獄的苦。這個姓王的人。就念這個偈。念完了進去見閻王。閻王問他。你有什麽功德。姓王的人說。我不過受了這一個偈。閻王就把他放了。並且這個人念的時候。他的聲音所到的地方。那些受苦的鬼。都得到自由自在。不受束縛了。可見得這偈的功德效力。大到不可以說的。第一第二兩句。是說若是有人要明明白白。（了字、是明白的意思、）曉得三世十方一切佛的功德法門。第三第四兩句。是說應該要觀照現前一念裏頭。所有一切法界的性。無論善的、惡的、樂的、苦的。都是從自己心裏頭造出來的。譬如心裏頭起上品十惡業的心。就造成地獄法界。起中品十惡業的心。就造成餓鬼法界。起下品十惡業的心。就造成畜生法界。起下品十善業的心。就造成阿修羅法界。起中品十善業的心。就造成人法界。起上品十善業的心。就造成天法界。起厭生死、求涅槃的心。就造成聲聞法界。起因緣性空的心。（因緣性空、是說一切法、都是因緣和合成的、沒有實在的體性的、所以是空的、緣覺修十二因緣、就是要明白一切因緣、都是性空的道理、纔修成了緣覺的、）就造成緣覺法界。起六度的心。就造成菩薩法界。起清淨平等的心。就造成佛法界。一些不會錯的。因爲一切的境界。都是自己的心裏頭現出來的。照了事相說。有四種土的分別。（四種土、就是凡聖同居土、方便有餘土、實報莊嚴土、常寂光土、在佛法大意裏頭、都詳細講過的、）若是就理性講。那就四種土也都是一樣的。我們這個娑婆世界。在我們看出來是這樣的苦。這樣的汚穢。若是聲聞緣覺到這裏看出來。就是方便有餘土。不是我們看出來的五濁惡世了。若是菩薩到這裏看出來。就是實報莊嚴土。又不是聲聞緣覺所看出來的樣子了。若是佛到這裏看出來。就是常寂光土。又不是菩薩所看出來的樣子了。又聲聞緣覺看出來的方便有餘土。若是菩薩看出來。就是實報莊嚴土。佛看出方便有餘土。實報莊嚴土來。就都是常寂光土。大家不要不相信這一句一切唯心造的話。譬如看月的光。同了聽吹笛的聲音。在心裏頭快樂的人。看出來聽出來。覺得這個月的光。這個笛的聲音。都是很有趣味的。在心裏頭憂愁的人。看出來。聽出來。就覺得這個月的光。這個笛的聲音。就都是凄涼得很的了。這隨便什麽人。都極容易試驗的。所以這一切唯心造的一句話。實在是的的確確。一些不錯的。只有佛菩薩能夠說得出來。除了佛菩薩。那個能夠說出這句話來呢。這一句話的道理。看起來像很淺。實在是很深的。從這個偈起。一直到心經前面的一個普供養眞言。每一個偈。或是一個咒。都要連念三遍的。

唵。伽囉帝耶娑婆訶。

這是破地獄眞言。眞言、就是咒、是因爲從眞實大悲心裏頭發出來的、所以叫眞言、出在救拔燄口餓鬼阿羅尼經上的。這是一部佛經的名目、念了這種咒地獄就可以開的。因爲各種法界既然都是心裏頭造出來的。那末心能夠造地獄。心也就能夠破地獄了。這是一定的道理。念這個咒的時候。一面要觀照。一面要想念。觀照、地獄種種的苦趣、想念地獄裏頭的衆生、受種種的苦、一個一個字都從眞心裏頭流出來。那末就能夠感動諸佛的威力光明。普徧照到十方世界的地獄裏頭。並且地獄裏頭的衆生。也都可以聽得到那念咒的聲音。那末十方世界的地獄。都可以變爲淸淨法界。在各種地獄裏頭的衆生。也就可以趁了這種佛光。同了咒的聲音。個個都得到了解脫。都從地獄裏頭出來。領受這種的布施了。講到地獄的種類。很多很多。說不盡的。可以請一部地藏經來看看。就可以大概曉得了。照事相講起來。地獄是衆生造了業。應該受的苦報。怎麼能夠破滅呢。要曉得講起理性來。萬法都是一心所造。把智慧光照起來。衆生尚且都沒有。那裏有什麼地獄。衆生都因爲有了迷惑的妄心。就妄造了種種的惡業。惡業成熟了。就妄成了種種地獄。墮到了地獄裏頭去。就妄受種種的苦。譬如夢裏頭被虎狼所咬。或是被盜賊所害。受種種的苦。等到夢醒了。一些也沒有什麼。但是在夢裏頭的時候。的確是很苦的。我們這種凡夫。現在都是在夢裏頭。沒有醒的人。怎麼會不覺得苦呢。伽字、讀做鉗字音、囉字、讀做辣字音、耶字、讀做移字音、

南無部部帝利伽哩哆哩怛哆譏哆耶

這是普召請眞言。（普字、是普偏的意思、召字、同請字差不多的、）念了上邊的咒、地獄已經破了。地獄裏頭的衆生。都得到了解脫。都可以到道場來了。但是不動法師的心慈悲得很。還恐怕地獄裏頭的鬼不能夠一齊都來。所以再念這種咒。把所有六道裏頭的衆生、普偏的召請他們來。希望一個都不漏去。這種心念多麽平等呢。念的時候。應該觀想十方世界、三途六道、一切衆生。都得了佛的威力光明。一齊都來了。用這種至誠懇切的心。那末效驗很大。鬼就沒有一個不來了。（譏字、讀做延字音、）

唵。三陀囉伽陀娑婆訶。

這是解寃結眞言。已經念了上邊的兩種咒。六道裏頭的鬼都來了。不過鬼從無始到現在。所有怨讐結得很深的寃家。多到無量無邊。那些兇很的鬼。就要欺懦弱的鬼。或是大的欺小的。或是大家撞到了。生出各種發火煩惱的心來。種種障礙。說不定都會生出來的。所以再念這種解寃結的咒。念的時候。要觀想六道衆生。各各仗了佛的威力。同了咒的神力。把從前無始到現在。所有的怨讐。一齊消滅。清淨。大家都歡歡喜喜。變成很和氣的同伴。都到這道場來。

南無大方廣佛華嚴經。

所有的佛經。同了講論佛法的書。總共分做三藏十二部。（三藏、在阿彌陀經白話解釋裏頭、姚秦三藏法師鳩摩羅什譯的一句底下、十二部、在朝課裏頭三皈依末後、都已經詳細講過的、）這大方廣佛華嚴經。就是十二部經裏頭的第十一部。現在把這個大方廣佛華嚴經的經題。大略的解釋一遍。（大字、佛字、同了朝課裏頭、大佛頂首楞嚴神咒的大字佛字、意思是一樣的、在朝課裏頭、已經詳細解釋過了、這裏不再多講了、）方字、是不偏的意思。眞實的道理。方正不偏。所以叫方。各種經的文字多。或是義理多。都可以叫做廣。方廣兩個字。合併起來。又是各種大乘經的總名。又大、是自心的體。可以包含虛空。周徧法界。所說的豎窮三世。橫遍十方。（時代、是從起初一直下來的、所以叫豎、地方、是從近到遠、一直推開去的、所以叫橫、窮字、是從前的前、還有從前、後來的後、還有後來、眞要推到盡頭、所以叫窮、實在就是盡的意思、遍、是周徧的意思、十方都到那盡頭的地方、不能夠再推開出去的意思、）眞是大到沒有限制的了。方是自心的相。這個方不是方圓的方。實在是十方的方。說這個自心的相。也是大到豎窮橫偏的。廣是自心的用。一念向惡。就是三惡道的苦因。一念向善。就是三善道的樂因。所以自心的作用。也是豎窮橫偏的。佛、是說寂照圓融。（寂、是寂靜、雖然寂靜、但是仍舊能夠觀照一切、又雖然觀照一切、但是仍舊是寂然不動、寂靜同了觀照、雖然是相反的、但是各不妨礙的、所以叫寂照圓融、）萬法洞澈。（洞、是空的沒有阻隔的、就是明白的意思、澈、是透澈、是到底的意思、就是明白到底、沒有一些不明白的意思、這四個字、是說佛沒有一種法不明白透澈的、）又大方廣、是所證的法。佛是能證的人。大方廣佛。是證得大方廣的道理的佛。華嚴兩個字。是譬喻。華字、是說佛在因地所修的萬行。（因、是因果的因、就是修成佛的因、地、是地位、因地、是說在修佛因時候的地位、）像華一樣的光明淨妙。實在這個華。就是譬喻修德。佛把這種像華一樣的修德來莊嚴果地。果字、就是因果的果、果地、是已經結成了佛果的地位、佛在果地上所具足的萬德。也像華一樣的光明淨妙。佛又把這種具足的萬德來莊嚴法身。所以叫華嚴。又這部華嚴經。是釋迦牟尼佛說法第一個時期說的。佛現出圓滿報身。放光加被諸大菩薩。說種種深妙的眞實道理。諸大菩薩也各各仗了佛的威神力說種種法。所以見到、聽到、念誦到、這部華嚴經。就有無量無邊的功德。也就可以得到無窮無盡的利益。六道裏頭的衆生聽到了。就可以脫離苦惱了。這裏所以加這一句經題的意思。就是代表全部經的。因爲六道的衆生。前邊都已經召到了。要他們聽到一些佛法。並且要教他們皈依三寶。所以特地加這一句經題的。因爲這一句經題具足三寶的。所以皈依這一句經題。就是皈依了三寶。

南無常住十方佛。南無常住十方法。南無常住十方僧。

上邊皈依大方廣佛華嚴經。是已經皈依了總相三寶了。這裏是奉請十方世界的別相三寶。上邊大方廣佛華嚴經、在一句裏頭、已經佛法僧三寶、都完全了、所以叫總相三寶、這裏佛法僧三寶、分了三句、是一句裏頭、只有一寶、所以叫別相三寶、雖然只說了十方。實在三世也包括在裏頭的了。這三句的解釋。同了朝課裏頭、楞嚴咒前邊偈裏頭的三句一樣的。這裏可以不再講了。

南無本師釋迦牟尼佛。

釋迦兩個字本來是佛的姓。出家人不像在家人有子孫的。所以出家人就把徒弟做子孫的。凡是出家人都是釋迦牟尼佛的徒弟。就都是釋迦牟尼佛的子孫。所以出家人都姓釋迦。就是用釋迦牟尼佛的姓來當做自己的姓。不過後來大家說得簡便些。所以只用一個釋字了。釋迦牟尼佛。是我們娑婆世界的教主。凡是皈依佛的人。無論出家的。在家的。都一定認釋迦牟尼佛做師父的。所以稱做本師。並且因爲是我們這個世界上的教主。所以不論什麼事情。凡是要求到佛的。就不能夠不請的。（釋迦牟尼佛的詳細情形、同了這幾個字的詳細解釋、在阿彌陀經白話解釋裏頭、佛說阿彌陀經一句底下、都講得很明白的、）

南無大悲觀世音菩薩。

悲字、是拔去苦惱的意思。世音、是九界衆生的聲音。（九界、是十界裏頭、除去佛界、）觀世音菩薩專門發很懇切的悲心。來觀察九界裏頭的一切苦惱衆生。只要聽到了衆生苦惱的聲音。觀世音菩薩就跟了這個聲音去尋來救度他們。所以稱做觀世音。因爲觀世音菩薩的悲心最切。所以稱大悲觀世音菩薩。並且上邊的一種變食眞言。雖然是釋迦牟尼佛說的。但是在長久的劫前。釋迦牟尼佛還沒有成佛的時候。這種咒。還是觀世音菩薩在威德自在光明王如來那裏。聽到了

教釋迦牟尼佛的。有這兩種緣故。所以觀世音菩薩。也不能夠不請的。（觀世音菩薩的德號、在心經白話解釋頭、有詳細解釋、）

南無冥陽救苦地藏王菩薩。

地、是能夠生出各種東西來的。譬喻菩薩的能夠救衆生。藏、是可以包藏種種寶貝的。譬喻菩薩功德智慧的多。地藏王菩薩。發過衆生沒有度盡。不願成佛的大誓願的。所以地藏王菩薩。雖然經過無量大劫。教化了無量的弟子。都成了佛。但是菩薩自己因爲衆生沒有度盡。情願仍舊住在菩薩的位上。不願成佛。一天不度盡衆生。就一天不成佛。一劫不度盡衆生。就一劫不成佛。無量無邊劫不度盡衆生。就無量無邊劫不成佛。地藏菩薩的願力。這樣的大。這樣的切。還有能夠勝過這位菩薩的麽。因爲專門救度冥界的衆生。（冥字、就是俗語說的陰間、凡是地獄餓鬼畜生、都歸冥界、）使得他們完全脫離惡道。還要專門救度沒有到冥界的衆生。（凡是沒有到冥界的衆生、就是陽界的衆生、天、人、阿修羅、都歸陽界、）使得他們一概不墮落到惡道裏頭去。所以稱冥陽救苦地藏王菩薩。現在既然是專門救度六道衆生。那末地藏王菩薩。自然不能夠不請的了。

南無啓教阿難陀尊者。

救拔燄口餓鬼陀羅尼經上說。（救拔燄口餓鬼陀羅尼經、是一部佛經的名目、）觀世音菩薩。有一天看見阿難陀在入定的時候。（阿難陀三個字的解釋、同了他的事實、在阿彌陀經白話解釋長老舍利佛一節裏頭、有詳細說明的、）觀世音菩薩就變化了餓鬼向阿難陀說、三天後。你就要墮落到餓鬼道裏頭去了。阿難陀問用什麼方法可以免得墮落。觀世音菩薩化的餓鬼說、你明天若是能夠布施百千那由他恆河沙數的餓鬼。（那由他、恆河沙、同了下邊的無量無邊、都是極大極大數目的名稱、）同了無量婆羅門仙等。（俗話的仙人、在佛法裏頭、也歸在鬼道裏頭的、婆羅門仙、是一種仙人、婆羅門、本來是梵語、翻譯中國文、是淨行、就是清淨的修行、也叫淨志、是印度國四個大族裏頭、最尊貴的一族、專門奉事大梵天、修淨行的一個大族、）用摩竭陀國所用的那種斛（摩竭陀國、是中印度的一個國名、佛常常說法的地方、叫王舍城就在這個國裏頭、）布施一斛的飯食。還要替我供養三寶。使得我可以脫離餓鬼的苦生到天上去。那末你就可以加添壽數了。阿難陀聽了這些話、就把碰到餓鬼的事情告訴釋迦牟尼佛。佛說你不要驚嚇。我在過去無量劫前做婆羅門的時候。在觀世音菩薩前受過無量威德自在光明如來陀羅尼法。（這個法、就是變食眞言、）我告訴你若是念這個咒七遍。能夠使得一些些的食變做無量數的食。並且都會變成甘露上妙的味。（上、是上等、上妙、是稱讚甘露的味好、）就能夠滿足無量無邊那由他數的餓鬼同了婆羅門仙等種種鬼神。（一個人沒有大罪業、死了過後、精神沒有散開、可以不墮落到惡道裏頭去的、聖人賢人就成了神、平常的人、就成了鬼、）各各得到摩竭陀斛的食就都能夠證到聖果。或是生到淨土去。那末你就可以加添壽數了。佛說完了這些話。就把這咒敎了阿難陀。這種祕密的變食眞言。就因爲有這麼一個因緣傳下來的。這個眞言是阿難陀請佛說的、所以稱啓教阿難陀尊者。啓、是開的意思、也有請的意思、啓教、是請佛教授的意思、阿難陀是阿羅漢、稱他尊者、是尊重恭敬的意思、凡是稱阿羅漢、都是稱尊者的、這裏所以奉請阿難陀、就爲了這個緣故。

皈依佛。皈依法。皈依僧。皈依佛兩足尊。皈依法離欲尊。皈依僧衆中尊。皈依佛竟。皈依法竟。皈依僧竟

三寶已經請到了。應該要教召來的六道衆生、都來皈依三寶。希望他們可以脫離惡道。兩足、是福德同了智慧兩種都滿足的意思。佛是福慧都滿足的。所以稱兩足尊、尊是尊貴的意思。離欲、是離開情欲的意思。情欲是生死的根本。有了情欲。纔有生。有了生就有死。所以情欲一定要離開的。離開了情欲。就可以了脫生死了。衆中尊是在衆人裏頭最尊貴的意思。因爲佛法全靠僧來傳的。可以利益衆生的。所以僧稱做衆中尊。竟字、是了畢圓滿的意思。念的時候、要觀想一切六道衆生。個個都是至誠懇切的皈依了三寶了。〇這個三皈依。念三遍。就要拜三拜的。

有情佛子孤魂所造諸惡業。皆由無始貪瞋癡。從身語意之所生。一切有情佛子孤魂皆懺悔。

前邊已經教六道衆生都皈依了三寶了。既經皈依了三寶。就應該要在三寶前懺悔自己的

業障了。自己從無始到現在。所積的業障。無量無邊。不可以計算的。華嚴經行願品上說若此惡業有體相。盡虛空界。不能盡受。意思是說若是這種惡業。有實體形相的。那是衆生所造無量無邊的惡業。不曉得有多大哩。就是盡這個虛空界。也受不下這樣多這樣大的惡業。這還了得麼。還可以不趕緊懺悔麼。若是再不求懺悔。那裏還有脫離惡道的一天呢。所以又替他們求懺悔。這四句。都是懺悔業障的意思。在大懺悔文後邊的偈裏頭。已經明白講過的。不過那個偈裏頭第一句的我昔。同了第四句的我今。這裏都改作了佛子、有情、孤魂、罷了。與慈老法師說、這是代替鬼懺悔的、要鬼跟了一同念的、所以不如仍舊照普賢行願品、用我昔我今四個字、不必用佛子有情孤魂三種名目、

佛子、是佛的兒子的意思。佛最慈悲的。看出衆生來。都像自己的兒子一樣。所以受過戒的衆生。都可以稱佛子的。又衆生都有佛性的。都有成佛的根機的。所以稱佛子。諸惡業、是身三業、口四業、意三業。都包括在裏頭的。不過一個人所造的身口兩種業。實在還是從貪瞋癡三種意業上生出來的。所以說所造諸惡業。皆由無始貪瞋癡。因爲這種貪瞋癡的惡習氣。是從無始劫起。一直有的。無始劫、是極古極古的時代、沒有數目可以計算的前、並且種種惡業。沒有不是從身口意三種上生出來的。所以說從身語意之所生。語業、就是口業、這一句的意思、是說從身業、口業、意業上所生出來的種種惡業、

有情、是凡有知覺的。都可以稱的。佛子有情兩種。實在就是六道衆生。

孤魂、大概是稱三惡道的因爲孤魂是單單獨獨的一個鬼魂。沒有家族親戚等親近人陪伴他的。一些沒有依靠的。所以叫孤魂。這種鬼、是活在世界上的時候。造了惡業。所以死了。就受這種孤苦的報應。若是現在對了三寶。發心懺悔。就可以把惡業消滅了。念的時候。要觀想一切衆生。從無始到現在所造的種種業障。因爲誠心懺悔。完全滅除淨盡了。這裏拿有情佛子孤魂三種偈、併在一行裏頭、成了三排、這是節省地位的意思、若然不是這樣的並了排成一行、就要變成三行、多佔地位了、但是念起來、還是要把佛子所造諸惡業、有情所造諸惡業、孤魂所造諸惡業、分開了各念一遍、每遍四句、總共分成十二句、下邊的神咒加持淨法食、同了汝等佛子衆、兩處的偈、也都要這樣念的、

衆生無邊誓願度。煩惱無盡誓願斷。法門無量誓願學。佛道無上誓願成。

上邊已經把從無始到現在所造的種種惡業懺悔了。就應該要發大願心了。這四句就是發的四種大誓願。叫做四宏誓願。宏、就是大的意思、這四宏誓願、是出在止觀大意上的、○止觀大意、是一部講佛法的書名、第一句的意思。是說衆生怎麽樣有的呢。都是五陰同了四大和合成的。既然有了這五陰四大和合成的身體。就有三苦、八苦的逼迫。三苦八苦、在心經白話解釋、度一切苦厄一句底下、詳細講過的、所以衆生無量無邊的多。衆生的苦也就無量無邊的多。我誓願一齊救度他們。第二句的意思。是說衆生時時刻刻的妄想不斷。煩惱也就時時刻刻的不斷。煩惱、就是見思、塵沙、無明、三種惑、見思、是六道衆生的煩惱、塵沙、是二乘的煩惱、無明、是菩薩的微細煩惱、這三

種惑、在佛法大意裏頭、有詳細解釋的、所以叫煩惱無窮無盡。煩惱雖然無窮無盡。我誓願修到一齊斷盡。第三句的意思。是說九法界衆生的根機、利的鈍的、各各不同。佛所說的修行法門。完全是對了衆生的根機說的。衆生的根機。既然各各不同的、所以佛的說法。也各各不同了。佛的法門無量。我的誓願也無量。雖然法門無量。我誓願一齊要學的。第四句的意思。是說佛的道理。最高最妙。沒有比佛再高妙的。佛修到三惑清淨。證到三德圓滿。三德、是法身德、般若德、解脫德、在佛法大意裏頭、講得很詳細的、我的誓願就是要修成佛。就是要同了佛一樣。也要修到三惑清淨三德圓滿。這四種大誓願。是菩薩所修的。現在要六道衆生。也都發這樣的大誓願。大家都可以成佛。所以念的時候。就要觀想度衆生、斷煩惱、學修法、成佛道的種種情形。那末功德就很大了。這四句、是就事相上說的。下邊四句、是就理性上說的。

自性衆生誓願度。自性煩惱誓願斷。自性法門誓願學。自性佛道誓願成

無論什麼事情、什麼境界。都是從自己的心裏頭發現出來的。像上邊所說的一切唯心造。實在是一些不錯的。衆生的心。本來是包含一切的。十法界都在這個心裏頭的。心淸淨覺悟。就是四聖法界。四聖、是佛、菩薩、緣覺、聲聞、心汚濁昏迷。就是六凡法界。六凡、是天、人、阿修羅、畜生、餓鬼、地獄、心量本來大到可

以包含虛空界的、無論佛、無論衆生、沒有一樣不在這心裏頭的、所以說衆生、煩惱、法門、佛道、都是自性裏頭本來有的作用。不過心的作用。雖然有清淨覺悟、汚濁昏迷的分別、但是心的本體。實在是不變動的。譬如一面玻璃鏡子、雖然種種的形象現出來、各各不同。但是鏡子的本體、從來沒有變動過、所以墮落在惡道的衆生、若是能夠一念覺悟了、他們的清淨本性發現出來了。那末衆生同了佛。原來是平等的。原來沒有什麼高下的。原來沒有什麼叫衆生。還有什麼度不度呢。清淨本性都發現了出來。還有什麼煩惱呢。煩惱既然本來沒有的。還有什麼斷不斷呢。所以要修學種種法門。就是爲了要斷惑證眞。證眞、就是證到眞如實相、○眞、是眞實、如、是常住不變、眞如實相、是眞實的相、不是虛妄的相、在佛法大意裏頭、有詳細解釋的、現在講到自性既然本來是清淨的。眞實的。沒有迷惑的。那末還有什麼要修學呢。自性既然是眞實的。那末衆生同了佛。不就是一樣的麼。心佛衆生、既然本來是一樣的。因爲佛就是我心裏頭的佛、衆生也就是我心裏頭的衆生、既然都是我自己心裏頭的、那就當然是一樣的了、那末衆生就是佛了。還有什麼成佛不成佛的分別呢。所以照事相講。那就衆生同了佛。是天差地遠的。若是照理性講。那末只要衆生能夠覺悟。就同了佛是同體的了。不二的了。所以這個誓願。雖然說是四種。實在只有一件事。就是這一個心能夠清淨覺悟。那就不要說四種誓願。那怕有多少誓願。也都完全可以做到了。

唵。鉢囉末隣陀額娑婆訶。

這是滅定業眞言。是地藏王菩薩說的。業有兩種。一種叫定業。就是所造很重的業。一定要受報應的。這種業很不容易懺悔的。一種叫不定業。就是所造的業輕重不定的。懺悔也容易的。要曉得不論是定業。是不定業。總之罪業都是從迷惑造成的。迷惑沒有實體的。不是自性本來有的。只要智慧光一發。迷惑就完全消滅了。念了這個咒。智慧光就全發出來了。所以不獨是不定業可以懺悔。就是一定要受報應的定業。也可以懺悔清淨了。施食儀軌上說。（施食儀軌、是一部講施食方法的佛書、）罪性本空由心造。心若滅時罪亦亡。罪亡心滅兩俱空。是則名爲眞懺悔。這幾句的意思是說。罪業本來沒有實體的。本來是空的。都是從這個妄心造出來的。妄心一天不滅。造罪就一日不停。所以只要懺悔這個心。把這個妄心滅除。妄心一滅。就不會再造罪了。不再造罪。就罪也滅了。罪既然滅了。就是罪也空了。罪滅了。罪就空。心滅了。心就空。所以叫兩俱空。（兩俱空、就是罪同了心、兩樣都空了、）這是各種懺悔方法裏頭最高最切的功夫。所以叫眞懺悔。能夠這樣的懺悔。那就不要說不定業了。就是定業也沒有不滅除清淨的了。這個咒的效驗。有這樣的大。所以

念的時候。一定要觀想一切衆生。從無始到現在。所有的種種罪業。完全都消滅淨盡了。（缽字、讀做不字音、額字、讀做甯字音、）

唵、阿羅勒繼娑婆訶。

這是滅業障眞言。是觀世音菩薩說的。前邊一個咒、是破定業的。是就理性一邊說的。這個咒、是破不定業的。是就事相一邊說的。事同了理。互相融通。表顯各各沒有障礙。這纔是眞的懺悔。所以念了這個咒。所有一切的業障。都可以破除清淨了。念的時候。應該要觀想、我自己爲了衆生誠心念這種咒。把衆生的種種業障。都消滅清淨了。能夠這樣的觀想。那就格外有效驗了。

唵、步步底哩伽哆哩。怛哆誐哆耶。

這是滅障礙開咽喉眞言。（這一個眞言、出在什麼經上、是那一尊佛菩薩說的、都沒有考查出來、）咽喉、是咽東西下去的喉管。所以叫咽喉。餓鬼的身體。是很大很大的。但是他們的咽喉。倒反很小的。像一枝針那樣的細。所以不論什麼東西。都咽不下去的。這是在陽世的時候。器量狹小。一些不肯布施。所以招到這種樣的苦報。應他們永遠聽不到水漿的名目。不要說喝到了。就是給他們一些水喝。他們看出來。

也都變化了膿血。不能夠喝下去了。或是到了口裏頭。都變了火。要燒他們了。所以永遠受餓受渴。從前目犍連尊者、用他的天眼。目犍連尊者、是阿羅漢、有慧眼的、凡是有慧眼的、當然有天眼了、○天眼同了慧眼、在阿彌陀經白話解釋裏頭、常以清旦一節底下、同了佛法大意裏頭、都有詳細解釋的、看見他的母親。墮落在餓鬼道裏頭。他就拿了一鉢飯去給他的母親喫。他的母親就拿起飯來喫。那裏曉得飯還沒有到他口裏頭。都變成了火炭了。目犍連尊者看見了。心裏頭難過得很。就哭求釋迦牟尼佛救他的母親。佛說你的母親業造得太重。你雖然孝得很感動到天地神祇。天上的神、叫靈、地下的神、叫祇、但是你一個人的力量。還不能夠救度你的母親。就是天地神祇雖然感動你的孝。但是也沒有力量救度。你必須要仗了十方衆僧威神的力。做大佛事。你好好的供養衆僧。你的母親纔能夠脫離這餓鬼道。目犍連尊者聽了佛的指導。就照樣的去做了。他的母親纔出了餓鬼地獄。現在六道衆生。雖然仗了種種神咒召請來了。但是這種餓鬼的咽喉。不替他們開。那末所施的食。他們還是不能夠咽下去。所以必須要念這種神咒。使得他們的咽喉可以放大。念的時候。要左手向上。觀想自己的手托了蓮華。華裏頭有白色的甘露水流出來。這種水非常的清涼。周徧的灑在虛空裏頭。一切的餓鬼。都能夠喝到這種水。那末像針一樣細的咽喉。都開得很大了。所施給他們的食。都可以咽得下去了。業火也就停止不燒了。業火、是因爲這種火、是業造出來的、並不是水火的火、所以叫業火、全身也覺得清涼受用了。

唵、三昧耶薩埵鑁。

這是受戒的咒出在瑜伽集要救阿難陀羅尼燄口儀軌經。這是一部佛經的名目、簡單說起來、就叫瑜伽集要陀羅尼經、這種戒、是大乘戒。必定先要懺除了罪業。纔可以受得所以先要念前邊的滅罪眞言。使得六道衆生的罪業完全消滅清淨了。再接上去念這一種受戒的咒。緣起經上說。緣起經、是一部佛經的名目、若是要受持這種施食法。應該要發菩提心。把這三昧耶戒。教授這些六道衆生。因爲這種戒在密宗裏頭說起來。是最初受戒的一種戒法。所以受了這種戒。就得到了成佛的種子。施餓鬼經上說。施餓鬼經、是一部佛經的名目、念了三遍咒。一切鬼神就都聽到了很深的祕密法門。就都得到了具足的三昧耶戒法。同了無量的福德。纔可以說是眞正的佛子了。念的時候。要觀想一切六道衆生都受到了這種三昧寶戒。心意都完全清淨了。身體都完全解脫了。埵字、讀做多字音、鑁字、讀做萬字音、

南無薩縛怛他誐哆縛嚕枳帝唵。三跋囉三跋囉吽。

這是變食眞言。就是前邊講過的阿難請釋迦牟尼佛說的咒。也出在瑜伽集要陀羅尼經上。念了這個咒。一粒米可以變出七粒米來。又從這七粒米各各一粒變做七粒。七粒再變。慢慢

的就變成了七斛。這種斛、就是上邊說過的摩竭陀國所用的斛、又變成了七七四十九斛。越變越多可以多到充滿虛空界沒有窮盡。並且這種米也是圓融無礙的。雖然充滿在虛空裏頭但是同了旁的各種東西一些沒有妨礙的。十方世界裏頭六道衆生。是無窮無盡的。多不是這樣的變。那裏夠無窮無盡的六道衆生喫呢。這一種咒。同了下邊一種咒。放起蒙山來。念得越多越好。最少也要念到二十一遍。那末六道衆生。各各得到七七四十九斛的食。大家喫好了。就都能夠生到天上去。或是生到淨土去了。吽字、讀做哄字音、

南無蘇嚕婆耶。怛他誐哆耶。怛姪他。唵。蘇嚕蘇嚕。鉢囉蘇嚕。鉢囉蘇嚕。娑婆訶。

這是甘露水眞言。是妙色身如來說的施甘露法的咒。也出在瑜伽集要陀羅尼經上。念了這個咒。所供的清水。就變成了甘露了。並且可以變到無窮無盡的多。像海裏頭的水一樣的多。餓鬼喝別種水下去。都會變火的。只有喝到念過這種咒的水。那就不但是不會變火。並且鬼道的衆生。本來都被業火燒得很苦的。現在把念了這種咒的水。施給他們喝了。就可以滅他們的業火。還能夠使得他們脫離煩惱。永遠得到清涼快樂。所以施水也是很要緊的事情。施餓鬼經上說。念了這種咒七遍。能夠使得平常的水。變成像乳一樣顏色的甘露。能夠使得

一切餓鬼的咽喉都開大來就可以喫所施的種種食品了所以喝了這種念了咒的水不但是能夠不渴並且還可以不餓你們看這種咒的功效大不大呢。

唵、鍐鍐鍐鍐鍐。

這是一字水輪咒也是出　施餓鬼經上的。念了這個咒不但是水更加變得清淨。並且可以變成像八功德水一樣。（八功德水、是有八種好處的水、什麼八種好處、在阿彌陀經白話解釋裏頭、有七寶池一節底下、有詳細解釋的、）六道裏頭的衆生喝了念過這種咒的水下去都會覺得水的味清淨得很身體快樂得很。並且可以稱心滿意得很。不會嫌水少的水的味也都像甘露一樣的好。

南無三滿哆沒馱喃唵鍐。

這咒也出在瑜伽集要陀羅尼經上的施食餓鬼經上說。前邊一字水輪咒是使得水變來像乳一樣。這個咒不但是使得水變成白的顏色像乳一樣。並且所供的各種東西不論是水漿或是食品都可以變成白色的乳。所以這個咒也叫做乳海眞言。（乳海、是因爲各種供的東西、都變成像乳一樣、用一個海字、是形容乳的多、）那末這乳海眞言比了一字水輪咒更加廣大了。雲棲補註上說（雲棲補註、是一部講佛法的書名、）上邊種種的咒雖然都能夠變各種食品。但是沒有融通到一個樣子。恐怕這些業重的衆生還有什麼障礙。所以再加念這個咒。使得種種食品。都像乳海。普徧的施給一切衆生。使得他們的身心都可以飽滿。有人問、道食品是專門養身體的。怎麼會使得心也飽滿呢。我道食品固然只能夠養身體。但是這種食品。都加持了各種有大威神力的咒。那末雖然是尋常的食品。實在都已經變了法喜禪悅的食了。法喜食、是聽到了佛法、心裏頭歡喜、善根漸漸的增長起來、資養他的慧命、禪悅食、是用了禪定功夫、自然有輕安寂靜的妙味、養他的身心、使得身心都安樂得很、這兩種名目、都出在法華經弟子授記品裏頭的、○慧命、是法身的壽命、因爲法身是把智慧當做壽命的、所以叫慧命、所以不但是可以養身。還可以養心哩。六道衆生喝了。不但是身體覺得舒服。就是心裏頭也覺得清淨快樂。沒有什麼苦惱了。馱字讀做駝字音、

南無多寶如來。南無寶勝如來。南無妙色身如來。南無廣博身如來。南無離怖畏如來。南無甘露王如來。南無阿彌陀如來。

多寶、是許多寶貝的意思。這一尊佛。就是東方寶淨世界的佛。佛說法華經的時候。這尊佛必定在說法的佛面前現身的。聽到了這尊佛的名號。能夠得著智慧的寶。還可以得著種種的財寶。心裏頭要什麼。就有什麼。可以受用不盡。寶勝、是寶貝裏頭最好的意思。這一尊佛就是南方的寶生佛。聽到了這尊佛的名號。能夠把生死煩惱。同了世間一切的業火。完全消滅。清

淨妙色身、是身體的形相很好的意思。這一尊佛、就是東方妙喜世界的阿閦鞞佛。聽到了這尊佛的名號、就不會生醜惡的相貌、六根都端正威嚴、不論在天上、在世界上、都是第一、並且能夠永遠離開三途八難的苦、做佛的清淨弟子。廣博身、是身大心寬的意思。（博字、是大同了多的意思、）這一尊佛、照祕藏記本上說、（祕藏記本、是一部講佛法的書名、）就是毘盧遮那佛、也就是釋迦牟尼佛了。（釋迦牟尼佛、就是毗盧遮那佛、）聽到了這尊佛的名號、能夠消除業火、得著清涼無礙的身體、餓鬼的咽喉、也就能夠放大放寬、喫到施的種種食品、都有甘露的好味。離怖畏如來、（怖字、是驚嚇的意思、）照祕藏記本上說、也就是釋迦牟尼佛、住在六道四生界裏頭、（四生、在朝課裏頭、四生九有一句底下、有詳細解釋的、）替一切衆生、做種種利益他們的事業、沒有一些怖畏。聽到了這尊佛的名號、一切驚嚇懼怕的心思事情、都能夠離開、常常得著清涼快樂。甘露王如來、照胎藏曼陀羅大鈔上說、（胎藏曼陀羅大鈔、是一部講佛法的書名、）就是阿彌陀佛、阿彌陀佛的咒、叫甘露咒、所以阿彌陀佛、就稱做甘露王如來。聽到了這一尊佛的名號、不但是能夠得到甘露法味、（法味、是佛法的味、就是聽到佛法、甘露法味、是譬喻佛法的妙、像甘露的甜一樣、）永遠得到快樂、並且可以生到西方極樂世界去、跳出生生死死的苦惱。凡是說到許多佛的名號、總是阿彌陀佛做結束的、就是勸人往生西方的意思。這七尊佛、都是古佛、在念的時候、應該要想自己念佛的聲音、可以使得六道衆生。普徧聽在耳根裏頭去了。成佛的種子。就永遠脫離種種的煩惱。免除三途的苦報。得到種種的快樂。證到無上菩提。所以功效是大得了不得的。涅槃經上說。聽到常住二個字。就可以永遠不墮地獄。何況聽到七尊佛的萬德洪名呢。（洪字、是大的意思、）華嚴經上說。若是聽到如來的名號。同了佛所說的法。那怕不能夠生起信心來。也能夠薰成佛種。（薰字、是拿來譬喻的、耳裏頭常常聽到佛號、像常常拿香來薰一樣、薰得長久了、香味自然會染牢了、不退了、）將來自然有一天能夠成佛。現在聽到七尊佛的名號。那是功德利益。眞是大到不可思議了。

神呪加持（法施食、淨法食、甘露水、）**普施河沙衆**（有情、佛子、孤魂、）**願皆飽滿捨慳貪。速脫幽冥生淨土。皈依三寶發菩提。究竟得成無上道。功德無邊盡未來。一切**（有情佛子孤魂）**同法食。**

這是一個發願偈。說施食的利益。神呪、是說上邊變食變水的各種呪。持字、就是念的意思。淨法食、是清淨的法食。在種種的食品上面。加持了各種有神通的呪。所以叫做法食。並且因爲加持了神呪。那些食品。也變成了很清淨的了。所以叫淨法食。法施食、是所施的種種食品。不是尋常的。是加持過神呪的食品。所以說是法施食。所施的水。本來是尋常的水。也因爲加持了神呪。就是尋常的水。也都變成甘露水了。河沙、就是恆河裏頭的沙。是多的意思。捨字、是放棄的意思。慳字、是捨不得自己的東西。器量小的意思。貪字、是喜歡旁人的東西。這八句偈的意思、是說這種很靈驗的咒、念在那些清淨的食品上邊、普偏的施給無窮無盡的六道鬼魂。情願他們喫得很飽很滿、把這種慳貪的心、一齊捨去、快快脫離幽冥世界、生到西方極樂世界去。現在已經皈依了三寶、應該趕緊發出菩提心來、到底一定能夠成功佛道的。（無上道、就是佛道、）這種功德大到無量無邊。眞是像沒有來的時劫、永遠沒有完結的。所有一切的鬼魂大家都來喫這種加了神咒的東西。念的時候、應該念三遍。念第一遍、第二遍的時候、應該用一些米、或是一些飯、拋在空裏頭。念第三遍的時候、應該用一杯清水、灑在空裏頭。使得六道裏頭各種的鬼都來享受。

汝等（有情 佛子 孤魂）**衆、我今施汝供、此食徧十方。一切**（有情 佛子 孤魂）**共。願以此功德。普及於一切。施食與**（有情 佛子 孤魂）**皆共成佛道。**

這是發願求成佛道的偈。你們許多的六道衆生、從前所受到喫的、或是喝的東西、大半都是有生命的。（照這本施食儀所施的東西、當然都是素的、沒有生命的、）喫喝下去、像毒藥一樣、都是傷身的。都是造業的。我現在布施你們喫的東西、（供、是供養、就是拿東西給人喫、）都已經加念了神咒的。不但是多得了不得、可以偏滿十方世界。（共字、就是所有十方的衆生、大家都喫到的意思、）可以使得十方的衆生大家都喫到。並且都是法食。希望你們喫了這種法食。都發出菩提心來。求修成功佛道。還要你們先得道的。就去度脫那沒有得道的。等到沒有得道的。也得了道。再去度旁的沒有得道的衆生。總要大家一齊成佛。我現在情願把這種施食的功德。普徧囘向一切法界的衆生。誓願衆生沒有一個不成佛道。念的時候。要觀想一切鬼神。各各受到所布施的食品。飽滿快樂。一齊都生到西方淨土去。

唵、穆力陵。娑婆訶。

這個咒、叫施無遮食眞言。無遮、是沒有阻礙的意思。因爲上邊所念的各種咒。恐怕念的時候。或是稍有一些不誠心。念得不很得法。那末兇很的鬼。就要欺壓和善的鬼。或是有寃仇的鬼。大家就要爭鬥起來。或是業重的鬼。還有聽不到的。那就不能夠平等普徧。來享受這種施食了。所以再念這種咒。要使得上邊所說的各種阻礙。都可以破除。就是有寃仇的鬼。也都可以解開了。念的時候。要觀想所有一切的鬼神。不論是親的、寃的、遠的、近的、一齊都到這道場裏頭來。沒有一些阻礙。大家歡喜得很。

唵、誐誐曩。三婆嚩。伐日囉。斛。

這是普供養眞言。（普供養、是各處都供養到的意思、）也出在瑜伽集要陀羅尼經上的。因爲念上邊各種咒的時候。六道裏頭的各種鬼或是因爲沒有聽到。所以就沒有來的。或是因爲有別的種種緣故不能夠來的。念了這種咒。可以使得一個鬼都不漏掉。都可以受到這種布施。就是有實在不能夠來的鬼。也可以托已經來的鬼把喫的東西代替他們帶去。那末就可以沒有一個鬼喫不到了。個個都受到了這種法食。就個個都會發出向佛道的心來了。（曩字、讀做囊字音、日字、讀做止字音、）

般若波羅蜜多心經。

心經的經文。在朝時課誦裏頭。已經有過了。並且已經有了單行本的白話解釋了。所以這裏不再印出來了。

拔一切業障根本得生淨土陀羅尼。

曩謨阿彌跢婆夜。哆他伽哆夜。哆地夜他。阿彌唎都婆毘。阿彌唎哆悉耽婆毘。阿彌唎哆毘迦蘭帝。阿彌唎哆毘迦蘭哆。伽彌膩伽伽那。枳多迦隸。娑婆訶。

這個咒名同了下邊的阿彌陀佛讚。佛菩薩名號等。在阿彌陀經白話解釋裏頭。都已經詳細講過的。這裏也不再重說了。不過念這往生咒。最少也要連念三遍的。

四生登於寶地。三有托化蓮池。河沙餓鬼證三賢。萬類有情登十地。

這也是一個偈。是總結束施食的功德。情願一切的眾生。都生到西方極樂世界去。證到聖人的果位。四生、是胎、卵、濕、化、四種眾生。（四生、在朝課裏頭、四生九有一句底下、已經詳細講過的、）寶地、是七寶莊嚴的地。就是西方極樂世界。登於寶地。就是往生西方極樂世界去。三有。就是三界。（三有、是說得簡單的、若是要說得詳細些、就可以說九有、所以朝課裏頭、就說四生九有、雖然說是九有、仍舊還就是三界、不過把三界分成九種名目罷了、）因爲三界有生有死。有因有果。所以稱做有。三界、就是欲界、色界、無色界。欲界就認做欲是有的。所以稱欲有。色界、認做色是有的。所以稱色有。無色界又認做無色是有的。所以稱無色有。一切一切。都認是眞有的。不明白這種有都是假有的道理。所以都稱有。三界也就稱三有了。托化蓮池。是依托在生蓮華的池裏頭化生出來。就是蓮華化生。意思也就是生到西方極樂世界去。欲界裏頭。六道眾生。完全的。天道、人道、阿修羅道、鬼道、畜生道、地獄道、都有的。色界同了無色界裏頭。就只有天道。沒有旁的五道了。天道只有化生。沒有胎、卵、濕、三生的。人道同、阿修羅道、畜生道、都是四生全有的。鬼道只有胎生化生的。地獄道只有化生的。這上兩句的意思。是情願三界裏頭所有的眾生。都生到西方極樂世界去。河沙、是說像恆河裏頭的沙那樣的多。三賢、是十住、十行、十囘向、的菩薩。稱賢人。萬類、是說種類的多。這下兩句的意思。是說無窮無盡的鬼。鬼也多得很、說餓鬼、是拿業重的鬼、來包括各種業輕的鬼、情願他們都能夠證到三種賢人的地位。多到無窮無盡的有情衆生情願他們都得到十地聖人的地位、大家看佛的慈悲心。怎樣的深切。不但是希望凡夫做到聖人。連那鳥獸蟲魚也希望他們都脫離了畜生道。都證到聖人的地位。有這樣的大慈悲心自然應該成佛了。十地的菩薩稱聖人也稱十聖。別教的三賢無明惑沒有破。所以只可以稱賢不可以稱聖。十地雖然稱聖。但是十地的破無明惑。還不是完全破盡。不過破了無明的一部份罷了。所以叫分破無明。圓教的三賢。別教圓教、在佛法大意裏頭、已經講過的、已經到了分破無明的地位。但是仍舊只稱賢。不稱聖。圓教的十地。那是無明比了別教的十地。又破得多了。所以叫多破無明。在圓教裏頭也稱聖了。圓教的三賢。雖然是分破無明。但是同了十地。都是已經證到法性的大菩薩了。法性、就是眞如性、也就是眞如實相、也就是自性淸淨心、名目雖然多得很、意思是一樣的、念佛求生西方極樂世界。可以頓時超進十地的聖位。那末還有什麼法門。可以比了念佛再妙的呢。從四生登於寶地一句起。一直到下邊南無淸淨大海衆菩薩都要合了掌、跪了念的。

阿彌陀佛身金色。相好光明無等倫。白毫宛轉五須彌。紺目澄淸四大海。光中化佛

無數億化菩薩衆亦無邊四十八願度衆生九品咸令登彼岸。

南無西方極樂世界大慈大悲阿彌陀佛。念三聲

從阿彌陀佛身金色起一直到下邊南無清淨大海衆菩薩。在朝課裏頭。已經都詳細解釋過的。所以這裏就不講了。

南無阿彌陀佛。念三聲

南無觀世音菩薩。念三聲

南無大勢至菩薩。念三聲

南無清淨大海衆菩薩。念三聲

朝課到末後。念西方三聖的名號。夜課到末後。也念西方三聖的名號。都是勸修行的人。歸束到西方極樂世界去的意思。實在因爲往生西方。是各種修行方法裏頭。最簡便最穩當的獨一法門。情願大家專心修這個方法。將來一定都可以往生西方的。

一心皈命極樂世界阿彌陀佛。

這是宋朝的慈雲懺主、遵式法師、做的一種發願偈。法師一生都在各處地方宏揚佛法。現在

所傳的淨土懺也是法師做的他的威德聲名大得很。眞宗皇帝曉得了。賜他的名號叫慈雲懺主。一心、是要把六根完全都收住了。一些些不放他接觸着六塵。（接觸着六塵、就是眼看見了色、耳聽到了聲、）纔可以叫一心。皈命、是把自己的生命完全歸托極樂世界的阿彌陀佛世界上的人。所最看重的、最捨不得的就是這個生命。現在情願把生命歸托阿彌陀佛。求生到西方極樂世界去了。念的時候。最好在一心皈命一句上邊加弟子某人幾個字。那末這個願就是念的人所發的了。

願以淨光照我。慈誓攝我。

發願求阿彌陀佛。放出本來清淨、普徧法界的根本智光、來照我。（根本智、稱無分別智、能夠生出一切大悲功德的根本的、所以叫根本智、）把慈悲的大誓願來攝受我。（慈誓、就是阿彌陀佛的四十八大願、在無量壽經裏頭、講得很詳細的、攝字、是收受的意思、）使得我不走到別種不正當的路上去。我們從無始到現在煩惱業障積得很深很堅固的了。若是不仰仗佛的智慧。佛的願力怎麼能夠滅除呢。

我今正念。稱如來名。爲菩提道。求生淨土。

這是說明白所以求佛的緣故。念佛的時候。一心一意。只覺得佛在我的面前。沒有一些些旁的妄想。夾在裏頭。叫做正念。這樣的稱念阿彌陀佛名號。爲的是什麼呢。就因爲發了度衆生成佛道的心。度衆生、成佛道就是菩提道、所以要求生到西方淨土去。阿彌陀經上說。念佛的名號。若是能夠念到七日。一心不亂。就可以往生極樂國土。所以只要能夠正念。一定可以往生淨土的。

佛昔本誓。若有衆生。欲生我國。志心信樂。乃至十念。若不生者。不取正覺。

阿彌陀佛在從前沒有成佛。還在做法藏比丘的時候。在世自在王佛面前。發過度衆生、生淨土的四十八個大願。裏頭有一個大願說道。若是有衆生要生到我的極樂國土裏頭來。只要能夠誠心相信。志心、就是誠心、喜歡念我的名號。喜歡、就是樂字的解釋、樂字、要在右邊上角加一圈、讀做耀字音、那怕念得很少很少。忙裏偸閒只照了十念法念。十念法、在阿彌陀經白話解釋末後、修行方法裏頭、講得很明白的、也沒有不能夠生到我的國土裏頭來的。若是照了十念法念佛。仍舊有不能夠生到我國土裏頭來的。我就不願成佛。取正覺、就是成佛、因爲阿彌陀佛發過這樣的大願。所以只要肯誠心念佛的人。沒有不能夠往生極樂世界的。

以此念佛因緣。得入如來大誓海中。承佛慈力。衆罪消滅。善根增長。

這是說念佛的功夫漸漸的深了。漸漸的有了感應了。現在我依仗了這個念佛的因。同了佛慈悲心的緣。能夠進到佛的大誓願海裏頭去。大誓海、是指阿彌陀佛的四十八個誓願、因爲這四十八個大願心、願願周偏法界、大得了不得的、所以拿海來比喻的、這以此念佛因緣。得入如來大誓海中的兩句。就是說靠了這個念佛的因緣。能夠應了佛的誓願的意思。也就是念了佛。就能夠生到西方極樂世界去的意思。承蒙佛慈悲的力量。使得我從無始到現在所造無量無邊的惡業。都可以完全消滅。使得我本來有的各種善根。都可以增加長大起來。

若臨命終自知時至。身無病苦。心不貪戀。意不顛倒。如入禪定。

若是到了壽命快要完盡的時候。自己可以預先曉得死的日期。並且身體上沒有種種的病痛苦惱。心裏頭清清淨淨。沒有貪愛這個世界上一切身外邊的東西。也沒有捨不得離開這個世界的意思。戀字、就是捨不得的意思、念頭要立定。只想生到極樂世界去。沒有一些些顛顛倒倒的妄想。像參禪的人入了定一樣的。參禪的人、專門定了心、靜坐了參究佛的道理、等到功夫深了、一心一意、沒有一些亂念頭的時候、就是口中的呼吸、也沒有了、一坐定了、可以經過許久時候、不喫東西、差不多像死的一樣、就叫入定、這裏的如入禪定、是說心念安定、一些不散亂、像禪定一樣、到了快要死的時候。能夠有這個樣子。那就一定可以往生的。確有把握的了。但是平常時候。若是不至誠懇切用念佛功夫。那就到了臨死的時候。所有生生世世造下無量無邊的業。就一齊都要現出那種可怕的景象來了。並且四大分離的時候。四大、就是地水火風、還有種種說不出的痛苦。病的時候、死的時候的種種痛苦、在阿彌陀經白話解釋裏頭、彼土何故名為極樂一節底下、講得很詳細的、這臨終的人。就要生出種種懼怕的心。慌張的心。雜亂的心。惱恨忿怒的心來了。或是看見了妻、兒、財物、房屋、田產、種種都捨不得拋棄。要不死。既然不能夠。要死。一時又死不下去。到了這個時候。什麼人還做得主呢。只有生出種種的妄想來了。生出怎樣的妄想來。就落到怎樣的惡道裏頭去。結果一定逃不出這三惡道的。所以念佛修行的人。都要在平常時候。預備好臨死的資糧。（資糧、是平常喫的糧食、譬如出門去、要預備好路費食物的意思、這裏所說的資糧、是平時所積的念佛功夫、所發的往生誓願、）纔可以往生極樂世界。免得墮落。這是最要緊的。不可以忽略的。

佛及聖衆。手執金臺。來迎接我。於一念頃。生極樂國。

聖衆、是觀世音菩薩。大勢至菩薩。還有許多的菩薩。同了緣覺聲聞等種種回心向大的二乘。（回心向大、就是回小向大、前邊已經解釋過的、）都包括在裏頭的。念佛的人能夠修到像上邊一節所說的情形。那是一定往生極樂世界的了。所以阿彌陀佛同了觀世音菩薩大勢至菩薩。還有許多的菩薩、緣覺、聲聞等。佛手裏頭。還拿了金臺都來迎接我。（金臺、是蓮華下面的座子、有幾種的分別、上品上生的、是金剛臺、上品中生的、是金臺、品級低下去、就是銀臺了、）只消轉一個念頭的時候。（頃字、就是一刻功夫、）就生到了西方極樂世界去了。照事相講起來。娑婆世界。同了極樂世界。隔開十萬億佛土的遠。但是照理性說起來。娑婆世界在現前一念裏頭。極樂世界也就在現前一念裏頭。同在一念裏頭。自然要到就到了。並且還不消轉一個念頭的時候哩。

華開見佛。即聞佛乘。頓開佛慧。

一到了極樂世界。就生在七寶池的蓮華裏頭。那就要看品位的高下了。品位高的華就開得快。品位低的華就開得慢。（在朝課裏頭、詳細講過的、可以看看、）但是究竟沒有不開的。等到華開了。就能夠見到佛。就能夠聽到佛的說法。（佛乘的乘、本來就是車、拿車來比喻佛法、佛用佛法把這邊生死岸上的衆生、度到那邊涅槃岸上去、像用車裝了人度過去一樣、所以佛法可以叫佛乘、）聽到了佛法。登時立刻。（頓字、就是登時立刻的意思、）本來自己所有同佛一樣的智慧。也就開發顯現出來了。（佛慧、是佛的智慧、就是佛的權智實智、我們這些人的智慧、本來同了佛是一樣的、因爲被種種的煩惱、遮蓋住了、智慧就發不出來了、所以成了凡夫了、現在聽到了佛法、所有的煩惱、一齊破滅了、本來有的智慧、自然就完全顯出來了、○權智、是方便機巧的智、實智、是究竟不變的智、）

廣度衆生。滿菩提願。

到了這個時候。來去可以自由了。仍舊回到我們這個娑婆世界上來。宣揚佛法。度脫無量無邊的衆生。在起初發願的時候。本來就爲了要往生極樂世界。就爲了要度衆生。所以發的菩提大願。現在已經往生了。已經見到佛了。已經聽到佛法了。已經開了佛的智慧了。已經到了初住的菩薩位了。就可以到一百個世界去。等到進了二住。就可以到一千個世界去。進了三位。就可以到一萬個世界去隨了衆生的機緣。化度他們了。每進一位。所到的世界。就加上十倍。一直到了等覺妙覺菩薩的地位。就可以隨處現身說法了。回轉來想到起初發的菩提願。不是已經完全圓滿了麽。

十方三世一切佛。一切菩薩摩訶薩。摩訶般若波羅蜜。

這三句在朝課裏頭十大願王底下。都已經解釋過了。

是日已過。命亦隨減。如少水魚。斯有何樂。

這個偈是說人的生命無常。危險得很。一口氣不來就死了。所以要格外盡力的用功。偈的大意。是說這一天已經又過去了。過去一天。壽命就跟了減少一天。像魚有了水。纔能夠活命。若是水慢慢的少了。魚就要不能夠活了。人的壽命慢慢的減少。死就在眼面前了。還有什麽快樂呢。經上說。佛問人命在幾時間。（幾時間、就是有多少時候、）一個比丘回答道在一日間。佛說你不知道。佛再問另一個比丘。回答道在飯食間。（就是喫一頓飯的時候、）佛也說你不知道。又問還有一個比丘。回答道在呼吸間。佛說你纔眞的知道了。可見得一個人的生命。要死起來。不過在一口氣、一呼一吸的一些些時候。像這樣的快。那些不能夠預先曉得死的時候的人。什麽都不曉得預備。更加說不到往生西方的資糧了。危險不危險呢。還犯得著為了這個在呼吸間的生命去造種種殺生害命的大惡業。究竟還是自己去受苦報。麼希望大家明白些、不必把這個生命看得太重了。為了這個很不牢靠的生命去造業了。

大衆當勤精進。如救頭然。但念無常。慎勿放逸。

這是警戒大衆人的。精、是不夾雜。進、是不退轉。就是說大衆們。應該要勤勤懇懇發很的精進用功。像火燒到了頭上。（然字、同了燃字一樣的、就是火燒、）若是不趕緊去救。立刻就要燒死了。只要常常想念我們的世界上。所有的一切。像山河大地、有成住壞空的變遷。人身、有生老病死的變遷。（成住壞空、在阿彌陀經白話解釋裏頭、彼佛壽命一節底下、生老病死、在彼佛何故名為極樂一節底下、都有詳細解釋的、）諸法有生住異滅的變遷。（生、就是生出來、生起來、住、就是要安定停住不變動、異、就是漸漸的衰敗下來了、滅、就是毀壞了、沒有了、滅掉了、）都沒有長久的。要時時刻刻想念無常兩個字。謹謹慎慎。不可以有一刻功夫放蕩。貪圖一些的安逸。○這個偈現在各處做功課。只有出家人念的。在家人都不念了。並且大衆兩個字。又只有敲磬子的領衆和尚一個人獨念的。實在這是一個叫醒人不要糊糊塗塗過日子的偈。出家人固然是很要緊的。就是在家人也何嘗不要緊呢。所以應該不論出家人。在家人。大家都要念的。

自皈依佛。當願衆生。體解大道。發無上心。
自皈依法。當願衆生。深入經藏。智慧如海。
自皈依僧。當願衆生。統理大衆。一切無礙。和南聖衆。

這三皈依的字句意義。在朝課裏頭已經都解釋過了。這裏不再說了。不過學佛的人。最要緊是皈依三寶。不論做什麼功課。都要歸結到皈依三寶的。所以夜課末後。仍舊把三皈依做結束。每念一種皈依。就要拜一拜。三皈依、就應該拜三拜。

千手千眼無礙大悲心陀羅尼。

大悲咒、在朝課裏頭也已經有過了。這裏不再解釋了。咒的句子。也省印出來了。

南無伽藍聖衆菩薩。念三聲

伽藍、是梵語。翻譯中國文。就是衆僧園。意思是說衆多僧人。在這個地方。學佛法。修佛道。像園裏頭種植花果一樣。聖衆菩薩。就是寺院裏頭護法的護法神。因爲這種護法神。都是大菩薩。現身的。實在就是菩薩。所以稱聖衆菩薩。並且護法的功德大得很。所以就是神將。也可以稱聖衆的。念這個偈。應該要合了掌念的。

伽藍主者。合寺威靈。欽承佛敕共輪誠。擁護法王城。為翰為屏。梵剎永安甯

這是讚歎伽藍聖眾菩薩的功德。伽藍主者、就是伽藍的許多護法神。照經上說、佛在世的時候。囑付護法的神、總共有十八位。一美音、二梵音、三天鼓、四歎妙、五歎美、六摩妙、七雷音、八獅子。九妙歎、十梵響、十一人音、十二佛妙、十三歎德、十四廣目、十五妙根、十六徹聽、十七徹視、十八偏視。在各處佛土裏頭。隨時隨處。顯出威神同了靈感來的。凡是皇帝做的事情。下的命令。說的言語。都要加上一個欽字。是表示尊敬的意思。這裏也用一個欽字。是尊敬佛的意思。承、字是領受的意思。敕字同了命令一樣的意思。輪字、是拿出來的意思。擁護、是保護的意思。法王、是九法界說法的王。就是佛。城、是比喻寺院。法王城、是比喻講佛法的寺院。翰、是造起牆來。用在牆兩旁邊的兩根大木。屏、是擺在門的前邊。或是後邊。遮隔一切東西的。就像現在的屏風。差不多的比喻。護法神保護佛法。不被外邊的魔來攪擾。像房屋有屏翰一樣。梵、是清淨。剎、本來是一個三千大千世界。這裏是說三千大千世界裏頭有名的寺院。這個讚的意思。第一句、是說寺院裏頭許多的護法神。第二句、是說全寺都充滿了他們的威神靈感。第三句、是說都恭敬領受了佛的吩咐。大家拿出誠心來。第四句、是說許多護法神。同心合力保護這個佛

寺。第五句、是說做寺院的屏翰。第六句、是說使得那些清淨的寺院。永遠可以安安甯甯。不被魔鬼邪神去擾亂。

南無護法藏菩薩摩訶薩。摩訶般若波羅蜜。

法藏、是包藏佛法的庫。護法藏、是保護法藏。護法藏菩薩。就是保護法藏的護法神。這是皈依護法菩薩。夜課到這裏。是已經圓滿了。拜了三拜。就可以完事了。但是佛法不可以有一些些破壞的。保護佛法。是一件最要緊最重大的事情。所以在一堂功課的末了。要讚歎護法神的功德。還要皈依護法神。依靠了護法神。使得佛法可以永遠留存在世界上。一世一世的衆生。都能夠聽到佛法。念這個讚。也要合了掌念的。

附囘向文

印光法師鑒定　皈依弟子黃智海演述

囘向、實在也就是發願。修行人的發願。譬如走路的人。定走路的方向。走路人定了方向。走路纔不會走錯。修行人發了願。修起來纔有一個結果。所以發願是最要緊的。囘向發願的話頭。多得很。有長的。有短的。長的叫囘向文。短的叫囘向偈。阿彌陀經白話解釋末後。修行方法裏頭。有好幾種哩。不過這下邊的一篇囘向文。是說得最完全最圓滿的。並且是專門囘向到西方極樂世界去的。因為阿彌陀經白話解釋裏頭。漏去了。沒有加進去。所以特地補在這本朝夜課白話解釋的後面。看的人。必須要留心些。看照了他念。的這一篇文。是明朝的蓮池大師做的。蓮池大師的法名。是袾宏兩個字。在杭州五雲山雲棲寺修行的。專門修淨土法門的。後來眞是生到西方極樂世界去的。並且品位很高的。我們念他的囘向文。學他一樣的發願。那末將來也可以像他一樣的上品生到西方去了。

稽首西方安樂國。接引衆生大導師。我今發願願往生。惟願慈悲哀攝受。

這四句、是在發願文前邊、先說一個偈。把所發的願。大略先說一說。下邊再詳詳細細的說明白。首、就是頭。稽首、是把頭拜到地下去。第一第二兩句。就是拜西方極樂世界的阿彌陀佛。因為西方極樂世界。是最安樂的地方。所以叫安樂國。阿彌陀佛是專心接引修行的衆生。生到西方極樂世界去的。所以稱接引衆生的大導師。導師上邊加一個大字。是因為阿彌陀佛接引衆生的願心大得很。凡是十方世界的衆生。沒有一個不接引的。所以稱大。第三第四兩句。是說我現在發願。情願生到西方極樂世界去。但願阿彌陀佛。發慈悲心。哀憐我。收受我。

弟子某某普為四恩三有法界衆生。求於諸佛一乘無上菩提道。故專心持念阿彌陀佛萬德洪名。期生淨土。

開頭要把自己的名字加在弟子兩個字底下念的。沒有法名的用平常的姓名。有法名的就用法名。普為、就是普徧為了大衆的意思。所說的大衆。就是四恩三有法界衆生。四恩。是說我受過恩德的四種人。第一、是佛的恩。第二、是國王的恩。第三、是父母的恩。第四、是師長的恩。三有、就是三界。一乘。就是一佛乘。佛法是最高的法。沒有第二種法可以比得的。所以叫一乘。就是第一的意思。持念、就是常常念。譬喻揑住在手裏頭不放鬆的意思。期字、是希望的意思。這幾句的意思。是說我弟子某人。普徧的爲了四種有恩德給過我的人。同了三界裏頭的衆生。還有各法界的一切衆生。求十方三世一切佛、獨一無二最高的佛道的緣故。專心常常念阿彌陀佛萬德齊備的大名號。希望能夠生到西方淨土去。這一段、是爲了大衆發的願心、並不是爲了自己。所以說普爲四恩三有法界衆生。

又以業重福輕。障深慧淺。染心易熾。淨德難成。

染心、是汚穢的心。我們本來的心。是清淨的。因爲造了種種的惡業。這個清淨心、就變成了汚穢心了。譬如一塊白的布。染了別種顏色一樣。所以叫染。熾、是火旺的意思。這個汚穢的心。常常要發出來。譬如火常常要旺起來一樣。這四句的意思。是又因爲我自己的惡業重、善福輕。業障深。智慧淺。這個汚穢心容易像火那樣的旺起來。清淨的功德就難成功了。這一段、是爲了自己發的願心。

今於佛前。翹勤五體。披瀝一心。投誠懺悔。

翹、字同了勤字差不多的意思。披字是披開來的意思。瀝字是滴出來的意思。投誠、是把誠心來投到佛面前的意思。這四句的意思。是說我現在在佛的面前。勤勤懇懇五體投地的拜。頭同

了兩手兩脚、叫五體、五體一齊著地、叫五體投地、並且把這個心披露開來。把心裏頭的血滴出來。這是譬喻誠心的意思、投到佛的

面前很誠心的懺悔。

我及衆生曠刧以來。迷本淨心。縱貪嗔癡。染穢三業。無量無邊。所作罪垢。無量無邊。所結冤業。願悉消滅。

曠字本來是空的意思。這裏當他長久解釋。曠刧、就是經過許多刧數的意思。縱是放的意思。染穢、是說染上了汚穢。就是說三業都犯了罪惡。垢、本來是汚穢的意思。比罪業輕一些的。各種煩惱。都可以叫做垢的。這一段、是說我同了衆生。是從無始一直到現在。經過許多的刧數。迷惑了本來的清淨心。把貪心、嗔心、癡心、儘管放他長大起來。使得身口意三種業。都染汚穢了。成了三惡業了。所造的罪業。所起的煩惱。所結的冤仇。都是無量無邊的。多現在既經懺悔了。情願完全消滅。清淨一些也不留。

從於今日。立深誓願。遠離惡法。誓不更造。勤修聖道。誓不退惰。誓成正覺。誓度衆生。

深誓願、是很切實的願。不是浮面的願。所以叫做深。這一段、是說從今天起。立很切實的願。一切惡的事情。要遠遠的離開。立誓決不再造。佛的道理。要勤勤懇懇的修。立誓決不退回轉去

也沒有一些懶惰的心。立誓一定要修成佛。立誓一定要度衆生。

阿彌陀佛以慈悲願力。當證知我。當哀憫我。當加被我

情願阿彌陀佛。拿慈悲的願心慈悲的力量來證明白我現在的懺悔。現在的發願。哀憐我的苦惱。（憫字、就是哀憐的意思、）保佑我的身心。（加被、就是保佑的意思、）

願禪觀之中。夢寐之際。得見阿彌陀佛金色之身。得歷阿彌陀佛寶嚴之土。得蒙阿彌陀佛甘露灌頂。光明照身。手摩我頭。衣覆我體

禪、是參禪。觀、是觀照。閉了眼睛。定了心。描摩各種佛的境界。一邊看。一邊想。是一種作觀的修行方法。寐、就是睡。這一段、是說情願在參禪的時候。或是在作觀的時候。或是在夜間睡了做夢的時候。能夠見到阿彌陀佛金色的身體。能夠踏到阿彌陀佛七寶莊嚴的地土。能夠得到阿彌陀佛的恩德。拿甘露來灌在我的頭頂上。放出光來照在我的身體上。把手來摩我的頭。把衣服來蓋在我的身體上。（覆字、就是蓋的意思、）

使我宿障自除。善根增長。疾空煩惱。頓破無明。圓覺妙心。廓然開悟。寂光真境。常得現前。

宿障、是從前所有的業障。疾、是快的意思。頂、是立刻的意思。圓覺妙心。是圓滿覺悟的淸淨心。就是本來有的眞實心。廓然、是開同了空兩種的意思。寂光眞境。就是常寂光土。這個地方完全是佛的淸淨法身所住的。這種境界。是眞實的。不是虛假的。所以叫眞境。菩薩緣覺聲聞都不能夠到這個地方的。這一段、是說要使得我從前所有的業障。自然而然的一齊消滅。淸淨所有的善根。漸漸加添長大起來。一切煩惱。快快的變成空的。沒有的。各種無明。立刻破除消滅。本來有的圓滿覺悟的淸淨妙心。大大的開悟起來。常寂光土的佛境界。常常能夠顯現在眼面前。

至於臨欲命終。預知時至。身無一切病苦厄難。心無一切貪戀迷惑。諸根悅豫。正念分明。捨報安詳。如入禪定。

諸根、就是眼耳鼻舌身意六根。悅豫、是快樂的意思。捨報、是丟開這一世的果報。就是死的意思。因爲我們人在這個世界上。就是要受業報。所以生出來的。若是到了要死的時候。那是業報已經受完了。可以捨棄這種世界了。這一段、是說到了壽命完結。差不多要死的前。可以預先曉得死的日期時候。身體上沒有病痛的苦。也沒有別種苦惱的災難。（厄、是小的災難、）心裏頭也沒有什麼貪沒有什麼捨不得。戀、就是捨不得、也一些不迷迷惑惑糊糊塗塗六根清淨得很快樂得很。一些不被眼耳鼻舌身意牽動攪擾不像有惡業的人到差不多要死的時候或是眼睛裏頭看見什麼可怕的境界了耳朵裏頭聽到什麼嚇人的聲音了鼻管裏頭聞著什麼臭穢的氣味了舌根硬了不能夠說話了身體各處不舒服了心裏頭就要煩惱起來了念頭多得很顛顛倒倒亂起來了這種樣子一些也沒有只有念佛求生到西方極樂世界去的正念清清楚楚曉得這個受報的身體報應滿了可以丢開了安安定定和和平平的去了。安詳的詳字、本來是同了和氣的和字、一樣的意思、用在這裏、是很和平、一些沒有發火的意思、像參禪人的入了定一樣。

阿彌陀佛與觀音勢至諸聖賢衆放光接引垂手提攜樓閣幢幡異香天樂西方聖境昭示目前令諸衆生見者聞者歡喜感歎發菩提心。

到了這個時候阿彌陀佛同了觀世音菩薩大勢至菩薩還有許多菩薩、緣覺、聲聞等許多聖人賢人大家放出光來接引並且大家都放下手來牽引。提攜、就是牽手的意思、天空裏頭現出又好看、又寶貴七寶裝飾成的樓閣幢旛還有很稀奇的香氣天上邊發出各種很好聽的樂器的聲音來西方極樂世界聖人的境界明明白白都顯現在眼面前。昭字、是明白的意思、示字、是給人看的意思、使得許多衆生。無論看見的。或是聽到的。大家都很歡喜感動稱讚。歎字、就是稱讚的意思、就各各發出求成佛的心來。

我於爾時。乘金剛臺。隨從佛後。如彈指頃。生極樂國。七寶池內。勝蓮華中。華開見佛。見諸菩薩。聞妙法音。獲無生忍。

我在這個時候。坐在金剛臺上邊。乘、就是坐的意思、金剛臺、是蓮華下面的座子、是金剛的、這是上品上生的、纔能夠有金剛的蓮華座、跟隨在佛的後面。像手指彈一彈的時候。就生到了西方極樂世界去了。在七種寶貝裝飾成的池裏頭。七種寶貝裝飾成的蓮華裏頭。蓮華、也是七寶的、所以叫勝蓮華、勝、就是好、等到華開了。就見到了阿彌陀佛。同了各位大菩薩。聽到了很好的法音。法音、就是講佛法的聲音、就可以得到無生忍。獲字、本來是捉的意思、用在這裏、是得到的意思、無生忍、是能夠把這個心安住在眞如實相上邊、覺得絲毫沒有凡夫的情念、可以丟棄、也沒有聖人的見解、可以取得的意思、一切衆生、本來沒有生、也沒有滅、所以大家看見生生死死、都因爲貪瞋癡種種虛的假的亂念頭太多了、就現出這種生滅的形相來、講到眞如實相的道理、的確是沒有滅、也沒有生的、說了沒有生、那沒有滅就包括在裏頭了、所以只說無生、忍字、本來是忍耐的意思、現在是拿忍耐來比那得無生忍的人、心裏頭很安逸舒服、沒有一些念頭發生的意思、無生忍、是證得心念沒有生滅的道理、就是能夠不動心的意思、證得了心念沒有生滅的道理、就能夠見到一切法都沒有生滅的形相、所以又叫無生法忍、這是要眞正見到了眞如實相的道理、纔能夠得到這種忍的、得到了這種無生忍、就永遠不會被外面的境界、迷惑搖動他的心、使得他再退回轉去了、無生忍在佛法大意裏頭、也講到過的、可以一同看看、就可以永遠脫離生死。眞正的自由了。

○若是要曉得往生西方的詳細情形。只消看阿彌陀經白話解釋。就可以明白了。

於須臾間。承事諸佛。親蒙授記。得授記已。三身、四智、五眼、六通。無量百千陀羅尼門。一切功德。皆悉成就

須臾、是一刻兒功夫。承事、是伺候的意思。授記的授字。是給他的意思。記字、是記名。就是記名成佛在沒有成佛的前。先受佛的記名。將來成佛後叫什麼名號。把名號先記好。等到成了佛就稱這個名號。像釋迦牟尼佛沒有成佛的時候。燃燈佛爲釋迦牟尼佛記名。說道你下一世應該成佛了。名號叫釋迦牟尼。到了下一世。釋迦牟尼佛眞是成佛了。就把燃燈佛所給的釋迦牟尼四個字。當做名號。陀羅尼、是梵語。翻譯中國文。是總持兩個字。是把住了不放他失去的意思。就是常常想念各種的佛法。不放他忘却的意思。也可以當做法字解釋的。這一段、是說在一刻兒功夫。就可以伺候到許多許多的佛。親自受著佛替我記將來成佛的名號。等到記了成佛的名號後。所有三身、四智、五眼、六通、無量無邊的法門。（三身、四智、五眼、六通、在佛法大意、同了阿彌陀經白話解釋裏頭、都有詳細解釋的、）一切的功德。完全都可以成功了。

然後不違安養。回入娑婆。分身無數。遍十方剎。以不可思議自在神力。種種方便。度脫衆生。咸令離染。還得淨心。同生西方。入不退地。

一切功德都已經修成了。那末可以本體不離開西方極樂世界。邊字、是離開的意思、安養、就是西方極樂世界、本體、是原來的身體、用化身來囘到娑婆世界化出多得數不清的身體遍滿十方刹土。用不可以心思來想說話來講的自由自在的神力。行出種種的方便法門。來度脫衆生。使得他們一齊離開這汚穢的安心。咸字、就是一齊的意思、囘復他們本來有的淸淨心。還字、就是囘復的意思、實在淸淨心是個個人本來有的、因爲被妄心染汚了、所以淸淨心顯不出來了、現在旣經離開了這種汚穢心、那末淸淨心自然囘復了、實在是囘復、並不是本來沒有的、現在纔得到的、所以還得兩個字、只可以當他囘復解釋的、一同生到西方極樂世界去。到那個不會退轉來的地位。西方極樂世界、有種種的好處、有種種的上等善人、所以去的人、只有向前進步、不會退步的、不退轉的地位、在阿彌陀經白話解釋裏頭、皆是阿鞞跋致一句底下、有詳細解釋的、○種種的上等善人、是菩薩、阿羅漢一切的修行人、都包括在裏頭的、

如此大願世界無盡。衆生無盡。業及煩惱一切無盡。我願無盡。

像上邊所說的種種大願心世界沒有窮盡衆生沒有窮盡衆生的業同了煩惱都沒有窮盡。我的願心也就沒有窮盡。這幾句的意思就是要世界沒有了。衆生度盡了。衆生的業同了煩惱都消滅淸淨了。我的願纔算滿足。要曉得世界多到無窮無盡。那裏會完全沒有衆生無量無邊。那裏會完全度盡。衆生的業同了煩惱。那就更加多到了不得的。一個人所造的業。照華嚴經上說。若是業有體的。那就盡虛空也裝不下去。一個人的業已經這樣多了。何況無窮無

盡的衆生各各所造的業。那還了得麼。那裏會消滅淸淨呢。這幾種都是不能夠完盡的。那末所發的願。也永遠沒有完盡的時候了。蓮池大師所發的願。大不大呢。不是同了普賢菩薩所發的願。差不多麼。所以能夠上品上生到極樂世界去。就因爲願心大的緣故。我們怎麼可以不學蓮池大師。快快的勇猛精進。發那樣的大願心呢。

願今禮佛發願修持功德。回施有情。四恩總報。三有齊資。法界衆生。同圓種智。

我現在情願拜佛發願修行種種的功德。（修持、就是修行、因爲修行不可以間斷的、要像揑住了一件東西、不放手一樣、所以用一個持字、）回轉來把這種種的功德布施給所有的有情衆生。四種恩德。一齊要報答的。三界衆生。都要使得他們得到我的幫助。（資、是幫助的意思、）九法界的衆生。一同圓滿一切種智。一同成佛。○念到這裏末了。再加念一句弟子某某發願。念完了拜三拜。功課就圓滿了。○發願的話頭。本來可以照了自己的願心。自己做一篇文。或是做一個偈來念的。不過自己做的。恐怕終沒有像從前的大德所做的好。（大德、是有很大的功德的人、）所以還不如把舊時候現成的發願文。或是偈。至誠懇切的念。覺得更加容易得益。

國家圖書館出版品預行編目資料

朝暮課誦白話解釋／黃智海註解. -- 1 版. -- 新北市：華夏出版有限公司, 2022.12

面； 公分. --（Sunny 文庫；247）

ISBN 978-626-7134-30-6（平裝）

1.CST：佛教諷誦

224.3 111008726

Sunny 文庫 247

朝暮課誦白話解釋

註　解　黃智海

印　刷　百通科技股份有限公司

電話：02-86926066 傳真：02-86926016

出　版　華夏出版有限公司

220 新北市板橋區縣民大道 3 段 93 巷 30 弄 25 號 1 樓

電話：02-32343788 傳真：02-22234544

E-mail：pftwsdom@ms7.hinet.net

總 經 銷　貿騰發賣股份有限公司

新北市 235 中和區立德街 136 號 6 樓

電話：02-82275988 傳真：02-82275989

網址：www.namode.com

版　次　2022 年 12 月 1 版

特　價　新台幣 450 元（缺頁或破損的書，請寄回更換）

ISBN：978-626-7134-30-6

《朝暮課誦白話解釋》由佛教出版社同意華夏出版有限公司出版